公務員試験

一問一答で
論点総チェック

憲法

TAC公務員講座講師 山本 誠

JN045799

TAC出版
TAC PUBLISHING Group

はしがき

専門科目をテッパン科目に！
本書は、過去20年の出題論点の95%以上をマスターするための一問一答集です。

　あなたが本書を手に取られたとき、どこまで学習が進んでいらっしゃいますか？
- これから学習しようと思うが、どこから手を付けてよいかわからない…
- 主要科目だからこそ、自信の持てる「得意科目」にしたい…
- 「これだけやれば万全」というラインがわからない…
- しっかり学習したつもりなのに、知らない論点がまだある…

　こうした悩みを持たれている方も多いと思います。
　公務員試験の専門科目は、主要科目だけでも10科目以上あります。専門科目は7割以上の得点で合格ラインに達するといわれていますが、そのためには限られた時間の中で効率的に学習することが求められます。

　受験生にとって効率的な学習であるために、
　　① 学ぶべきことを漏れなく学ぶこと
　　② 学ぶべきこと以外のことに時間を割かないこと
　　③ 他の科目を学習している間に薄れてしまった知識を短い時間で学習できること—

　これらすべてを実現していただけるように開発したのが本書です。

　本書は—
- **過去20年で出題された論点**（判例・条文等）のうちほぼすべて＝ **95%以上**※を習得できるよう、過去問題を厳選、一問一答式に構成しています。
- **解答/解説**は、まず赤チェックシートで解答を確認、続く解説では○×の見極め方を提示した上で、論点についての**インプット知識が深められる**よう、わかりやすく解説しています。

　ですので、本書によって、**学習初期のスピーディーな論点**（判例・条文等）**確認**から、**得意科目をつくるべく学習を深める時期**、そして**受験直前期の再学習**まで、各学習期あるいはあなたの学習進度に応じた受験学習を展開することができます。
　ぜひ、本書を活用し、合格を勝ち取ってください。

2020年10月
ＴＡＣ公務員講座講師　山本　誠

※本書は、国家総合職（旧・国家Ⅰ種）を除く、行政職の各種公務員試験の出題論点のうち、95%以上を網羅しています。

本書の構成と効果的な使い方

「一問一答式」は論点（判例・条文等）の学習に最適のフォーマットです。
学習時期、学習進度にあわせ、お使いください。

① 出題論点（判例・条文等）の 95%以上をカバーしています

本書は、過去20年に出題された論点（判例・条文等）の95%以上を網羅しています。必要な論点に対してはしっかり対策でき、必要ではない論点は載せていません。また本書では、最新の過去問だけではなく、比較的古い問題も掲載しています。その理由は、近年の過去問題では、1つの選択肢の文字数が長くなる傾向があり、古い問題の方が理解が進みやすいためです。

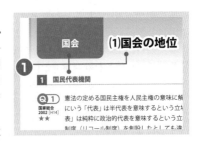

② ★の多い問題からトライしてみましょう

1問ごとに、★の数によって「重要度」を表示しています。★★★の最重要度の問題から解いていくなど、学習の進捗度に応じてトライしてください。

> ★★★…出題率が高く、しかも理解が比較的容易
> 　　　　な問題です。
> ★★……出題率は高いものの難易度が高い問題、
> 　　　　あるいは、理解は比較的容易であるが、
> 　　　　出題率が低い問題です。
> ★………全体的に出題率は低いもの、そして、難
> 　　　　易度が著しく高い問題です。
>
> ★★★と★★の問題は必ずカバーしてください。

出題年度表示

検索しやすいよう西暦・和暦を併記しています。

国家総合
1983 [S58]
★★

出題年度表示にアンダーラインが引いてある問題は、受験生の協力により再現された**復元問題**です（そのため、復元が不正確な問題もあります）。それ以外は、**試験元より公開された問題**※2を掲載しています。

❸ 試験種※1にこだわらず マスターしましょう

たとえば、1つの判例についてさまざまな試験種から出題されるケースがあります。その場合には、試験種を分散させた構成をとっています。論点(判例・条文等)習得のためには、**ご自分の受験する試験種にこだわらずチャレンジ**してください!

❹ 解説はまず結論から

- ●解答は、赤チェックシートで素早く確認。また解説は、**解答が×の場合はどこが間違っているのかをまず提示**しています。
- ●「ですます調」でわかりやすく解説しています。
- ●解説中の**キーワードならびに判旨の重要ポイント等**については、赤ゴチックで表示しています。
- ●　ワンポイント　では、関連知識をまとめています。

A26 ✕　「規制目的を達成するためのより制限的でない他の選び得る手段が存在することから、表現の自由に対し許された必要かつ合理的な制限と解することはできず、違憲である。」の部分が誤りです。判例は、「LRAの基準」(より制限的でない他の選びうる基準)を採用していません。国民の文化的生活の向上を目途とする憲法の下においては、都市の美観風致を維持するための程度の規制は、公共の福祉のために、表現の自由に対し許された必要かつ合理的な制限です(最判昭 62・3・3)。

A27 ○　「検閲」とは、行政権が主体となって、思想内容の表現物を対象とし、その全部または一部の発表の禁止を目的として、対象とされる一定の表現物につき網羅的・一般的に、発表前にその内容を審査したうえ、不適当と認めるものの発表を禁止することを、その特質として備えるものを指します。この検閲の禁止は、公共の福祉を理由とする例外の許容をも認めない趣旨です(最大判昭 59・12・12)[税関検査事件]。

　ワンポイント　(最大判昭 59・12・12)[税関検査事件]
① 検閲の主体は行政権に限られます。② 検閲の禁止に例外は認められません。③ 検閲の時期は、発表前です。④ 検閲の対象は、思想内容等の表現物です

※図はいずれも頁サンプル図です。

※1　本書が掲載しているのは、次の試験種です。

国 家 総 合…国家総合職(旧国家Ⅰ種を含む)*
国 家 一 般…国家一般職(旧国家Ⅱ種を含む)
国 家 専 門…国税専門官、財務専門官、労働基準監督官
裁 判 所…裁判所職員総合職・一般職(旧裁判所事務官Ⅰ種・Ⅱ種を含む)
特別区Ⅰ類…特別区
なお、地方上級試験(県庁、政令指定都市等)の問題は非公開のため、本書には掲載しておりません。(＊国家総合職につきましては、出題論点の 95%以上をカバーできているわけではありません。)

※2　本試験が公開された試験年度は次の通りです。

・国家総合職、国家一般職試験および
　国家専門職試験(国税専門官 / 労働基準監督官 / 財務専門官試験)
　　…平成10年度試験より(労働基準監督官は平成15年度以降、財務専門官は平成24年以降)
・**裁判所総合職 / 一般職試験および特別区Ⅰ類試験**　…平成14年度試験より

「憲法」を学習する上での注意点

■基本的人権の分野

☑ 判例からの出題が多い分野です。しかも、判例の判旨が長い点に特徴があります。

☑ 判例の結論を覚えておけば、8割以上の問題に対応できます。ただ、結論を覚えていても、理由で引っかける問題もあるので、判例の判旨はしっかり押さえる必要があります。

■統治機構の分野

☑ 国会、内閣の全般、裁判所の一部※、財政の全般、地方自治の一部※では、条文からの出題が非常に多く、条文を正確に押さえる必要があります。条文の基となる法令は、憲法以外に、国会法、内閣法、裁判所法、裁判官分限法、裁判官弾劾法、財政法等多岐にわたっています。

☑ 条文は、判例の理解と異なり「覚える」という無味乾燥な作業のため、受験生の方が最も苦手されるところです。しかし、この統治機構の分野でこそ、本書を使っての過去問演習がより一層効果を発揮するはずです。
（※「裁判所」「地方自治」も分野によっては、判例からの出題が多くなる分野もあるので、その場合は、上の「基本的人権の分野」における注意点を念頭に学習を進めて下さい。）

専門科目「憲法」は満点をねらえる科目なので、
★印の問題（iv頁参照）も時間のある限り学習しましょう。

Contents

統治機構

基本的人権

(1)基本的人権の享有主体

1 外国人の人権

●──総　説

Q 1
特別区
2017 [H29]
★★★

人権の前国家的性格や憲法の国際協調主義の観点から、外国人は憲法の保障する人権の享有主体となり得るが、憲法の規定上「何人も」と表現される条項のみ外国人に保障される。

．．

●──入国の自由・再入国の自由

Q 2
特別区
2003 [H15]
★★★

最高裁判所の判例では、外国人の日本国への入国については、国際慣習法上当然に保障されるので、国は、国内における居住・移転の自由を保障するのと同様に、いかなる場合においても、外国人の入国を許可する義務を負うとした。

．．

Q 3
裁判所
2008 [H20]
★★

判例は、憲法第三章の諸規定による基本的人権の保障は、権利の性質上日本国民のみをその対象としていると解されるものを除き、わが国に在留する外国人に対しても等しく及ぶものと解すべきであるが、憲法 22 条 2 項にいう外国移住の自由は、その権利の性質上日本国民のみをその対象としていると解されるから、外国人には保障されていないとした。

．．

Q 4
国家総合
1990 [H2]
★★★

憲法は基本的人権の普遍性を承認し、国際協調主義を採用していることから、外国人の入国の自由および在留する権利は憲法上保障されており、これに対しては、必要最小限の制限を課することができるにすぎないとするのが判例である。

「憲法の規定上『何人も』と表現される条項のみ外国人に保障される。」の部分が誤りです。外国人の人権は、性質上可能な限り保障されます。これを性質説といいます。（最大判昭 53・10・4）［マクリーン事件］

 選択肢全体が誤りです。**外国人に、入国の自由は憲法上保障されていません**（最大判昭 32・6・19）。

 「憲法 22 条 2 項にいう外国移住の自由は、その権利の性質上日本国民のみをその対象としていると解されるから、外国人には保障されていないとした。」の部分が誤りです。**わが国に在留する外国人は、外国移住の自由**について、憲法 22 条 1 項ではなく、**2 項により保障**されています。**憲法 22 条 2 項**は「何人も、外国に移住……する自由を侵されない」と規定しており、ここにいう**外国移住の自由**は、その権利の性質上外国人に限って保障しないという理由はありません（最大判昭 32・12・25）。

 「外国人の入国の自由および在留する権利は憲法上保障されており」の部分が誤りです。外国人は**入国の自由**とともに、**国内に在留する権利**は、**憲法上保障されていません**（最大判昭 53・10・4）［マクリーン事件］。

Q 5

国家専門
2002 [H14]
★★★

憲法第 22 条第 2 項により保障される出国の自由には帰国の自由も含まれると解されるから、一時出国した在留資格を有する外国人がその在留期間満了の日以前に我が国に再び入国する、いわゆる再入国の自由についても、原則として保障される。

● ——政治活動の自由等

Q 6

国家一般
2000 [H12]
★★★

我が国に在留する外国人に対して、政治活動の自由についても、我が国の政治的意思決定又はその実施に影響を及ぼす活動等外国人の地位にかんがみこれを認めることが相当でないと解されるものを除き、その保障が及ぶ。

Q 7

裁判所
2006 [H18]
★★

政治活動の自由は、外国人の地位にかんがみ認めることが相当でないと解されるものを除き、外国人にも保障されるが、人権の保障は外国人の在留制度の枠内で与えられるにすぎないから、在留期間の更新の際に、在留期間中の外国人の行為を消極的な事情として考慮されないことまで保障されるわけではない。

● ——公務員の選定罷免権

Q 8

国家一般
2000 [H12]
★★★

国会議員の選挙権を有する者を日本国民に限っている公職選挙法の規定は、憲法第 14 条第 1 項及び第 15 条に違反して無効である。

A 5 ✕ 「いわゆる再入国の自由についても、原則として保障される。」の部分が誤りです。わが国に在留する外国人は、憲法上、外国へ一時旅行する自由を保障されていない以上、**外国人の再入国の自由は、憲法 22 条により保障されません**（最判平 4・11・16）［森川キャサリーン事件］。

· ·

A 6 ◯ 本選択肢の通りです（最大判昭 53・10・4）［マクリーン事件］。この判例は、我が国に在留する外国人に対して、政治活動の自由は原則保障されますが、例外として、**我が国の政治的意思決定又はその実施に影響を及ぼす活動等外国人の地位にかんがみこれを認めることが相当でないと解される場合には、政治活動の自由は制約される**という文脈で捉えてください。

· ·

A 7 ◯ 本選択肢の通りです。**外国人に対する基本的人権の保障は、外国人在留制度の枠内で与えられているにすぎません。**法務大臣が、外国人の在留期間の更新の際に、**外国人が在留期間中に行った政治活動を消極的な事情として斟酌することは許されます**（最大判昭 53・10・4）［マクリーン事件］。

· ·

A 8 ✕ **国会議員の選挙権を有する者を日本国民に限ることは、憲法 15 条、憲法 14 条に反しません**（最判平 5・2・26）。

●──地方公共団体の長および議会の議員の選出権

Q9
国家総合
2008 [H20]
★★★

憲法第93条第2項の「住民」には、我が国に在留する外国人のうち永住者等であってその居住する区域の地方公共団体と特段に緊密な関係を持つに至ったと認められるものも含まれると解するのが相当であり、同項は、これらの外国人に対して、地方公共団体の長、その議会の議員等の選挙の権利を保障したものということができるから、これらの外国人に対し法律により、地方公共団体の長、議会の議員等に対する選挙権を付与する措置を講ずべき憲法上の要請があると解される。

●──公務就任権

Q10
特別区
2017 [H29]
★★★

最高裁判所の判例では、地方公共団体が、公権力行使等地方公務員の職とこれに昇任するのに必要な職務経験を積むために経るべき職とを包含する一体的な管理職の任用制度を構築した上で、日本国民である職員に限って管理職に昇任できるとする措置を執ることは、合理的な理由に基づいて日本国民である職員と在留外国人である職員とを区別したとはいえず、憲法に違反するとした。

●──社会権

Q11
特別区
2015 [H27]
★★★

最高裁判所の判例では、国は、特別の条約の存しない限り、政治的な判断により、限られた財源の下で福祉的給付を行うに当たり、自国民を在留外国人より優先的に扱うことは許されるべきことと解され、在留外国人を障害福祉年金の支給対象者から除外することは、立法府の裁量の範囲に属するとした。

A9 ✕ 選択肢全体が誤りです。**憲法 93 条 2 項の「住民」とは、地方公共団体の区域内に住所を有する日本国民を意味するのであり、当該規定は、わが国に在留する外国人に対して、地方公共団体の長、その議会の議員等の選挙の権利を保障したものではありません。ただし、外国人に対し法律により、地方公共団体の長、議会の議員等に対する選挙権を付与する措置を講ずべきことを憲法は禁じるものではありません**（最判平 7・2・28）。

 ワンポイント

我が国に在留する外国人のうち永住者等の地方参政権は、憲法上の保障はないが、例外的に立法政策（法律のレベル）でこれを認めることは可能である点に注意してください。

⋯⋯⋯⋯⋯⋯⋯⋯⋯⋯⋯⋯⋯⋯⋯⋯⋯⋯⋯⋯⋯⋯⋯⋯⋯⋯⋯⋯

A10 ✕ 「合理的な理由に基づいて日本国民である職員と在留外国人である職員とを区別したとはいえず、憲法に違反するとした。」の部分が誤りです。**地方公共団体が、公権力の行使にあたる行為を行うことなどを職務とする地方公務員の職を包含する一体的な管理職の任用制度を設け、日本国民に限って管理職に昇任することができることとすることは、労働基準法 3 条、憲法 14 条 1 項に違反しません**（最大判平 17・1・26）［管理職選考受験資格確認等請求事件］。

⋯⋯⋯⋯⋯⋯⋯⋯⋯⋯⋯⋯⋯⋯⋯⋯⋯⋯⋯⋯⋯⋯⋯⋯⋯⋯⋯⋯

A11 ◯ 社会保障上の施策において在留外国人をどのように処遇するかについては、国は、その政治的判断によりこれを決定することができるのであり、その限られた財源の下で福祉的給付を行うにあたり、自国民を在留外国人より優先的に扱うことも許されます。**したがって、国民年金法に基づく障害福祉年金の支給対象者から在留外国人を除外することは、立法府の裁量の範囲に属する事柄であって、障害福祉年金の支給をしないことは、憲法 25 条の規定に違反するものではありません**（最判平 1・3・2）［塩見訴訟］。

●──亡命権・不法入国

Q12
国家総合
2004 [H16]
★

亡命者が国籍国以外の外国（避難国）の憲法若しくはその国が締結している条約に基づき保護を享受する権利、いわゆる亡命権については、憲法で保障している説も存在するが、我が国の憲法に明文の規定はない。判例においても、国家間の犯罪人引渡しから政治犯罪人を除外する、いわゆる「政治犯罪人不引渡の原則」はいまだ確立した一般的な国際慣習法であるとは認められないとされているが、この立場については、批判的な見方もある。

2　法人の人権

Q13
国家総合
2008 [H20]
★★★

憲法第三章に定める国民の権利及び義務の各条項は、性質上可能な限り、内国の法人にも適用されるものと解すべきであるから、会社は、自然人たる国民と同様、国や政党の特定の政策を支持、推進し、又は反対するなどの政治的行為をなす自由を有し、政治資金の寄附もその自由の一環であるが、会社によって政治資金の寄附がされた場合、政治の動向に与える影響が大きいことから、自然人である国民による寄附とはおのずと別異に扱うべき憲法上の要請があると解される。

- -

Q14
特別区
2017 [H29]
★★★

最高裁判所の判例では、税理士会が強制加入である以上、その会員には様々な思想信条を有する者が存在し、会員に要請される協力義務にも限界があるが、税理士に係る法令の制定改廃に関する政治的要求実現のために税理士会が政治資金規正法上の政治団体に金員の寄附をすることは、税理士会の目的の範囲内の行為であり、寄附のため特別会費を徴収する旨の決議は有効であるとした。

A12 ○
亡命者が国籍国以外の外国（避難国）の憲法もしくはその国が締結している条約に基づき保護を享受する権利、いわゆる**亡命権**については、**憲法で保障されていません**。つまり、**政治犯罪人不引渡しの原則**は、**未だ確立した一般的な国際慣習法であるとは認められません**（東京高判昭 47・4・19、最判昭 51・1・26）［尹秀吉（ユンスンギル）事件］。

A13 ✕
「会社によって政治資金の寄附がされた場合、政治の動向に与える影響が大きいことから、自然人である国民による寄附とはおのずと別異に扱うべき憲法上の要請があると解される。」の部分が誤りです。**政治資金の寄附もまさにその政治的行為の自由の一環であり、会社によってそれがなされた場合、政治の動向に影響を与えることがあったとしても、これを自然人たる国民による寄附と別異に扱うべき憲法上の要請があるものではありません**（最大判昭 45・6・24）［八幡製鉄事件］。

A14 ✕
「税理士会の目的の範囲内の行為であり、寄附のため特別会費を徴収する旨の決議は有効であるとした。」の部分が誤りです。**政党など政治資金規正法上の政治団体に対して金員の寄附をするかどうかは、……会員各人が市民としての個人的な政治的思想、見解、判断等に基づいて自主的に決定すべき事柄です。そうすると、公的な性格を有する税理士会が、……多数決原理によって団体の意思として決定し、構成員にその協力を義務付けることはできません。税理士会が特定の政治団体に寄付する行為は、……旧税理士法 49 条 2 項所定の税理士会の目的の範囲外の行為であり、無効です**（最判平 8・3・19）［税理士会政治献金事件］。

Q 15
国家総合
1998 [H10]
★

労働組合が、公職選挙に際し、推薦候補を決定しその選挙運動を行うこと自体は自由になしうるが、労働組合が当該選挙運動のための臨時組合費の徴収を組合規約に従って決定したとしても、組合員にその納入義務が生ずるものではない。

3　未成年者の人権、天皇・皇族の人権

●──未成年者の人権

Q 16
裁判所
2020 [R2]
★★

憲法第3章の人権規定は、未成年者にも当然適用される。もっとも、未成年者は心身ともにいまだ発達の途上にあり、成人と比較して判断能力も未熟であるため、人権の性質によっては、その保障の範囲や程度が異なることがある。

・・

●──天皇・皇族の人権

Q 17
国家専門
2020 [R2]
★★

天皇や皇族も、日本国籍を有する日本国民であり、一般国民と同様の権利が保障されるため、選挙権及び被選挙権が認められている。

労働組合が公職選挙に際し、推薦候補を決定しその選挙運動を行うこと自体は自由になしえますが、**労働組合が当該選挙運動のための臨時組合費の徴収を組合規約に従って決定しても、組合にその納入義務は生じません**（最判昭 50・11・28）［国労広島地本事件］。

 基本的人権は、未成年者にも当然適用されます。ただ、**未成年者は心身ともにいまだ発達の途上にあり、成人と比較して判断能力も未熟である**ため、成人と同様の判断能力を求めることは困難な場合があります。そこで、**法律等で一定の制約が求められる場合があります**。たとえば、20 歳未満の飲酒・喫煙の禁止等の措置です。

A17 ✕ 選択肢全体が誤りです。日本国憲法の制定により、主権の所在が「天皇」から「国民」に変わり、これに伴い、天皇は、「国政に関する権能」が認められなくなりました（4 条 1 項）。その結果、**国政にかかわる選挙権及び被選挙権が認められていません**（通説）。

(2)公法上の特別な法律関係、
私人間効力

1 公法上の特別な法律関係（被拘禁者の人権）

Q 1
国家一般
2015 [H27]
★★★

刑事施設内において未決勾留により拘禁された者の喫煙を禁止することは、逃走又は罪証隠滅の防止という未決勾留の目的に照らし、必要かつ合理的な制限とはいえず、憲法第13条に違反する。

Q 2
国家専門
2015 [H27]
★★★

未決勾留により拘禁されている者にも意見、知識、情報の伝達の媒体である新聞、図書等の閲読の自由が憲法上認められるが、閲読を許すことにより刑事施設内の規律及び秩序が害される一般的、抽象的なおそれがある場合には、当該閲読の自由を制限することができる。

2 私人間効力

Q 3
国家総合
1998 [H10]
★★

憲法の人権保障は、私人相互間を直接規律することを予定するものではないが、法人と私人との関係で、事実上後者が前者の意思に服従せざるをえないような支配関係がある場合には、法人の活動は、国または公共団体の活動と同視され、憲法の人権保障規定が類推適用される。

Q 4
国家総合
2005 [H17]
★★★

私立大学の学則の細則としての性質を持つ生活要録の規定について、直接憲法のいわゆる自由権的基本権の保障規定に反するかどうかを論ずる余地はないとするのが判例である。

選択肢全体が誤りです。**喫煙禁止という程度の自由の制限は、必要かつ合理的なものであり、（旧）監獄法施行規則 96 条中未決勾留により拘禁された者に対し喫煙を禁止する規定は、憲法 13 条に違反しません**（最大判昭 45・9・16）。

 選択肢全体が誤りです。**被拘禁者の新聞紙、図書等の閲読の自由の制限が許されるためには、当該閲読を許すことにより監獄内の規律および秩序が害される一般的・抽象的なおそれがあるというだけでは足りず、……その閲読を許すことにより監獄内の規律および秩序の維持上放置することのできない程度の障害が生ずる相当の蓋然性があると認められることが必要です**（最大判昭 58・6・22）[よど号ハイジャック事件]。

 選択肢全体が誤りです。「法人の活動は、国または公共団体の活動と同視され」との見解は、「**国家同視説**」といい、判例の立場（最大判昭 48・12・12）ではありません。また「憲法の人権保障規定が類推適用される。」という記述は、「**直接適用説**」の立場と近い表現であり、これも判例の立場（最大判昭 48・12・12）ではありません。

 本選択肢の通りです。**憲法 19 条、21 条、23 条等のいわゆる自由権的基本権の保障規定は、もっぱら国または公共団体と個人との関係を規律するものであり、私人相互間の関係について当然に適用ないし類推適用されるものではありません。したがって、私学の内部規定である「生活要録」の規定につき直接に違憲かどうかを論ずる余地はありません**（最判昭 49・7・19）[昭和女子大事件]。

Q5
国家専門
2015 [H27]
★★

国公立大学においては、その設置目的を達成するために学則等を一方的に制定し、学生を規律する包括的権能が認められるが、私立大学においては、そのような包括的権能は認められず、同様の行為を行うことは、社会通念に照らして合理的と認められる範囲を超え許されない。

Q6
国家専門
2003 [H15]
★★★

私立学校においては、学生の政治的活動につきかなり広範な規律を及ぼすこととしても、これをもって直ちに社会通念上学生の自由に対する不合理な制限であるということはできず、政治的社会的活動に当たる行為を理由として退学処分を行うことが直ちに学生の学問の自由を侵害するものではない。

Q7
国家一般
2006 [H18]
★★★

会社がその就業規則中に定年年齢を男性 60 歳、女性 55 歳と定めた場合において、会社における女性従業員の担当職種、男女従業員の勤続年数、高齢女性労働者の労働能力等諸般の事情を検討した上で、会社の企業経営上定年年齢において女性を差別しなければならない合理的理由が認められないときは、当該就業規則中女性の定年年齢を男性より低く定めた部分は、性別のみによる不合理な差別を定めたものとして憲法第 14 条第 1 項に違反する。

Q8
特別区
2003 [H15]
★

国が私人と対等の立場で締結する私法上の契約であっても、憲法は国の行為に対する規範的枠組みの設定であるので、その行為は直接的に違憲審査の対象となる。

A 5
✕

「私立大学においては、そのような包括的権能は認められず、同様の行為を行うことは、社会通念に照らして合理的と認められる範囲を超え許されない。」の部分が誤りです。**大学は国公立たると私立たるとを問わず、……学生を規律する包括的権能を有し、……在学関係設定の目的と関連し、かつ、その内容が社会通念に照らして合理的と認められる範囲においてのみ是認されます**（最判昭 49・7・19）［昭和女子大事件］。

A 6
〇

本件私立大学の生活要録は、同大学が学生の思想の穏健中正を標榜する保守的傾向の私立学校であることをも勘案すれば、不合理なものと断定できず、退学処分も懲戒権者の裁量権の範囲内にあるもので違法ではありません。さらに、学生の政治活動を理由に退学処分を行っても、直ちに学生の学問の自由および教育を受ける権利を侵害し公序良俗に違反しません（最判昭 49・7・19）［昭和女子大事件］。

A 7
✕

「憲法第 14 条第 1 項に違反する。」の部分が誤りです。**性別のみによる不合理な差別を定めたものとして民法 90 条の規定により無効です**（最判昭 56・3・24）［日産自動車女子定年制事件］。

> ⚠ **ワンポイント**
>
> この選択肢は、間接適用説に立つ判例なので、「民法 90 条の規定により無効である」という表現をとらなければならないところ、「憲法第 14 条第 1 項に違反する。」という表現で引っかけていることに注意が必要です。

A 8
✕

選択肢全体が誤りです。**国が行政の主体としてではなく私人と対等の立場に立って、私人との間で個々的に締結する私法上の契約は、憲法 9 条の直接適用を受けません**（最判平 1・6・20）［百里基地訴訟］。

Q 9

国家総合
2011 [H23]
★★

バイクに乗る自由は、社会通念上合理的なものである限り、憲法第13条によって保障される幸福追求権の一部をなす自己決定権として尊重されるが、バイクについてのいわゆる「三ない原則（免許を取らない、乗らない、買わない）」を定める私立高校の校則は、校紀を保つためにやむを得ないものであるから、同条に違反するものではない。

「同条（憲法第13条）に違反するものではない。」の部分が誤りです。自動二輪車等について免許を取らない、乗らない、買わないの三原則を定めた私立高等学校の校則に違反したことを理由の一つとしてされた高等学校の生徒に対する自主退学の勧告は、それが直接憲法の基本権保障規定に違反するかどうかを論ずる余地はありません（最判平3・9・3）。

1 プライバシー権（肖像権等を含む）

Q 1
裁判所
2007 [H19]
★★★

最高裁判所は、何人も、その承諾なしに、みだりにその容ぼう、姿態を撮影されない自由を有するとした上で、これを肖像権と称するかどうかは別として、少なくとも警察官が、正当な理由もないのに個人の容ぼう等を撮影することは許されないとしている。

Q 2
国家一般
2000 [H12]
★★★

憲法13条によって保護される国民の私生活上の自由には、承諾なしにみだりに容貌を撮影されない自由も含まれるから、警察官による個人の容貌の撮影は、現に犯罪が行われ又は行われたのち間がないと認められる場合で、証拠保全の必要性・緊急性があり、撮影が一般的に許容される相当な方法をもって行われるときであっても、本人の同意若しくは裁判官の令状がない場合又は第三者の容貌が含まれる場合は、本条に違反する。

個人の私生活上の自由の一つとして、何人も、その承諾なしに、みだりにその容ぼう、姿態（以下「容ぼう等」という）を撮影されない自由を有します。これを肖像権と称するかどうかは別として、少なくとも、警察官が、正当な理由もないのに個人の容ぼう等を撮影することは、憲法13条の趣旨に反し、許されません（最大判昭44・12・24）［京都府学連事件］。

・・・

「本人の同意若しくは裁判官の令状がない場合又は第三者の容貌が含まれる場合は、本条に違反する。」の部分が誤りです。①現に犯罪が行われもしくは行われた後間がないと認められる場合であって、②しかも証拠保全の必要性および緊急性があり、③かつその撮影が一般的に許容される限度を超えない相当な方法をもって行われる場合には、(a) 撮影される本人の同意がなく、(b) また裁判官の令状がなくても、警察官による個人の容ぼう等の撮影が許容されます。このような場合に行われる警察官による写真撮影は、その対象の中に、(ア) 犯人の容ぼう等のほか、(イ) 犯人の身辺又は被写体とされた物件の近くにいたためこれを除外できない状況にある第三者である個人の容ぼう等を含むことになっても、憲法13条、35条に違反しません（最大判昭44・12・24）［京都府学連事件］。

> 🛈 **ワンポイント**
>
> 警察官による個人の容ぼう等の撮影が許容されるための3つの要件の充足性は、非常に重要です。この3つの要件を充たすと、警察官による写真撮影の対象が第三者である個人の容ぼう等も含まれることに注意が必要です。

Q 3
国家専門
2008 [H20]
★★★

何人もみだりに指紋の押捺を強制されない自由を有するものというべきであり、国家機関が正当な理由もなく指紋の押捺を強制することは、憲法第13条の趣旨に反して許されるものではないことから、我が国に在留する外国人を対象とする指紋押捺制度は違憲である。

Q 4
国家一般
2015 [H17]
★★

速度違反車両の自動撮影を行う自動速度監視装置による運転者の容ぼうの写真撮影は、現に犯罪が行われている場合になされ、犯罪の性質、態様からいって緊急に証拠保全をする必要性があったとしても、その方法が一般的に許容される限度を超えるものであり、憲法第13条に違反する。

Q 5
国家一般
2000 [H12]
★★

憲法13条は、意思に反しみだりにプライバシーに属する情報の開示を公権力により強制されない自由を保障しているから、法が外国人登録原票に登録した事項の確認申請を外国人に義務付けることは、その確認事項に職業・勤務所の情報を含む場合、人格・思想等の内心にかかわる情報の申告を申請者に強いることとなるから、本条に違反する。

Q 6
国家一般
2020 [R2]
★★

人の氏名、肖像等（以下、併せて「肖像等」という。）は、個人の人格の象徴であるから、当該個人は、人格権に由来するものとして、これをみだりに利用されない権利を有するところ、肖像等は、商品の販売等を促進する顧客吸引力を有する場合があり、このような顧客吸引力を排他的に利用する権利は、肖像等それ自体の商業的価値に基づくものであるから、当該人格権に由来する権利の一内容を構成するものということができる。

「我が国に在留する外国人を対象とする指紋押捺制度は違憲である。」の部分が誤りです。**何人もみだりに指紋の押捺を強制されない自由を有するものというべきであり、国家機関が正当な理由もなく指紋の押捺を強制することは、憲法第 13 条の趣旨に反して許されるものではありません**（最判平 7・12・15）。

....

「その方法が一般的に許容される限度を超えるものであり、憲法第 13 条に違反する。」の部分が誤りです。**速度違反車両の自動撮影を行う自動速度監視装置による運転者の容ぼう等の写真撮影は、①現に犯罪が行われている場合になされ、②犯罪の性質、態様からいって緊急に証拠保全をする必要があり、③その方法も一般的に許容される限度を超えない相当なものですから憲法 13 条に違反せず、また、その写真撮影の際、運転者の近くにいるため除外できない状況にある同乗者の容ぼう等を撮影することになっても、憲法 13 条、21 条に違反しません**（最判昭 61・2・14）。

....

「人格・思想等の内心にかかわる情報の申告を申請者に強いることとなるから、本条に違反する。」の部分が誤りです。**外国人に対する登録事項確認制度を定めた外国人登録法における当該法条により確認を求められる事項は、……いずれも人の人格、思想、信条、良心等の内心にかかわる情報とはいえず、同制度は、申請者に過度の負担を強いるものではなく、一般的に許容される限度を超えない相当なものです。**したがって、**登録事項確認制度を定めた各規定は、憲法 13 条に違反しません**（最判平 9・11・17）。

....

人の氏名、肖像等（以下、併せて「肖像等」という。）は、個人の人格の象徴ですから、**当該個人は、人格権に由来するものとして、これをみだりに利用されない権利を有します。**そして、肖像等は、商品の販売等を促進する顧客吸引力を有する場合があり、このような顧客吸引力を排他的に利用する権利（「パブリシティ権」）は、肖像等それ自体の商業的価値に基づくものであるため、**上記の人格権に由来する権利の一内容を構成します**（最判平 24・2・2）。

2　法律上の保護に値する利益（人格的利益を含む）

Q 7
国家一般
2009 [H21]
★★★

前科及び犯罪経歴は、人の名誉、信用に直接かかわる事項であり、前科等のある者もこれをみだりに公開されないという法律上の保護に値する利益を有するのであって、市区町村長が、本来選挙資格の調査のために作成、保管する犯罪人名簿に記載されている前科等をみだりに漏えいしてはならない。

- -

Q 8
国家一般
2000 [H12]
★★

調査書（高校入試の際のいわゆる内申書）への記載による情報の開示は、入学者選抜に関係する特定小範囲の人々に対するものであり、情報の公開に当たらないから、教育上のプライバシーの権利を侵害せず、本条に違反しない。

- -

Q 9
国家総合
1990 [H2]
★

氏名は人が個人として尊重される基礎であり、その個人の人格の象徴であって人格権の一内容を構成するものというべきであるが、氏名を他人から正確に呼称されることについては、不法行為法上の保障を受けうる人格的な利益を有するものではない。

3　私人による人格的利益の侵害（私人間効力）

Q 10
国家専門
2005 [H17]
★★

ある者が刑事事件について被疑者とされ、さらには被告人として公訴を提起されて有罪判決を受け、服役したという事実は、その者の名誉あるいは信用に直接かかわる事項であるから、その者は、みだりに当該前科等にかかわる事実を公表されないことについて、法的保護に値する利益を有する。

A 7

○

前科および犯罪経歴（「前科等」）は人の名誉、信用に直接にかかわる事項であり、前科等のある者もこれをみだりに公開されないという法律上の保護に値する利益を有します。したがって、**市区町村長が漫然と弁護士会の照会に応じ、犯罪の種類、軽重を問わず、前科等のすべてを報告することは、公権力の違法な行使にあたります**（最判昭56・4・14）[前科照会事件]。

．．

A 8

○

本件の記載による情報の開示は、入学者選抜に関係する特定小範囲の人に対するものであって、情報の公開には該当しないから、**教育上のプライバシーを侵害するものとはいえません**（最判昭63・7・15）[麹町中学内申書事件]。

．．

A 9

✕

「不法行為法上の保障を受けうる人格的な利益を有するものではない。」の部分が誤りです。**氏名**は、その個人からみれば、人が個人として尊重される基礎であり、その個人の人格の象徴であって、**人格権の一内容を構成するものですから、人は、他人からその氏名を正確に呼称されることについて、不法行為法上の保護を受けうる人格的な利益を有します**（最判昭63・2・16）。

A 10

○

みだりに前科等にかかわる事実を公表されないことにつき、**法的保護に値する利益**を有します。そして、その者が有罪判決を受けた後あるいは服役を終えた後においては、一市民として社会に復帰することが期待されますから、その者は、**前科等にかかわる事実の公表によって、新しく形成している社会生活の平穏を害されその更生を妨げられない利益を有します**（最判平6・2・8）[ノンフィクション「逆転」事件]。

Q11
国家一般
2009 [H21]
★★

ある者の前科等にかかわる事実が著作物で実名を使用して公表された場合に、その者のその後の生活状況、当該刑事事件それ自体の歴史的又は社会的な意義、その者の当事者としての重要性、その者の社会的活動及びその影響力について、その著作物の目的、性格等に照らした実名使用の意義及び必要性を併せて判断し、当該前科等にかかわる事実を公表されない法的利益がこれを公表する理由に優越するときは、その者はその公表によって被った精神的苦痛の賠償を求めることができる。

....

Q12
裁判所
2015 [H27]
★★★

学生の学籍番号、氏名、住所、電話番号のような個人情報についても、プライバシーに係る情報として法的保護の対象となるというべきであるから、学生に無断で外国要人の講演会への参加申込名簿を警察に提出した大学の行為はプライバシーを侵害するものとして不法行為を構成する。

....

Q13
国家総合
2016 [H28]
★

犯行時少年であった者の仮名を用いて法廷での様子、犯行態様の一部、経歴や交友関係等を雑誌に掲載することは、少年法第61条の保護法益である少年の名誉・プライバシーや成長発達過程において健全に成長するための権利よりも、明らかに社会的利益を擁護する要請が強く優先される特段の事情が認められない限り、不法行為が成立する。

....

Q14
国家一般
2019 [R1]
★

少年事件情報の中の加害少年本人を推知させる事項についての報道、すなわち、少年法に違反する推知報道かどうか、その記載等により、不特定多数の一般人がその者を当該事件の本人であると推知することができるかどうかを基準にして判断するのではなく、本人と面識があり、又は本人の履歴情報を知る者が、その知識を手掛かりに当該記事等が本人に解するものであると推知することができるかどうかを基準に判断すべきである。

A 11 ⚪ 前科等にかかわる事実については、**これを公表されない利益が法的保護に値する場合があると同時に、その公表が許されるべき場合もあります**。ある者の前科等にかかわる事実を実名を使用して著作物で公表したことが不法行為を構成するか否かは、その著作物の目的、性格等に照らした実名使用の意義および必要性をも併せて判断すべきで、その結果、**前科等にかかわる事実を公表されない法的利益が優越するとされる場合には、その公表によって被った精神的苦痛の賠償を求めることができます**（最判平 6・2・8）［ノンフィクション「逆転」事件］。

....

A 12 ⚪ **本件個人情報は、学生等のプライバシーに係る情報として法的保護の対象となる情報です**。したがって、本件個人情報を開示することについて学生等の同意を得る手続をとることなく、**彼らに無断で本件個人情報を警察に開示した同大学の行為は、……学生等のプライバシーを侵害するものとして不法行為を構成します**（最判平 15・9・12）［早稲田大学江沢民講演会名簿提出事件］。

....

A 13 ✕ 「少年の名誉・プライバシーや成長発達過程において健全に成長するための権利よりも、明らかに社会的利益を擁護する要請が強く優先される特段の事情が認められない限り、不法行為が成立する。」の部分が誤りです。本件記事の掲載によって**出版社に不法行為が成立するか否かは、その事実を公表されない法的利益とこれを公表する理由に関する諸事情を個別具体的に審理し、これらを比較衡量して判断することが必要です**（最判平 15・3・14）［長良川リンチ殺人報道訴訟］。

....

A 14 ✕ 選択肢全体が誤りです。少年法 61 条に違反する推知報道かどうかは、その記事等により、**不特定多数の一般人がその者を当該事件の本人であると推知することができるかどうかを基準にして判断すべきです**が、**本件記事は、被上告人と特定するに足りる事項の記載はないため**、被上告人と面識等のない**不特定多数の一般人**が、**本件記事**により、被上告人が**当該事件の本人であることを推知することはできません**（最判平 15・3・14）［長良川リンチ殺人報道訴訟］。

Q15 国家総合 2018 [H30] ★★

検索事業者が利用者の求めに応じて行う、検索結果としてのURLの提供は、現代社会において、インターネット上の情報流通の基盤として大きな役割を果たしているものの、検索事業者自身の表現行為という側面を有しているとまではいえず、その一方で、児童買春をしたという事実に基づき逮捕されたという事実は、他人にみだりに知られたくないプライバシーに属する事実であるから、当該逮捕をされた者は、検索事業者に対し、当該逮捕された事実が含まれたURL等情報を検索結果から削除することを求めることができる。

4 自己決定権

Q16 国家専門 2009 [H21] ★★★

患者が、輸血を受けることは自己の宗教上の信念に反するとして、輸血を伴う医療行為を拒否するとの明確な意思を有している場合であっても、そもそも医療が患者の治療と救命を第一の目的とするものであることにかんがみると、輸血を伴う医療行為を拒否する意思決定をする権利なるものを人格権の一内容と認めることはできず、医師が、手術の際に他に救命手段がない場合には輸血することを告げないまま手術を行い、当該患者に輸血したとしても、不法行為責任を負うことはない。

5 一般的行為の自由

Q17 国家総合 2005 [H17] ★

賭博行為は、怠惰浪費の弊風を生じ、勤労の美風を害するおそれはあるが、一義的には各人に任された自由行為に属するため、憲法第13条に定める公共の福祉に反するものとはいえない。

「検索事業者自身の表現行為という側面を有しているとまではいえず、」の部分と「当該逮捕をされた者は、検索事業者に対し、当該逮捕された事実が含まれたURL等情報を検索結果から削除することを求めることができる。」の部分が誤りです。**児童買春が児童に対する性的搾取及び性的虐待と位置付けられており、社会的に強い非難の対象とされ、罰則をもって禁止されていることに照らし、今なお公共の利害に関する事項であるといえます。**したがって、抗告人（逮捕をされた者）は、**検索事業者に対し、当該逮捕された事実が含まれたURL等情報を検索結果から削除することを求めることができません**（最決平29・1・31）。

 「当該患者に輸血したとしても、不法行為責任を負うことはない。」の部分が誤りです。**患者が、輸血を受けることは自己の宗教上の信念に反するとして、輸血を伴う医療行為を拒否するとの明確な意思を有している場合、このような意思決定をする権利は、人格権の一内容として尊重されなければなりません。**そして、医師らは、手術の際に輸血以外には救命手段がないと判断した場合には、当該患者に対し、輸血するとの方針を採っていることを説明して、医師らの下で本件手術を受けるか否かを患者自身の意思決定にゆだねるべきであったといえます（最判平12・2・29）［エホバの証人輸血拒否訴訟］。

 選択肢全体が誤りです。**賭博行為は、**一見各人に任された自由行為に属するように見えますが、……怠惰浪費の弊風を生じ、勤労の美風を害し、副次的犯罪を誘発し又は国民経済の機能に重大な障害を与えるおそれすらあるので、**公共の福祉に反する行為です**（最大判昭25・11・22）。

Q 18
特別区
2016 [H28]
★★

公立図書館の図書館職員が閲覧に供されている図書を著作者の思想や信条を理由とするなど不公正な取扱いによって廃棄することは、当該著作者が著作物によって、その思想、意見等を公衆に伝達する利益を損なうものであるが、当該利益は、当該図書館が住民の閲覧に供したことによって反射的に生じる事実上の利益にすぎず、法的保護に値する人格的利益であるとはいえないとした。

Q 19
国家専門
2000 [H12]
★

個人は他者から自己の欲しない刺激によって心の静穏を乱されない利益を有しており、地下鉄の車内放送は乗客に対し聴取を一方的に強制するものであることから、地下鉄の車内において商業宣伝放送を行うことはできない。

Q 20
国家総合
2014 [H26]
★

製造目的のいかんを問わず、酒類製造を一律に免許の対象とした上、免許を受けないで酒類を製造した者を処罰することは、たとえ国の重要な財政収入である酒税の徴収を確保するためであっても、立法府の裁量権を逸脱して自己消費目的の酒類製造の自由を侵害するものであり、許されない。

6　その他

Q 21
国家総合
2014 [H26]
★★

住民基本台帳ネットワークシステムによって管理・利用等される本人確認情報は、個人の氏名、生年月日、性別及び住所といった、一般には、他人に知られたくない情報を含むものであり、また、同システムのシステム技術上の不備が生じるおそれも否定できないことから、行政機関が同システムにより住民の本人確認情報を管理・利用等する行為は、当該住民がこれに同意していない場合には、憲法第13条の保障する個人に関する情報をみだりに第三者に開示又は公表されない自由を侵害し、許されない。

「反射的に生じる事実上の利益にすぎず、法的保護に値する人格的利益であるとはいえないとした。」の部分が誤りです。**公立図書館において、その著作物が閲覧に供されている著作者が有する利益は、法的保護に値する人格的利益を有します。したがって、公立図書館の図書館職員である公務員が、図書の廃棄について、……著作者又は著作物に対する独断的な評価や個人的な好みによって不公正な取扱いをしたときは、当該図書の著作者の人格的利益を侵害するものとして国家賠償法上違法となります**（最判平 17・7・14）。

「心の静穏を乱されない利益を有しており、……地下鉄の車内において商業宣伝放送を行うことはできない。」の部分が誤りです。判例で問題となった事実関係の下における**地下鉄の列車内での商業宣伝放送は違法とはいえません**（最判昭 63・12・20）［とらわれの聞き手事件］。また、この判例は、問題前半について、正面から判断していません。

「立法府の裁量権を逸脱して自己消費目的の酒類製造の自由を侵害するものであり、許されない。」の部分が誤りです。**自己消費目的の酒類製造の自由が制約されるとしても、そのような規制が立法府の裁量権を逸脱し、著しく不合理であることが明白とはいえず、憲法 31 条、13 条に違反しません**（最判平 1・12・14）［どぶろく裁判事件］。

「同システムのシステム技術上の不備が生じるおそれも否定できないことから、」の部分と「憲法第 13 条の保障する個人に関する情報をみだりに第三者に開示又は公表されない自由を侵害し、許されない。」の部分が誤りです。**行政機関が住基ネットにより住民である本人確認情報を管理、利用等する行為**は、個人に関する情報をみだりに第三者に開示又は公表するものとはいえず、**当該個人がこれに同意していないとしても、憲法 13 条により保障された自由を侵害するものではありません**（最判平 20・3・6）。

法の下の平等 ──────────

1 総説

Q 1
特別区
2007 [H19]
★★★
日本国憲法は、人種、信条、性別、社会的身分又は門地による差別を禁止しているが、これらは限定的に列挙された事由であり、その他の事由に基づく差別は法の下の平等に反しない。

....

Q 2
特別区
2007 [H19]
★★★
法の下の平等は、等しいものは等しく、等しくないものは等しくなく取り扱うという絶対的平等を意味するものであり、いかなる理由であっても各人に対して異なる取扱いをすることは許されない。

2 人種─日本人と外国人

Q 3
国家総合
2003 [H15]
★★★
旧外国人登録法に基づく登録事項確認制度は、在留外国人の居住関係及び身分関係を明確ならしめ、その公正な管理に資するという行政目的を達成するため、外国人登録原票の登録事項の正確性を維持、確保する必要から設けられたものであり、在留外国人に対し日本人とは異なった取扱いをするものであるが、上記のような目的、必要性、相当性が認められ　戸籍制度のない外国人については、日本人とは社会的事実関係上の相違があって、その取扱いに差異を生じることには合理的根拠があるから、憲法第14条に違反しない。〈一部修正〉

選択肢全体が誤りです。**憲法 14 条**は、国民に対し、法の下の平等を保障したものであり、各法条に列挙された事由は**例示的なもの**であって、必ずしもそれに限るものではありません（最大判昭 39・5・27）。

 選択肢全体が誤りです。**憲法 14 条**は、国民に対し絶対的な平等を保障したものではなく、**事柄の性質に即応して合理的と認められる差別的取扱いをすること**は、何ら憲法 14 条 1 項の否定するところではありません（最大判昭 39・5・27）。

 外国人に対し外国人登録原票に登録した事項の確認の申請を義務付ける制度（登録事項確認制度）は、本邦に在留する外国人の居住関係および身分関係を明確にし、**在留外国人の公正な管理に資するという行政目的を達成**するため、外国人登録原票の登録事項の正確性を維持、確保する必要から設けられたものです。その**立法目的には十分な合理性があり、かつ、その必要性も肯定でき**、申請者に過度の負担を強いるものではなく、**一般的に許容される限度を超えない相当なものです**（最判平 9・11・17）。

3 信条

Q 4
国家一般
2014 [H26]
★★★

憲法は、思想・信条の自由や法の下の平等を保障すると同時に、経済活動の自由も基本的人権として保障しているから、企業者は、経済活動の一環としてする契約締結の自由を有し、いかなる者を雇い入れるか、いかなる条件でこれを雇うかについて、法律その他による特別の制限がない限り、原則として自由に決定することができ、企業者が特定の思想、信条を有する者をその故をもって雇い入れることを拒んでも、当然に違法とすることはできないとするのが判例である。

4 性別

Q 5
国家総合
2018 [H30]
★★★

6か月間の女性の再婚禁止期間を定める民法の規定は、女性の再婚後に生まれた子において父性の推定が重複することを回避し、父子関係をめぐる紛争の発生を未然に防ぐことを立法目的としているが、当該立法目的は、医療や科学技術の発達により父子関係を科学的に判定できる現代においては合理性を欠くものであるから、再婚禁止期間を設けること自体が合理的な立法裁量の範囲を超えるものであり、違憲である。

. . . .

Q 6
裁判所
2019 [R1]
★★

判例は、夫婦が婚姻の際に定めるところに従い、夫または妻の氏を称することを定める民法第750条について、同条は、夫婦のいずれの氏を称するかを夫婦となろうとする者の間の協議に委ねており、夫婦同氏制それ自体に男女間の形式的な不平等が存在するわけではないものの、氏の選択に関し、これまでは夫の氏を選択する夫婦が圧倒的多数を占めている状況にあることに鑑みると、社会に男女差別的価値観を助長し続けているものであり、実質的平等の観点から憲法第14条第1項に違反するものとした。

企業者は、経済活動の一環としてする**契約締結の自由を有し**、自己の営業のために労働者を雇用するにあたり、**いかなる者を雇い入れるか、いかなる条件でこれを雇うかについて、法律その他による特別の制限がない限り、原則として自由にこれを決定することができ、企業者が特定の思想、信条を有する者をその故をもって雇い入れることを拒んでも、当然に違法とはなりません**（最大判昭 48・12・12）。

 「当該立法目的は、……合理性を欠くものであるから、再婚禁止期間を設けること自体が合理的な立法裁量の範囲を超えるものであり、違憲である。」の部分が誤りです。**民法 733 条 1 項の立法目的は、父性の推定の重複を回避し、もって父子関係をめぐる紛争の発生を未然に防ぐことにあります。**当該立法目的は、現代においても**合理性は認められ**上記の立法目的を達成するための手段として、本件規定のうち**100 日超過部分が憲法 14 条 1 項に違反するとともに、憲法 24 条 2 項にも違反します**（最大判平 27・12・16）［女子再婚禁止期間事件］。

 「社会に男女差別的価値観を助長し続けているものであり、実質的平等の観点から憲法第 14 条第 1 項に違反するものとした。」の部分が誤りです。**氏の選択に関し、**これまでは夫の氏を選択する夫婦が圧倒的多数を占めている状況にあることに鑑みると、この現状が、夫婦となろうとする者双方の真に自由な選択の結果によるものかについて留意が求められるところですが、**夫婦同姓を定める民法 750 条の規定は、憲法 14 条 1 項に違反するものではありません**（最大判平 27・12・16）。

5　社会的身分

●──総説

Q 7
裁判所
2019 [R1]
★

憲法第 14 条第 1 項の「社会的身分」とは、自己の意思をもってしては離れることのできない固定した地位というように狭く解されており、高齢であることは「社会的身分」には当たらない。

....

●──尊属・卑属

Q 8
裁判所
2018 [H30]
★★★

判例は、被害者が尊属であることを類型化して刑の加重要件とする規定を設ける差別的取扱いは、その加重の程度を問わず合理的な根拠を欠くものであり憲法第 14 条第 1 項に反するとした。

....

Q 9
特別区
2003 [H15]
★★★

尊属殺の法定刑を死刑又は無期懲役刑に限ることは、立法目的達成のため必要な限度の範囲内であり、普通殺に関する法定刑に比し著しく不合理な差別的取扱いをするものと認められず、法の下の平等に反しない。

A7 「自己の意思をもってしては離れることのできない固定した地位というように狭く解されており、」の部分が誤りです。「**社会的身分**」とは、**人が社会において占める継続的地位をいうものであり、高齢は社会的身分に当たりません**（最大判昭 39・5・27）。

A8 「その加重の程度を問わず」の部分が誤りです。**旧刑法 200 条の立法目的である尊属に対する尊重報恩は、……刑法上の保護に値します**。そこで、被害者が尊属であることを犯情のひとつとして具体的事件の量刑上重視することは許され、さらに進んでこのことを類型化し、**法律上、刑の加重要件とする規定を設けても、かかる差別的取扱いによって直ちに合理的な根拠を欠くものとはいえず、したがって、憲法 14 条 1 項に違反しません**（最大判昭 48・4・4）［尊属殺重罰規定判決］。

⚠ ワンポイント

尊属殺重罰規定判決は、**立法目的と加重類型について、重く処罰する規定を置くこと自体には合理性は認められます**が、**加重の程度が極端である点に合理性が認められず、違憲となるとしている点に注意が必要です**。

A9 選択肢全体が誤りです。**旧刑法 200 条の法定刑は死刑または無期懲役刑のみであり、普通殺人罪に関する同法 199 条の法定刑が、死刑、無期懲役刑のほか 3 年（現在は 5 年）以上の有期懲役刑**となっているのと比較して、刑種選択の範囲がきわめて重い刑に限られていることは明らかです。このようにみてくると、**尊属殺の法定刑は、あまりにも厳しいものであり、合理的根拠に基づく差別的取扱いとして正当化することはできません**。したがって、**旧刑法 200 条は憲法 14 条 1 項に違反して無効です**（最大判昭 48・4・4）［尊属殺重罰規定判決］。

Q10 尊属傷害致死罪の法定刑が一般の傷害致死罪の法定刑より加重して規
国家総合 定されていることは、親および子という社会的身分による差別である
1986 [S61] から許されないとするのが判例である。
★★★

● ——嫡出子・非嫡出子

Q11 国籍法の規定が、日本国民である父と日本国民でない母との間に出生
国家一般 した後に父から認知された子について、家族生活を通じた我が国との
2010 [H22] 密接な結び付きをも考慮し、父母の婚姻により嫡出子たる身分を取得
★★★ した（準正のあった）場合に限り届出による日本国籍の取得を認める
ことによって、認知されたにとどまる子と準正のあった子との間に日
本国籍の取得に関する区別を生じさせていることは、その立法目的自
体に合理的な根拠は認められるものの、立法目的との間における合理
的関連性は我が国の内外における社会的環境の変化等によって失われ
ており、今日においては、憲法第14条第1項に違反する。

Q12 法律婚という制度自体は我が国に定着しているとしても、父母が婚姻
特別区 関係になかったという、子にとっては自ら選択ないし修正する余地の
2018 [H30] ない事柄を理由としてその子に不利益を及ぼすことは許されないが、
★★★ 嫡出子と嫡出でない子の法定相続分を区別することは、立法府の裁量
権を考慮すれば、相続が開始した平成13年7月当時において、憲法
に違反しない。

選択肢全体が誤りです。尊属に対する傷害致死を通常の傷害致死よりも重く処罰する規定を設けたとしても、かかる**差別的取扱いにより、直ちに合理的根拠を欠くものではありません。**さらに、旧刑法205条2項の規定は、その立法目的達成のため必要な限度を逸脱しているとは考えられないため、**憲法14条1項に違反しません**（最判昭49・9・26）[尊属傷害致死規定事件]。

 ワンポイント

尊属殺人事件は、違憲ですが、尊属傷害致死事件は、合憲であることの結論の違いに注意してください。

....

A 11 日本国民である父から出生後に認知された子のうち準正により嫡出子たる身分を取得しないものに限っては、**生来的に日本国籍を取得しないのみならず、旧国籍法3条1項所定の届出により日本国籍を取得することもできないことになります。**このような区別の結果、**日本国民である父から出生後に認知されたにとどまる非嫡出子のみ（出生後準正がない場合）**が、**日本国籍の取得について著しい差別的取扱いを受けています。**以上のような**差別的取扱いについては、立法目的との間に合理的関連性を見いだしがたいといえます。**したがって、**国籍法3条1項の規定が本件区別を生じさせていることは、憲法14条1項に違反します**（最大判平20・6・4）[国籍法規定事件]。

....

A 12 **「相続が開始した平成13年7月当時において、憲法に違反しない。」**の部分が誤りです。**嫡出でない子の法定相続分を嫡出子のそれの2分の1とする本件規定（民法900条4号但し書き）**の合理性については、法律婚という制度自体はわが国に定着しているとしても、父母が婚姻関係になかったという、**子にとっては自ら選択ないし修正する余地のない事柄を理由としてその子に不利益を及ぼすことは許されません。**以上を総合すれば、**本件規定は、Aの相続が開始した遅くとも平成13年7月当時において、憲法14条1項に違反していたもの**というべきです（最大決平25・9・4）[非嫡出子相続分規定事件]。

Q 13

裁判所
2017 [H29]
★

戸籍法 29 条 2 項 1 号が、出生の届出に「嫡出子又は嫡出でない子の別」の記載を求めていることは、嫡出でない子について嫡出子との間に事実上の差異をもたらすものであるから、不合理な差別的取扱いとして憲法 14 条 1 項に違反する。

---

6 議員定数不均衡

●──総説（衆議院選挙）

Q 14

国家総合
2009 [H21]
★★★

衆議院議員選挙における議員定数不均衡の合憲性について、最高裁判所は、人口数と定数との比率の平等を最も重要かつ基本的な基準だとしつつも、投票価値の平等は、原則として、国会が正当に考慮することのできる他の政策的目的ないしは理由との関連において調和的に実現されるべきものとして、議員定数配分について国会の裁量権を認めたが、投票価値の不平等が、国会において通常考慮し得る諸般の要素をしんしゃくしてもなお一般的に合理性を有するものとは到底考えられない程度に特段の理由なくして達しているときで、憲法上要求される合理的期間内に是正が行われないときには、そのような議員定数配分規定は違憲となるとの基準を示している。

- -

Q 15

国家総合
1985 [S60]
★★

憲法の要求する投票価値の平等に違反した衆議院議員選挙における議員定数配分規定は、憲法に違反する不平等を招来する部分のみでなく、全体として憲法違反となる。

A 13
✗

「不合理な差別的取扱いとして憲法 14 条 1 項に違反する。」の部分が誤りです。**戸籍法 49 条 2 項 1 号の規定は、出生の届出に係る届書に嫡出子又は嫡出でない子の別を記載すべきことを定めているにとどまります。**以上によれば、戸籍法 49 条 2 項 1 号の規定は、嫡出でない子について嫡出子との関係で不合理な差別的取扱いを定めたものとはいえず、**憲法 14 条 1 項に違反するものではありません**（最判平 25・9・26）[非嫡出子住民票記載義務づけ事件]。

A 14
○

憲法は、投票価値の平等についても、選挙制度の決定について、**人口数と定数との比率の平等を国会が考慮すべき唯一絶対の基準としているわけではなく、**国会は、衆議院および参議院それぞれについて他に斟酌(しんしゃく)することのできる事項をも考慮して、公正かつ効果的な代表という目標を実現するために適切な選挙制度を具体的に決定することができるのであり、**投票価値の平等は、原則として、国会が正当に考慮することのできる他の政策的目的ないしは理由との関連において調和的に実現されるべきもの**と解さなければなりません（最大判昭 51・4・14）。

....

A 15
○

選挙区割および議員定数の配分は、単に憲法に違反する不平等を招来している部分のみでなく、全体として違憲の瑕疵を帯びます（最大判昭 51・4・14）。

Q16
国家総合
1985 [S60]
★★★

衆議院議員選挙における議員定数配分規定が憲法に違反する場合であっても、その配分規定に基づいて行われた選挙は有効であって違法とはならない。

Q17
国家総合
2008 [H20]
★★★

公職選挙法に定める議員定数配分規定の下における投票価値の較差が、憲法の選挙権の平等の要求に反する程度に至った場合には、そのことによって直ちに当該議員定数配分規定が憲法に違反するとすべきものではなく、憲法上要求される合理的期間内の是正が行われないときに初めて当該規定が憲法に違反するものというべきである。

Q18
国家総合
2003 [H15]
★

衆議院小選挙区選出議員の選挙において候補者届出政党に政見放送その他の選挙運動を認める公職選挙法の規定は、候補者届出政党にも選挙運動を認めることが是認される以上、候補者届出政党に所属する候補者とこれに所属しない候補者との間に選挙運動の上で差異を生ずることは避け難いところではあり、その差異が一般的に合理性を有するとは到底考えられない程度に達しているとは断定し難いから、憲法第14条第1項に違反するとはいえない。

● ──**参議院選挙**

Q19
国家一般
2010 [H22]
★★

参議院議員の選挙に関して、投票価値の平等は、選挙制度の仕組みを決定する唯一、絶対の基準となるものではなく、参議院の独自性など、国会が正当に考慮することができる他の政策的目的ないし理由との関連において調和的に実現されるべきものであり、国会が具体的に定めたところがその裁量権の行使として合理性を是認し得るものである限り、それによって投票価値の平等が一定の限度で譲歩を求められることになっても、憲法第14条第1項に違反するものとはいえない。

A 16
✕

「選挙は有効であって違法とはならない。」の部分が誤りです。**事情判決の法理に従い、本件選挙は憲法に違反する議員定数配分規定に基づいて行われた点において違法である旨を判示するにとどめ、選挙自体はこれを無効としません。**そして、このような場合においては、選挙を無効とする旨の判決を求める**請求を棄却するとともに、当該選挙が違法である旨を主文で宣言しなければなりません**（最大判昭 51・4・14）。

. . . .

A 17
◯

憲法上要求される合理的期間内の是正が行われなかったものと評価せざるをえない場合には、議員定数配分規定が、選挙当時、憲法の選挙権の平等の要求に反し、違憲となります（最大判昭 60・7・17、最大判昭 51・4・14、最大判昭 58・11・7）。

. . . .

A 18
◯

小選挙区選挙において、候補者のほかに候補者届出政党にも選挙運動を認めることは、候補者届出政党に所属していない候補者との間に選挙運動のうえで差異が生じていますが、合理性を有するとは到底考えられない程度に達しているとまでは断定し難いところですから、**憲法 14 条 1 項に違反するとはいえません**（最大判平 11・11・10）。

. . . .

A 19
◯

憲法は、投票価値の平等を選挙制度の仕組みの決定における唯一、絶対の基準としているものではなく、投票価値の平等は、参議院の独自性など、他の政策的目的ないし理由との関連において調和的に実現されるべきものでなければなりません。それゆえ、**国会が具体的に定めたところがその裁量権の行使として合理性を是認しうるものである限り、それによって投票価値の平等が損なわれることになっても、憲法に違反するとはいえません**（最大判平 18・10・4）。

●──地方公共団体の議会の選挙

Q20
国家一般
2003 [H15]
★

国会議員の選挙においては投票価値の平等は憲法上保障されているが、地方議会の議員の選挙においては、地方自治の本旨に基づき、各地方公共団体の合理的な判断が優先することから、投票価値の平等は公職選挙法上の要請にとどまり、憲法上要請されているものではないとするのが判例である。

....

Q21
裁判所
2017 [H29]
★

地方公共団体の議会の議員の定数配分については、選挙制度の仕組み、是正の技術的限界などからすれば、人口比例主義を基本とする選挙制度の場合と比較して、投票価値の平等の要求が一定の譲歩、後退を免れない。

---

7 地方公共団体の条例

Q22
特別区
2014 [H26]
★★★

憲法が各地方公共団体の条例制定権を認める以上、地域によって差別を生ずることは当然に予期されるが、その結果生じた各条例相互間の差異が合理的なものと是認せられて始めて合憲と判断すべきであり、売春取締に関する法制は、法律によって全国一律に、統一的に規律しなければ憲法に反する。

....

Q23
特別区
2010 [H22]
★

禁固以上の刑に処されたため地方公務員法の規定により失職した者に対して一般の退職手当を支給しない旨を定めた香川県職員退職手当条例の規定は、私企業労働者に比べて不当に差別しているとして、無効である。

「投票価値の平等は公職選挙法上の要請にとどまり、憲法上要請されているものではないとするのが判例である。」の部分が誤りです。**地方公共団体の議会の選挙に関し、……その選挙権の内容、すなわち投票価値においても平等に取り扱われるべきであることは、憲法の要求するところです**（最判昭 59・5・17）。

地方公共団体の議会の議員の定数配分については、人口比例主義を基本とする選挙制度の場合と比較して、**投票価値の平等の要求が一定の譲歩、後退を免れません**（最判平 1・12・18）。

「売春取締に関する法制は、法律によって全国一律に、統一的に規律しなければ憲法に反する。」の部分が誤りです。**憲法が各地方公共団体の条例制定権を認める以上、地域によって差別を生ずることは当然に予期されることであるから、かかる差別は憲法自ら容認するところです**（最大判昭 33・10・15）。

A23「私企業労働者に比べて不当に差別しているとして、無効である。」の部分が誤りです。**禁錮以上の刑に処せられ地方公務員法の規定により失職した者に対して退職手当を支給しない旨を定めた退職手当条例は、公務に対する住民の信頼を確保することを目的としており、その立法目的には合理性があります。地方公務員を私企業労働者に比べて不当に差別したものとはいえないから、同条例は憲法13条、14条1項、29条1項に違反するものではありません**（最判平 12・12・19）。

Q24
国家専門
2010 [H22]
★★

年金と手当の併給禁止規定により、障害福祉年金受給者とそうでない者との間に児童扶養手当の受給に関し差別が生じることは、児童扶養手当が母子福祉年金の補完として創設された立法経緯にかんがみれば不合理な差別であり、憲法に定める法の下の平等に反し違憲である。

Q25
国家一般
2006 [H18]
★★

租税法の定立については、国家財政、社会経済、国民所得、国民生活等の実態についての正確な資料を基礎とする立法府の政策的、技術的な判断にゆだねるほかはなく、裁判所は、基本的にはその裁量的判断を尊重せざるを得ないというべきであり、租税法の分野における所得の性質の違い等を理由とする取扱いの区別は、その立法目的が正当なものであり、かつ、当該立法において具体的に採用された区別の態様が当該目的との関連で著しく不合理であることが明らかでない限り、その合理性を否定することができず、憲法第14条第1項に違反するものとはいえない。

Q26
特別区
2018 [H30]
★★

旧所得税法が必要経費の控除について事業所得者等と給与所得者との間に設けた区別は、所得の性質の違い等を理由としており、その立法目的は正当なものであるが、当該立法において採用された給与所得に係る必要経費につき実額控除を排し、代わりに概算控除の制度を設けた区別の態様は著しく不合理であることが明らかなため、憲法に違反して無効である。

「不合理な差別であり、憲法に定める法の下の平等に反し違憲である。」の部分が誤りです。本件併給調整条項の適用により、**障害福祉年金を受けることができる地位にある者とそのような地位にない者との間に児童扶養手当の受給に関して差別を生ずることになるとしても、この差別が何ら合理的理由のない不当なものとはいえません。**（最大判昭57・7・7）[堀木訴訟]。

 租税法の定立については、国家財政、社会経済、国民所得、国民生活等の実態についての正確な資料を基礎とする**立法府の政策的、技術的な判断にゆだねるほかはなく、裁判所は、基本的にはその裁量的判断を尊重せざるを得ません。**そうであるとすれば、租税法の分野における所得の性質の違い等を理由とする取扱いの区別は、**その立法目的が正当なものであり、かつ、当該立法において具体的に採用された区別の態様が立法目的との関連で著しく不合理であることが明らかでない限り、その合理性を否定することができず、これを憲法 14 条 1 項の規定に違反するものということはできません**（最大判昭 60・3・27）[サラリーマン税金訴訟]。

 「区別の態様は著しく不合理であることが明らかなため、憲法に違反して無効である。」の部分が誤りです。**旧所得税法が給与所得に係る必要経費につき実額控除を排し、代わりに概算控除の制度を設けた目的は、正当性を有します。**そして、所得の捕捉の不均衡の問題は、租税法制そのものが違憲になるとはいえませんから、**捕捉率の較差の存在をもって本件課税規定が憲法 14 条 1 項の規定に違反するとはいえません**（最大判昭 60・3・27）[サラリーマン税金訴訟]。

Q27 国家一般 2010 [H22] ★★ 平成元年改正前の国民年金法の規定が、20歳以上の学生の保険料負担能力等を考慮し、20歳以上の学生を国民年金の強制加入被保険者としなかったことにより、20歳前に障害を負った者と20歳以後に障害を負った学生との間に障害基礎年金の受給に関する区別を生じさせていたことは、その立法目的に合理性は認められるものの、大学への進学率が著しく増加し、20歳以上の学生の数も大きく増加していた立法当時の状況にかんがみると、立法目的との関連において著しく不合理で立法府の裁量の限界を超えたものであり、憲法第14条第1項に違反する。

Q28 国家一般 2011 [H23] ★★ 公職選挙法に違反した者は、現に選挙の公正を害したものとして選挙に関与させることが不適当なものと認めるべきであるから、一定の期間について、被選挙権の行使を制限することは憲法に違反しないが、選挙権の行使をも制限することは、国民の参政権を不当に奪うものであり、憲法に違反する。

Q29 特別区 2010 [H22] ★★ 台湾住民である軍人軍属が戦傷病者戦没者遺族等援護法及び恩給法の適用から除外されたのは、台湾住民の請求権の処理は日本国との平和条約及び日華平和条約により、両国政府の外交交渉によって解決するとされたためであり、日本国籍をもつ軍人軍属との間に差別が生じても、憲法に違反しない。

「立法目的との関連において著しく不合理で立法府の裁量の限界を超えたものであり、憲法第 14 条第 1 項に違反する。」の部分が誤りです。**20 歳以上の学生を国民年金の強制加入被保険者として一律に保険料納付義務を課すのではなく、任意加入を認めて国民年金に加入するかどうかを 20 歳以上の学生の意思にゆだねることとした措置は、著しく合理性を欠くということはできません。**そうすると、……**立法府が平成元年改正前において 20 歳以上の学生について国民年金の強制加入被保険者とするなどの措置を講じなかったことは、憲法 25 条、14 条 1 項に違反するものではありません**（最判平 19・9・28）。

．．．

 「選挙権の行使をも制限することは、国民の参政権を不当に奪うものであり、憲法に違反する。」の部分が誤りです。**公職選挙法に違反した者は、現に選挙の公正を害したものとして選挙に関与させることが不適当なものと認めるべきですから、一定の期間について、被選挙権と選挙権の行使を制限することは憲法に違反するものではありません**（最大判昭 30・2・9）。

．．．

 台湾住民である軍人軍属が援護法および恩給法の適用から除外されたのは、台湾住民の請求権の処理は**日本国との平和条約および日華平和条約により日本国政府と中華民国政府との特別取極の主題とされた**ことに基づくのであり、そのことには十分な合理的根拠があります。したがって、本件国籍条項により、**日本の国籍を有する軍人軍属と台湾住民である軍人軍属との間に差別が生じているとしても、本件国籍条項は、憲法 14 条に違反しません**（最判平 4・4・28）。

Q30
国家一般
1997 [H9]
★★★

夫の所得は、妻の家事労働の協力により得られた所得であるから、課税方式としては、当該所得の2分の1に税率を適用し、得られた額を2倍にしたものを税額とする方式が両性の本質的平等を定めた憲法24条の趣旨に適合するものであり、このような方式を法令で禁止することは許されないとするのが判例である。

「このような方式を法令で禁止することは許されないとするのが判例である。」の部分が誤りです。**課税方式としては、当該所得の2分の1に税率を適用し、得られた額を2倍にしたものを税額とする方式は、憲法24条の法意に照らし、憲法の同条項に違反しません。**それ故、本件に適用された所得税法が、**生計を一にする夫婦の所得の計算について、民法762条1項によるいわゆる別産主義に依拠していても、同条項が憲法24条に違反しないことは明らかですから、所得税法もまた違憲ではありません**（最大判昭36・9・6）。

(1)思想・良心の自由、信教の自由、学問の自由

1 思想・良心の自由

Q1
裁判所
2019 [R1]
★★

憲法第 19 条が保障する「思想」と「良心」の保障範囲は異なり、思想の自由とは、世界観、人生観、主義、主張などの個人の人格的な内面的精神作用を意味し、良心の自由とは、内心における信仰の自由を意味する。

Q2
国家総合
1993 [H5]
★★

思想および良心に関する内心の自由の保障は絶対的であって、「公共の福祉」を理由とする制限も一切認められず、たとえ憲法の原理そのものを否定する思想に対しても、少なくともそれが内心領域にとどまっているかぎりは、それを制限、禁止することはできないと解するのが通説である。

Q3
国家一般
2019 [R1]
★★★

他者の名誉を毀損した者に対して、謝罪広告を新聞紙に掲載すべきことを裁判所が命じることは、その広告の内容が単に事態の真相を告白し陳謝の意を表明するにとどまる程度のものであれば、その者の良心の自由を侵害するものではないから、憲法第 19 条に違反しない。

Q4
特別区
2005 [H17]
★★★

最高裁判所の判例では、最高裁判所裁判官の国民審査は、罷免の可否不明により記載のない投票に、罷免を可としないという法律上の効果を付与していることから、思想及び良心の自由を制限するものであるとした。

Q5
特別区
2011 [H23]
★

長野方式における教員の勤務評定について、各教員に学習指導及び勤務態度などに関する自己観察の記入を求めたことは、記入者の人生観、教育観の表明を命じたものであり、内心的自由を侵害するものである。

A 1 ✕ 選択肢全体が誤りです。憲法第 19 条が保障する「思想」と「良心」の保障範囲はとくにその区別はなく、思想の自由と良心の自由とは、ともに、世界観、人生観、主義、主張などの個人の人格的な内面的精神作用を意味し、内心における信仰の自由とは異なります。

．．．

A 2 ◯ 憲法の根本理念である民主主義を否定する思想であっても、少なくとも内心にとどまる限りそのような思想を抱いても処罰することは許されません。これを価値相対主義といいます（通説）。

．．

A 3 ◯ 民法 723 条に定める名誉回復処分として、裁判所が加害者に新聞紙等へ謝罪広告の掲載を命じることは、それが単に事態の真相を告白し陳謝の意を表明するにとどまる程度のものであれば、憲法 19 条に違反しません（最大判昭 31・7・4）［謝罪広告請求事件］。

．．

A 4 ✕ 選択肢全体が誤りです。最高裁判所裁判官の国民審査において、積極的に罷免を可とする意思が表示されていない投票（無印）は罷免を可とするものではないとの効果を旧国民審査法が発生させても、思想及び良心の自由を制限するものではありません（最判昭 38・9・5）。

．．

A 5 ✕ 選択肢全体が誤りです。長野方式における教員の勤務評定について、各教員に学習指導および勤務態度などに関する自己観察の記入を求めたことは、内心の自由を侵害するものではありません（最判昭 47・11・30）［勤務評定長野方式事件］。

Q 6
特別区
2011 [H23]
★★★

企業が採用に当たって、志願者の思想やそれに関連する事項を調査すること及び特定の思想、信条の持主の採用をその故を以って拒否することは、違憲である。

Q 7
国家一般
2002 [H14]
★

企業内においても労働者の思想、信条等の精神的自由は十分尊重されるべきであるから、使用者が、その調査目的を明らかにせずに、労働者に対して所属政党を調査し、その回答として書面の交付を要求することは、いかなる態様によったとしても、憲法第19条に違反する。

Q 8
国家一般
2019 [R1]
★★★

特定の学生運動の団体の集会に参加した事実が記載された調査書を、公立中学校が高等学校に入学者選抜の資料として提供することは、当該調査書の記載内容によって受験者本人の思想や信条を知ることができ、当該受験者の思想、信条自体を資料として提供したと解されることから、憲法第19条に違反する。

Q 9
特別区
2019 [R1]
★★

最高裁判所の判例では、労働委員会が使用者に対し、使用者が労働組合とその組合員に対して不当労働行為を行ったことについて深く陳謝すると共に、今後このような行為を繰り返さないことを約する旨の文言を掲示するよう命じたポストノーティス命令は、使用者に対し陳謝の意思表明を強制するものではなく、憲法に違反するものとはいえないとした。

A 6
✕
選択肢全体が誤りです。**企業者**は、……**いかなる者を雇い入れるか、いかなる条件でこれを雇うか**について、法律その他による特別の制限がない限り、原則として**自由にこれを決定することができる**のであって、企業者が特定の思想、信条を有する者をその故をもって雇い入れることを拒んでも、それを当然に**違法とすることはできません**（最大判昭 48・12・12）[三菱樹脂事件]。

A 7
✕
「**いかなる態様によったとしても、憲法第 19 条に違反する。**」の部分が誤りです。**調査目的を明らかにせずに共産党員であるか否かを尋ねた本件質問**は、**必要性、合理性**を肯認でき、また、本件質問の態様は、返答を強要するものでない以上、本件質問は、**社会的に許容しうる限界を超えて X の精神的自由を侵害した違法行為であるとはいえません**（最判昭 63・2・5）[東京電力塩山営業所事件]。

A 8
✕
「**本人の思想や信条を知ることができ、当該受験者の思想、信条自体を資料として提供したと解されることから、憲法第 19 条に違反する。**」の部分が誤りです。内申書に「麹町中全共闘を名乗り、他校生徒とともに校内に乱入・ビラ撒きをしたり、大学生 ML 派の集会に参加している」等の記載をすることは、**個人の思想、信条そのものを記載したものではなく**、その記載に係る外部的行為によっては**個人の思想、信条を了知しうるものでもなく**、また、**個人の思想、信条自体を高等学校の入学者選抜の資料に供したものでもありません**（最判昭 63・7・15）[麹町中学内申書事件]。

A 9
〇
本件ポスト・ノーティス命令は、**労働委員会によって使用者の行為が不当労働行為と認定されたことを関係者に周知徹底させ、同種行為の再発を抑制しようとする趣旨**のものです。その掲示文に「**深く反省する**」、「**誓約します**」などの文言を用いても、それは同種行為を繰り返さない旨の約束文言を強調する意味を有するにすぎず、使用者に対し反省等の意思表明を要求することは、当該命令の本旨とするところではなく、**憲法 19 条に違反しません**（最判平 2・3・6）[医療法人社団・亮正会事件]。

Q10 裁判所 2014 [H26] ★★
個人の私生活上の自由の1つとして、何人もみだりに指紋の押なつを強制されない自由を有するものというべきであり、国家機関が正当な理由もなく指紋の押なつを強制することは、憲法13条の趣旨に反して許されず、また、その自由の保障は、わが国に在留する外国人にも等しく及ぶ。

Q11 裁判所 2018 [H30] ★★★
税理士会のような強制加入団体は、その会員に実質的には脱退の自由が保障されていないことや様々な思想・信条及び主義・主張を有する者の存在が予定されていることからすると、税理士会が多数決原理により決定した意思に基づいてする活動にもおのずから限界があり、特に、政党など政治資金規正法上の政治団体に対して金員の寄付をするなどの事柄を多数決原理によって団体の意思として決定し、構成員にその協力を義務付けることはできない。

Q12 国家一般 2019 [R1] ★★★
市立小学校の校長が、音楽専科の教諭に対し、入学式における国歌斉唱の際に「君が代」のピアノ伴奏を行うよう命じた職務命令は、そのピアノ伴奏行為は当該教諭が特定の思想を有するということを外部に表明する行為と評価されることから、当該教諭がこれを明確に拒否している場合には、当然に思想及び良心の自由を侵害するものであり、憲法第19条に違反する。

Q13 裁判所 2018 [H30] ★★
日の丸や君が代に対して敬意を表明することには応じ難いと考える者が、これらに対する敬意の表明の要素を含む行為を求められるなど、個人の歴史観ないし世界観に由来する行動と異なる外部的行為を求められる場合、その者の思想及び良心の自由についての間接的な制約が存在する。

A 10 ○

みだりに指紋押なつを強制されない自由は、わが国に在留する外国人にも等しく及びます（最判平7・12・15）。

A 11 ○

本選択肢の通りです。政党など規正法上の政治団体に対して金員の寄付をするかどうかは、選挙における投票の自由と表裏をなすものとして、会員各人が市民としての個人的な政治的思想、見解、判断等に基づいて自主的に決定すべき事柄です。そうすると、このような事柄を多数決原理によって団体の意思として決定し、構成員にその協力を義務付けることはできません（最判平8・3・19）［税理士会政治献金事件］。

A 12 ×

選択肢全体が誤りです。市立小学校の校長が、音楽専科の教諭に対し、入学式における国歌斉唱の際に「君が代」のピアノ伴奏を行うよう命じた職務命令は、そのピアノ伴奏行為は当該教諭が特定の思想の有無について告白することを強要するものではないことから、当該教諭がこれを明確に拒否しても、思想及び良心の自由を侵すものとして、憲法第19条に反するとはいえません（最判平19・2・27）。

A 13 ○

本選択肢の通りです。本件職務命令は、一般的、客観的な見地からは式典における慣例上の儀礼的な所作とされる行為を求めるものであり、それが結果として上告人である教師の歴史観ないし世界観との関係で否定的な評価の対象となるものに対する敬意の表明の要素を求められるという点で、その限りで上告人の思想および良心の自由についての間接的な制約となる面があります（最判平23・5・30）。

2 信教の自由

●──信教の自由全般

Q14
裁判所
2015 [H27]
★★★

精神病者の近親者から平癒祈願の依頼を受けて、線香護摩による加持祈祷を行い、線香の熱さのため身をもがく被害者を殴打するなどした行為は、一種の宗教行為としてなされたものであったとしても、他人の生命、身体等に危害を及ぼす違法な有形力の行使に当たるものである。

Q15
特別区
2012 [H24]
★★★

信教の自由には、静謐な宗教的環境の下で信仰生活を送るべき法的利益の保障が含まれるので、殉職自衛隊員を、その妻の意思に反して県護国神社に合祀申請した行為は、当該妻の近親者の追慕、慰霊に関して心の静謐を保持する法的利益を侵害する。

Q16
裁判所
2015 [H27]
★★

宗教法人の解散命令の制度は、専ら世俗的目的によるものであって、宗教団体や信者の精神的・宗教的側面に容かいする意図によるものではなく、信者の宗教上の行為を禁止ないし制限する法的効果を一切伴わないものであるから、信者の宗教上の行為に何らの支障も生じさせるものではない。

Q17
国家専門
2010 [H22]
★★★

公立学校において、信仰に基づく真しな理由から剣道実技の履修を拒否した学生について、校長が正当な理由のない履修拒否と区別せず、代替措置を何ら検討することなく退学処分としたことは、社会観念上著しく妥当を欠く処分であり、裁量権の範囲をこえる違法な処分であるとするのが判例である。

A14 ○ 本選択肢の通りです。精神病者の近親者から平癒祈願の依頼を受けて、線香護摩による加持祈祷を行い、線香の熱さのため身をもがく被害者を殴打するなどした行為は、一種の宗教行為としてなされたものであったとしても、他人の生命、身体等に危害を及ぼす違法な有形力の行使に当たるものです（最大判昭38・5・15）[加持祈祷事件]。

A15 × 「当該妻の近親者の追慕、慰霊に関して心の静謐を保持する法的利益を侵害する。」の部分が誤りです。信教の自由の保障は、何人も自己の信仰と相容れない信仰をもつ者の信仰に基づく行為に対して、寛容であることを要請しています。県護国神社が夫を合祀するのは、信教の自由により保障されているところとして同神社が自由になしえ、それ自体は何人の法的利益をも侵害しません（最大判昭63・6・1）[自衛官合祀事件]。

A16 × 「信者の宗教上の行為に何らの支障も生じさせるものではない。」の部分が誤りです。宗教法人法による解散命令は、信者の宗教上の行為を禁止したり制限したりする法的効果を一切伴いません。したがって、解散命令によって宗教団体やその信者らが行う宗教上の行為に何らかの支障を生ずることが避けられないとしても、その支障は、解散命令に伴う間接的で事実上のものであるにとどまります（最決平8・1・30）[宗教法人オウム真理教解散命令事件]。

A17 ○ 本選択肢の通りです。公立高等専門学校において、当該生徒の信仰上の理由による剣道実技の履修拒否を、正当な理由のない履修拒否と区別することなく、代替措置について何ら検討することなく、退学処分等をした校長の措置は、裁量権の範囲を超える違法なものです（最判平8・3・8）[剣道実技拒否事件]。

Q 18
裁判所
2003 [H15]
★

憲法 20 条 3 項は国が宗教教育を行うことを禁止するが、国が、宗教の社会生活上の意義を明らかにし、宗教に関する寛容の態度を養うことを目的とする教育を行うことは禁止していない。

Q 19
国家専門
2009 [H21]
★★★

憲法は政教分離の原則に基づく諸規定を設けているが、当該規定の基礎となり、その解釈の指導原理となる政教分離原則は、国家が宗教的に中立であることを要求するものではあるが、国家が宗教とのかかわり合いを持つことを全く許さないとするものではなく、宗教とのかかわり合いをもたらす行為の目的及び効果にかんがみ、そのかかわり合いが我が国の社会的・文化的諸条件に照らし相当とされる限度を超えるものと認められる場合にこれを許さないとするものである。

Q 20
国家総合
2010 [H22]
★★

ある行為が憲法第 20 条第 3 項にいう「宗教的活動」に該当するかどうかを検討するに当たっては、主宰者や順序作法といった当該行為の外形的側面を考慮してはならず、その行為に対する一般人の宗教的評価、行為者の意図・目的及び宗教的意識の有無・程度、一般人に与える効果、影響等、諸般の事情を考慮し、社会通念に従って判断しなければならない。

Q 21
国家総合
1991 [H3]
★★

憲法 20 条 3 項の政教分離原則は、信教の自由の確保・強化のための制度的保障であるだけでなく、私人の信教の自由そのものを直接保障するものであるから、この規定に違反する国の宗教的活動は私人に対する関係で当然に違法となるとするのが判例である。

A 18
○

本選択肢の通りです。憲法 20 条 3 項は国が宗教教育を行うことを禁止するが、国が、**宗教の社会生活上の意義を明らかにし、宗教に関する寛容の態度を養うことを目的とする教育を行うことは禁止していません**（通説）。

A 19
○

本選択肢の通りです。**国家は、……宗教とのかかわり合いを生ずることを免れえません**。したがって、**国家と宗教の完全な分離の実現は不可能に近く、かえって不合理な事態を生じます。それ故、政教分離原則は、国家が宗教的に中立であることを要求するものですが、**国家が宗教とのかかわり合いをもつことを全く許さないとするものではありません**（最大判昭 52・7・13）[津地鎮祭訴訟]。

A 20
✕

「主宰者や順序作法といった当該行為の外形的側面を考慮してはならず、」の部分が誤りです。ある行為が憲法 20 条 3 項にいう「宗教的活動」に該当するかどうかを検討するに当たっては、**主宰者や順序作法といった当該行為の外形的側面のみにとらわれることなく**、当該行為の行われる**場所**、当該行為に対する**一般人の宗教的評価**、**当該行為者が**当該行為を行うについての**意図**、**目的および宗教的意識の有無**、程度、当該行為の一般人に与える効果、影響等、**諸般の事情を考慮し、社会通念に従って、客観的に判断しなければなりません**（最大判昭 52・7・13）[津地鎮祭訴訟]。

A 21
✕

「私人の信教の自由そのものを直接保障するものであるから、この規定に違反する国の宗教的活動は私人に対する関係で当然に違法となるとするのが判例である。」の部分が誤りです。**憲法 20 条 3 項の政教分離原則は、信教の自由の確保・強化のための制度的保障であって、信教の自由を間接的に保障するものです**（最大判昭 52・7・13）[津地鎮祭訴訟]。

Q22
国家一般
1995 [H7]
★

憲法 20 条 3 項にいう宗教的活動に含まれない宗教上の行事等であっても、宗教的信条に反するとして参加を拒否する者に対し国家がこれに参加を強制すれば、その者の信教の自由を侵害することになる。

. . . .

Q23
特別区
2003 [H15]
★★★

市が、神式地鎮祭を挙行し、それに公金を支出することは、当該行為の目的が宗教的意義を持つものの、その効果が宗教に対する援助、助長とはならないので、政教分離の原則に反しない。

. . . .

Q24
国家専門
2005 [H17]
★★

市が町会に対して地蔵像建立又は移設のため、市有地の無償使用を許可した行為は、地域住民の融和を促進するという目的から行われたものであるが、地蔵像信仰はいまだ宗教性が高く、市の当該行為は特定の宗教を援助、助長することになるため、憲法第 20 条第 3 項に違反する。

. . . .

Q25
国家専門
2018 [H30]
★★

市が忠魂碑の存する公有地の代替地を買い受けて当該忠魂碑の移設・再建をした行為は、当該忠魂碑が宗教的施設ではないことなどから、憲法第 20 条第 3 項の宗教的活動には当たらない。しかし、当該忠魂碑を維持管理する戦没者遺族会の下部組織である地区遺族会が当該忠魂碑前で神式又は仏式で挙行した慰霊祭に市の教育長が参列した行為は、政教分離原則に違反する。

A22 ○ 憲法20条2項の宗教上の行為等は、必ずしもすべて3項の宗教的活動に含まれるという関係にあるものではありません。たとえ3項の宗教的活動に含まれないとされる宗教上の祝典、儀式、行事等であっても、宗教的信条に反するとしてこれに参加を拒否する者に対し国家が参加を強制すれば、上記の者の信教の自由を侵害し、2項に違反することとなります（最大判昭52・7・13）[津地鎮祭訴訟]。

A23 × 「当該行為の目的が宗教的意義を持つ」の部分が誤りです。本件起工式の目的は建築着工に際し土地の平安堅固、工事の無事安全を願い、社会の一般的慣習に従った儀礼を行うというもっぱら世俗的なものと認められ、その効果は神道を援助、助長、促進または他の宗教に圧迫、干渉を加えるものとは認められないのであるから、憲法20条3項により禁止される宗教的活動にはあたりません（最大判昭52・7・13）[津地鎮祭訴訟]。

A24 × 「地蔵像信仰はいまだ宗教性が高く、市の当該行為は特定の宗教を援助、助長することになるため、憲法第20条第3項に違反する。」の部分が誤りです。大阪市が各町会に対して、地蔵像建立・移設のため市有地の無償使用を承認するなどした意図・目的は、……地域住民の融和を促進するという何ら宗教的意義を帯びないものであったこと等から、大阪市が各町会に対してした行為は、その目的および効果にかんがみ、憲法20条3項あるいは89条の規定に違反しません（最判平4・11・16）[大阪地蔵訴訟]。

A25 × 「市の教育長が参列した行為は、政教分離原則に違反する。」の部分が誤りです。市が本件忠魂碑に関して行った土地の買い受け、忠魂碑の移転、再建、遺族会への敷地の無償貸与も、その目的は、小学校の校舎の建替え等のため、公有地上に存する戦没者記念碑的な性格を有する施設を他の場所に移転するものであり、もっぱら世俗的なものと認められ、その効果も、特定の宗教を援助、助長、促進しまたは他の宗教に圧迫、干渉を加えるものとは認められません（最判平5・2・16）[箕面忠魂碑・慰霊祭訴訟]。

Q26 国家総合 2001 [H13] ★★★

県知事が、神社が挙行する例大祭に対し玉串料を県の公金から支出する行為に関し、神社の参拝の際に玉串料を奉納することは一般人からみてそれが過大でない限りは社会的儀礼として受容されるものであり、特定の宗教に対する援助、助長、促進又は他の宗教への圧迫、干渉にはならないから、憲法第20条第3項及び第89条に違反しない。

- -

Q27 特別区 2017 [H29] ★★

市が忠魂碑の存する公有地の代替地を買い受けて当該忠魂碑を移設、再建し、当該忠魂碑を維持管理する戦没者遺族会に対し当該代替地を無償貸与した行為は、当該忠魂碑が宗教的性格のものであり、当該戦没者遺族会が宗教的活動をすることを本来の目的とする団体であることから、特定の宗教を援助、助長、促進するものと認められるため、憲法の禁止する宗教的活動に当たる。

- -

Q28 国家専門 2016 [H28] ★

知事が大嘗祭に参列した行為は、大嘗祭が皇位継承の際に通常行われてきた皇室の伝統儀式であること、他の参列者と共に参列して拝礼したにとどまること、参列が公職にある者の社会的儀礼として天皇の即位に祝意を表する目的で行われたことなどの事情の下においては、憲法第20条第3項に違反しない。

選択肢全体が誤りです。地方公共団体が特定の宗教団体に対してのみ本件のような形で特別のかかわり合いをもつことは、**一般人に対して、県が当該特定の宗教団体を特別に支援しているとの印象を与えています。したがって、県が本件玉串料等靖國神社又は護國神社に奉納したことは、その目的が宗教的意義をもつことを免れず、その効果が特定の宗教に対する援助、助長、促進になると認めるべきであり、憲法 20 条 3 項の禁止する宗教的活動にあたります**（最大判平 9・4・2）[愛媛玉串料訴訟]。

選択肢全体が誤りです。**日本遺族会および市遺族会は**、いずれも、特定の宗教の信仰、礼拝、普及等の宗教的活動を行うことを本来の目的とする組織ないし団体には該当しないのであって、「**宗教団体**」（憲法 20 条 1 項後段）または「**宗教上の組織若しくは団体**」（憲法 89 条）**に該当しません**（最判平 11・10・21）。

知事の大嘗祭への参列の目的は、天皇の即位に伴う皇室の伝統儀式に際し、**日本国および日本国民統合の象徴である天皇に対する社会的儀礼を尽くすものであり、その効果も、特定の宗教に対する援助、助長、促進または圧迫、干渉等になるようなものではないと認められます。したがって、鹿児島県知事の大嘗祭への参列は、憲法上の政教分離原則およびそれに基づく政教分離規定に違反するものではありません**（最判平 14・7・11、最判平 16・6・28）。

Q 29
特別区
2017 [H29]
★★

市が連合町内会に対し、市有地を無償で神社施設の敷地として利用に供している行為は、当該神社施設の性格、無償提供の態様等、諸般の事情を考慮して総合的に判断すべきものであり、市と神社ないし神道とのかかわり合いが、我が国の社会的、文化的諸条件に照らし、相当とされる限度を超えるものではなく、憲法の禁止する宗教団体に対する特権の付与に該当しない。

Q 30
国家専門
2012 [H24]
★★

町内会に対し無償で神社施設の敷地としての利用に供してきた市有地につき、市有地が神社の敷地となっているという市と特定の宗教とのかかわり合いを市が是正解消しようとするときは、当該神社施設を撤去すべきであって、市が当該市有地を当該町内会に譲与することは、市と神社とのかかわり合いを是正解消する手段としておよそ相当性を欠き、憲法第20条第3項及び第89条に違反するとするのが判例である。

「相当とされる限度を超えるものではなく、憲法の禁止する宗教団体に対する特権の付与に該当しない。」の部分が誤りです。**国公有地が無償で宗教的施設の敷地としての用に供されている状態が、……憲法89条に違反するか否かを判断するにあたっては、当該宗教的施設の性格、当該土地が無償で当該施設の敷地としての用に供されるに至った経緯、当該無償提供の態様、これらに対する一般人の評価**等、諸般の事情を考慮し、**社会通念に照らして総合的に判断**すべきです。そして、市がその所有する土地を神社施設の敷地として無償で使用させている本件事案について、**本件利用提供行為は、市と本件神社ないし神道とのかかわり合いが、我が国の社会的、文化的諸条件に照らし、信教の自由の保障の確保という制度の根本目的との関係で相当とされる限度を超えるものとして、憲法89条の禁止する公の財産の利用提供に当たり、ひいては憲法20条1項後段の禁止する宗教団体に対する特権の付与にも該当する**としています。（最大判平22・1・20）［砂川市（空知太神社）政教分離訴訟］。

・・

「当該神社施設を撤去すべきであって、」の部分が誤りです。**本件利用提供行為の現状が違憲であるとする理由は、施設の下に一定の行事を行っている本件氏子集団に対し、長期にわたって無償で土地を提供していることによるものであって、このような違憲状態の解消には、神社施設を撤去し土地を明け渡す以外にも適切な手段がありうる**というべきです。たとえば、**本件土地の全部又は一部を譲与し、有償で譲渡し、又は適正な時価で貸し付ける等の方法によっても上記の違憲性を解消することができます**（最大判平22・1・20）［砂川市（空知太神社）政教分離訴訟］。

●──信教の自由と政教分離の原則との関係

Q 31
国家総合
1999 [H11]
★★

信仰上の理由により公立学校において格技である剣道実技の履修を拒否した特定の宗教の信者に対して、その信教の自由を保護するため、公立学校が特段の代替措置をとることは、宗教上の理由に基づいて有利な取扱いをすることとなり、信教の自由の一内容としてほかの生徒の消極的な信教の自由と緊張関係を生じるだけでなく、公教育に要求されている宗教的中立性を損なうこととなるから、政教分離原則に抵触する。

....

Q 32
裁判所
2015 [H27]
★

公立学校において、学生が信仰を理由に剣道実技の履修を拒否する場合であっても、その理由の当否は外形的事情により判断すべきであって、当事者の説明する宗教上の信条と履修拒否との合理的関連性が認められるかどうかを確認する調査は、公教育の宗教的中立性に反するものであるから許されない。

3 学問の自由

Q 33
国家総合
2017 [H29]
★

学術的な研究であっても、その内容によっては、人の尊厳の保持、人の生命及び身体の安全の確保、社会秩序の維持といった観点から、必要に応じて法律により規制することも許容され得ると一般に解され、実際、ヒトに関するクローン技術の研究については、法律により一定の制限が課されている。

....

Q 34
国家専門
2000 [H12]
★★

憲法第23条の学問の自由には、学問的研究の自由は含まれるが、その研究結果の発表の自由については、研究結果の発表という形態をとった政治的社会的活動になる可能性が否定できないことから含まれない。

A 31 ✕ 選択肢全体が誤りです。信仰上の理由による格技の履修拒否に対して代替措置をとることが、……他の学生に不公平感を生じさせないような適切な方法、態様による代替措置が実際上不可能であったとはいえません。また、代替措置をとることは、その目的において宗教的意義を有し、特定の宗教を援助、助長、促進する効果を有するとはいえず、他の宗教者または無宗教者に圧迫、干渉を加える効果があるともいえないのであり、憲法 20 条 3 項に違反するとはいえません（最判平 8・3・8）[剣道実技拒否事件]。

A 32 ✕ 「公教育の宗教的中立性に反するものであるから許されない。」の部分が誤りです。履修拒否が信仰上の理由に基づくものかどうかは外形的事情の調査によって容易に明らかになります。学生が信仰を理由に剣道実技の履修を拒否する場合に、公立学校が、その理由の当否を判断するため、当事者の説明する宗教上の信条と履修拒否との合理的関連性が認められるかどうかを確認する程度の調査をすることが公教育の宗教的中立性に反するとはいえません（最判平 8・3・8）[剣道実技拒否事件]。

A 33 ◯ 学術的な研究は、内面的精神活動の自由であることから、無制約であることを原則としますが、人の尊厳の保持、人の生命及び身体の安全の確保、社会秩序の維持といった観点から、人のコピーをつくるヒトに関するクローン技術の研究については、法律により一定の制限が課されることはやむを得ない制約です（通説）。

A 34 ✕ 憲法 23 条の学問の自由は、学問的研究の自由とその研究結果の発表の自由とを含むのであって、一面において、広くすべての国民に対してそれらの学問的研究の自由とその研究結果の発表の自由とを含みます（最大判昭 38・5・22）[東大ポポロ事件]。

今日の大学は、高度な科学技術の発達や社会の複雑多様化を背景として、政府や産業界と人事・財政面で強く結び付いており、大学が学問の自由を確保するためには学生を含めた大学に所属する者全体の一致した協力が不可欠であるから、学生も教授その他の研究者と同様に大学の自治の主体に含まれるとするのが判例である。

最高裁判所の判例では、学生集会は、大学が許可したものであり、かつ、政治的社会的活動ではなく、真に学問的な研究又はその結果の発表のためのものであっても、大学の有する特別の学問の自由と自治を享有しないとした。

普通教育の場において児童、生徒用として使用される教科書の検定は、ある記述がいまだ学界において支持を得ていないとき、あるいは、該当する学校、教科、科目、学年の児童や生徒の教育として取り上げるにふさわしい内容と認められないときなどに、教科書の形態における研究結果の発表を制限するにすぎないから、学問の自由を保障した憲法第23条の規定に違反しないとするのが判例である。

「学生も……大学の自治の主体に含まれる」の部分が誤りです。**大学の自治は、特に大学の教授その他の研究者の人事に関して認められます**。大学の学問の自由と自治は、……直接には教授その他の研究者の研究、その結果の発表、研究結果の教授の自由とこれらを保障するための自治とを意味します。**大学の施設と学生は、これらの自由と自治の効果として、施設が大学当局によって自治的に管理され、学生も学問の自由と施設の利用を認められるのです**（最大判昭 38・5・22）［東大ポポロ事件］。

....

 「真に学問的な研究又はその結果の発表のためのものであっても、大学の有する特別の学問の自由と自治を享有しないとした。」の部分が誤りです。**学生の集会が、実社会の政治的社会活動にあたる行為をする場合には、大学の有する特別の学問の自由と自治は享有しません**（最大判昭 38・5・22）［東大ポポロ事件］。

....

 本件教科書検定は、申請図書に記述された研究結果が、いまだ学界において支持を得ていなかったり、当該学校、当該教科、当該科目、当該学年の児童、生徒の教育として取り上げるにふさわしい内容と認められないときなど旧検定基準の各条件に違反する場合に、教科書の形態における研究結果の発表を制限するにすぎません。このような本件検定が学問の自由を保障した憲法 23 条の規定に違反しないことは明らかです（最判平 5・3・16）。

自由権：精神的自由権　(2)表現の自由

1　アクセス権、言論・出版の自由

●──アクセス権等

Q1
裁判所
2017［H29］
★★★

私人間において、当事者の一方が情報の収集、管理、処理につき強い影響力を持つ日刊新聞紙を全国的に発行・発売する者である場合、新聞に取りあげられた他方の当事者には、不法行為の成否にかかわらず、反論文を無修正かつ無料で新聞紙上に掲載することを請求できる権利が憲法21条1項の規定から直接に生じるというべきである。

Q2
国家一般
2016［H28］
★★

放送法の定める訂正放送等の規定は、真実でない事項の放送がされた場合において、放送内容の真実性の保障及び他からの干渉を排除することによる表現の自由の確保の観点から、放送事業者に対し、自律的に訂正放送等を行うことを国民全体に対する公法上の義務として定めたものであって、放送事業者がした真実でない事項の放送により権利の侵害を受けた本人等に対して訂正放送等を求める私法上の請求権を付与する趣旨の規定ではない。

●──報道の自由と取材の自由

Q3
裁判所
2017［H29］
★★★

報道機関の報道は、国民が国政に関与するにつき、重要な判断の資料を提供し、国民の「知る権利」に奉仕するものであるから、事実の報道の自由も憲法21条の保障の下にある。

「反論文を無修正かつ無料で新聞紙上に掲載することを請求できる権利が憲法 21 条 1 項の規定から直接に生じるというべきである。」の部分が誤りです。**私人間において、当事者の一方が**情報の収集、管理、処理につき強い影響力をもつ**日刊新聞紙を全国的に発行・発売する者**である場合でも、**憲法 21 条の規定から直接に、反論掲載の請求権が他方の当事者に生ずるものではありません。さらに、反論文掲載請求権は、これを認める法の明文の規定は存在しません**（最判昭 62・4・24）［サンケイ新聞事件］。

 旧放送法 4 条 1 項は、……真実でない事項の放送がされた場合において、放送内容の真実性の保障および他からの干渉を排除することによる表現の自由の確保の観点から、**放送事業者に対し、自律的に訂正放送等を行うことを国民全体に対する公法上の義務として定めたもの**であって、**被害者に対して訂正放送等を求める私法上の請求権を付与する趣旨の規定ではありません**（最判平 16・11・25）。

 報道機関の報道は、民主主義社会において、国民が国政に関与するにつき重要な判断の資料を提供し、**国民の「知る権利」に奉仕するもの**です。したがって、思想の表明の自由とならんで、**事実の報道の自由**は、表現の自由を規定した**憲法 21 条の保障のもとにあります**（最大決昭 44・11・26）［博多駅テレビフィルム提出事件］。

Q 4
特別区
2004 [H16]
★★★

報道機関の報道は国民の知る権利に奉仕するものであり、報道のための取材の自由は、表現の自由を規定した憲法の保障の下にあるため、これを制約することはいかなる場合も許されない。

Q 5
国家専門
2017 [H29]
★★

取材の自由が憲法第21条の精神に照らし尊重に値するとしても、公正な刑事裁判の実現は憲法上の要請である以上、取材の自由は公正な刑事裁判の実現の要請に劣後するため、報道機関の取材活動によって得られたフィルムが刑事裁判の証拠として必要と認められる場合には、当該フィルムに対する裁判所の提出命令が憲法第21条に違反することはない。

Q 6
国家一般
2016 [H28]
★★★

筆記行為の自由は、様々な意見、知識、情報に接し、これを摂取することを補助するものとしてなされる限り、憲法第21条第1項により保障されるものであることから、傍聴人が法廷においてメモを取る自由も、その見聞する裁判を認識、記憶するためになされるものである限り、同項により直接保障される。

Q 7
国家専門
1994 [H6]
★★

傍聴人が法廷内でメモを取る行為を認めるか否かは裁判長の自由裁量事項であるから、メモを取る行為が法廷における公正かつ円滑な訴訟の運営を妨げるおそれがない場合であっても、裁判長は傍聴人が法廷内でメモを取ることを一般的に禁止することができる。

「これを制約することはいかなる場合も許されない。」の部分が誤りです。**報道機関の報道が正しい内容をもつためには、報道の自由とともに、報道のための取材の自由も、憲法 21 条の精神に照らし、十分尊重に値します**（最大決昭 44・11・26）［博多駅テレビフィルム提出事件］。

 「取材の自由は公正な刑事裁判の実現の要請に劣後するため、」と「当該フィルムに対する裁判所の提出命令が憲法第 21 条に違反することはない。」の部分が誤りです。**取材の自由がある程度の制約を被ることとなる場合**においても、一面において、**公正な刑事裁判を実現する**にあたっての必要性の有無を考慮するとともに、他面において**取材したものを証拠として提出させられる**ことによって報道機関の**取材の自由**が妨げられる程度およびこれが報道の自由に及ぼす影響の度合その他諸般の事情を**比較衡量**して決せられるべきです（最大決昭 44・11・26）［博多駅テレビフィルム提出事件］。

 「傍聴人が法廷においてメモを取る自由も、同項（憲法第 21 条第 1 項）により直接保障される。」の部分が誤りです。**情報等に接し、さまざまな意見、知識、情報を摂取する自由は、憲法 21 条 1 項の規定の趣旨、目的から、いわばその派生原理として当然に導かれ**、このような情報等に接し、これを摂取することを補助するものとしてなされる限り、**筆記行為の自由は、憲法 21 条 1 項の規定の精神に照らし尊重されるべきです**（最大判平 1・3・8）［レペタ訴訟］。

 「裁判長は傍聴人が法廷内でメモを取ることを一般的に禁止することができる。」の部分が誤りです。**法廷警察権の行使**は、訴訟の進行に全責任をもつ**裁判長の広範な裁量に委ねられるべき**です。**裁判長が上告人に対するメモの採取を許可しないとしても、法廷警察権の目的、範囲を著しく逸脱し、またはその方法がはなはだしく不当であるなどの特段の事情のない限り、国家賠償法 1 条 1 項の規定にいう違法な公権力の行使ということはできません**（最大判平 1・3・8）［レペタ訴訟］。

Q 8
特別区
2010 [H22]
★★

新聞が真実を報道することは、憲法の認める表現の自由に属し、また、そのための取材活動も認められなければならないことはいうまでもないため、公判廷の状況を一般に報道するための取材活動として行う公判開廷中における自由な写真撮影の行為を制限する刑事訴訟規則の規定は、憲法に違反する。

Q 9
国家一般
2016 [H28]
★★

報道関係者の取材源は、一般に、それがみだりに開示されると、報道関係者と取材源となる者との間の信頼関係が損なわれ、報道機関の業務に深刻な影響を与え、以後その遂行が困難になると解されるため、憲法第21条は、報道関係者に対し、刑事事件において取材源に関する証言を拒絶し得る権利を保障していると解される。

Q 10
特別区
2012 [H24]
★★

報道機関が公務員に対し秘密を漏示するようそそのかした行為は、その手段・方法が、取材対象者の人格を蹂躙する等法秩序全体の精神に照らし相当なものとして社会観念上是認することができない態様のものであっても、刑罰法令に触れない限り、実質的に違法性を欠き正当な業務行為である。

Q 11
国家専門
2005 [H17]
★★★

公正な裁判の実現というような憲法上の要請がある場合には、取材の自由はある程度の制約を受けるが、報道機関の取材結果に対して差押えをする場合には、犯罪の性質、内容、軽重等及び差し押さえるべき取材結果の証拠としての価値、ひいては適正迅速な捜査を遂行するための必要性と、報道機関の報道の自由が妨げられる程度及び将来の取材の自由が受ける影響その他諸般の事情を比較衡量すべきである。

「公判開廷中における自由な写真撮影の行為を制限する刑事訴訟規則の規定は、憲法に違反する。」の部分が誤りです。公判廷における写真の撮影等は、その行われる時、場所等のいかんによっては、好ましくない結果を生ずるおそれがあるので、**刑事訴訟規則 215 条は写真撮影の許可等を裁判所の裁量に委ね、その許可に従わない限りこれらの行為をすることができないのであって、刑事訴訟規則は憲法に違反しません**（最大決昭 33・2・17）［北海タイムス事件］。

 「憲法第 21 条は、報道関係者に対し、刑事事件において取材源に関する証言を拒絶し得る権利を保障していると解される。」の部分が誤りです。**憲法 21 条は、新聞記者に特殊の保障を与えたものではありません。……未だいいたいことの内容も定まらず、これからその内容を作り出すための取材に関しその取材源**について、公共の福祉のため最も重大な司法権の公正な発動につき必要欠くべからざる**証言の義務をも犠牲にして、証言拒絶の権利までも保障したものではありません**（最大判昭 27・8・6）［石井記者事件］。

 選択肢全体が誤りです。**取材対象者の人格の尊厳を著しく蹂躙した当該取材行為は、その手段・方法において法秩序全体の精神に照らし社会観念上、とうてい是認することのできない不相当なものですから、正当な取材活動の範囲を逸脱し違法性を帯びます**（最決昭 53・5・31）［外務省秘密電文漏洩事件（西山記者事件）］。

 公正な刑事裁判を実現するために不可欠である適正迅速な捜査の遂行という要請がある場合にも、**取材の自由がある程度の制約を受ける場合があること**、また、……差押えをする場合において、……捜査の対象である犯罪の性質、内容、軽重等および差し押えるべき取材結果の証拠としての価値、ひいては**適正迅速な捜査を遂げるための必要性**と、**報道機関の報道の自由が妨げられる程度および将来の取材の自由が受ける影響その他諸般の事情を比較衡量すべきです**（最決平 2・7・9）［TBS ビデオテープ押収事件］。

Q 12
国家一般
2004 [H16]
★★

報道機関の取材ビデオテープが悪質な被疑事件の全容を解明する上で重要な証拠価値を持ち、他方、当該テープが被疑者らの協力によりその犯行場面等を撮影収録したものであり、当該テープを編集したものが放映済みであって、被疑者らにおいてその放映を了承していたなどの事実関係の下においては、当該テープに対する捜査機関の差押処分は、憲法第 21 条に違反しない。

....

Q 13
国家総合
1992 [H4]
★

さまざまな意見、知識、情報に接し、これを摂取する自由は、憲法21 条 1 項の派生原理として当然に導かれるものであり、この摂取を補助するものとしてなされるかぎり、筆記行為の自由は同項の規定の精神に照らして尊重すべきであるから、筆記行為の制限禁止には、表現の自由に制約を加える場合に一般に必要とされる厳格な基準が要求され、法廷において傍聴人がメモをとる行為の可否についても、裁判長のもつ法廷警察権の裁量には任せられていない。

....

Q 14
特別区
2016 [H28]
★★

報道関係者の取材源の秘密は、民事訴訟法に規定する職業の秘密に当たり、民事事件において証人となった報道開係者は、保護に値する秘密についてのみ取材源に係る証言拒絶が認められると解すべきであり、保護に値する秘密であるかどうかは、秘密の公表によって生ずる不利益と証言の拒絶によって犠牲になる真実発見及び裁判の公正との比較衡量により決せられるべきであるとした。

....

Q 15
国家一般
2000 [H12]
★

国家公務員に対して秘密漏えいをそそのかした場合に罪に問われる国家公務員法第 109 条第 12 号にいう秘密とは、非公知の事実であって、実質的にもそれを秘密として保護するに値するものをいい、その判定は司法判断に服する。

A 12 ⭕

本件ビデオテープは事案の全容を解明して犯罪の成否を判断するうえで**重要な証拠価値をもつもの**であったと認められます。また、本件の撮影は被疑者らの協力を得て行われ、**取材協力者はビデオテープの放映を了承していた**等の事情を総合すると、**本件差押えは、適正迅速な捜査の遂行のためやむをえないものであり、申立人の受ける不利益は、受忍すべきもの**というべきです（最決平2・7・9）[TBSビデオテープ押収事件]。

・・

A 13 ❌

「筆記行為の制限禁止には、表現の自由に制約を加える場合に一般に必要とされる厳格な基準が要求され、法廷において傍聴人がメモをとる行為の可否についても、裁判長のもつ法廷警察権の裁量には任せられていない。」の部分が誤りです。**筆記行為の自由は、憲法21条1項の規定によって直接保障されている表現の自由そのものとは異なる**から、その制限または禁止には、表現の自由に制約を加える場合に必要とされる**厳格な基準が要求されるものではありません**（最大判平1・3・8）[レペタ訴訟]。

・・

A 14 ⭕

民事事件において証人となった報道関係者は、保護に値する秘密についてのみ取材源に係る証言拒絶が認められると解すべきですが、その保護に値する秘密であるかどうかは、**秘密の公表によって生ずる不利益と証言の拒絶によって犠牲になる真実発見及び裁判の公正との比較衡量により決せられるべき**です（最決平18・10・3）。

・・

A 15 ⭕

国家公務員法109条12号、100条1項にいう「秘密」とは、**非公知の事実**であって、**実質的にもそれを秘密として保護するに値するもの**をいい、**司法判断に服します**（最決昭53・5・31）[外務省秘密電文漏洩事件（西山記者事件）]。

●──営利的言論の自由

Q16

Q16
裁判所
2018 [H30]
★★★

営利広告も表現の自由の保障に含まれ、その制約に関しては、厳格な基準が適用されるべきであるから、あん摩マッサージ指圧師、はり師、きゅう師等に関する法律第7条第1項の定める広告制限は、憲法第21条の趣旨に反し許されないと解されている。

2 表現内容に関する規制

●──名誉権

Q17
国家専門
2015 [H27]
★★★

人の名誉を毀損する表現にも表現の自由の保障は及ぶが、私人の私生活上の行状については、私人の携わる社会的活動の性質及びこれを通じて社会に及ぼす影響力の程度のいかんにかかわらず、刑法第230条の2第1項に規定する「公共の利害に関する事実」には当たらない。

Q18
国家総合
2013 [H25]
★★★

名誉毀損罪について規定する刑法第230条の2の解釈について、判例は、表現の自由と人格権としての個人の名誉の保護との調和の観点から、同法第230条の2第1項にいう真実性の証明がなかった場合には、行為者が真実であると誤信し、誤信したことについて、確実な資料、根拠に照らして相当の理由があっても、同罪の成立を妨げないとしている。

本選択肢の広告制限は、憲法21条の趣旨に反しません（最大判昭36・2・15）。

「社会に及ぼす影響力の程度のいかんにかかわらず、刑法第230条の2第1項に規定する『公共の利害に関する事実』には当たらない。」の部分が誤りです。**私人の私生活の行状であっても、そのたずさわる**社会的活動の性質およびこれを通じて**社会に及ぼす影響力の程度など**のいかんによっては、その社会的活動に対する批判ないし評価の一資料として、**刑法230条の2第1項にいう「公共の利害に関する事実」にあたる場合があります**（最判昭56・4・16）［月刊ペン事件］。

「行為者が真実であると誤信し、誤信したことについて、確実な資料、根拠に照らして相当の理由があっても、同罪の成立を妨げないとしている。」の部分が誤りです。**人格権としての個人の名誉の保護と、憲法21条による正当な言論の保障との調和と均衡を考慮するならば、たとい刑法230条の2第1項にいう事実が真実であることの証明がない場合でも、行為者がその事実を真実であると誤信し、その誤信したことについて、確実な資料、根拠に照らし相当の理由があるときは、犯罪の故意がなく、名誉毀損の罪は成立しません**（最大判昭44・6・25）［夕刊和歌山事件］。

Q19
国家一般
2016 [H28]
★★★

公共的事項に関する表現の自由は、特に重要な憲法上の権利として尊重されなければならないものであることに鑑み、当該表現行為が公共の利害に関する事実に係り、その目的が専ら公益を図るものである場合には、当該事実が真実であることの証明があれば、当該表現行為による不法行為は成立しない。

. . . .

Q20
特別区
2020 [R2]
★★

インターネットの個人利用者による表現行為の場合においては、他の表現手段を利用した場合と区別して考えるべきであり、行為者が摘示した事実を真実であると誤信したことについて、確実な資料、根拠に照らして相当の理由があると認められなくても、名誉毀損罪は成立しないものと解するのが相当であるとした。

. . . .

●──わいせつ文書

Q21
国家総合
2017 [H29]
★★

条例により指定された有害図書の自動販売機への収納の禁止は、青少年に対する関係においては、憲法第21条第1項に違反しないが、成人との関係においては、たとえ一般に思慮分別の未熟な青少年の健全な育成を阻害する有害環境を浄化するための規制に伴う制約であるとしても、かかる図書の流通を阻害し、情報を受け取る機会を実質的に奪うことになるため、同項に違反する。

民事上の不法行為たる名誉毀損については、その行為が公共の利害に関する事実に係りもっぱら公益を図る目的に出た場合には、……もし、当該事実が真実であることが証明されなくても、その行為者においてその事実を真実と信ずるについて相当の理由があるときには、当該行為には故意もしくは過失がなく、結局、不法行為は成立しません（このことは、刑法 230 条の 2 の規定の趣旨からも十分うかがうことができます）（最判昭 41・6・23）。

....

選択肢全体が誤りです。個人利用者がインターネット上に掲載したものであるからといって、閲覧者において信頼性の低い情報として受け取るとは限らないのであって、相当の理由の存否を判断するに際し、これを一律に、個人が他の表現手段を利用した場合と区別して考えるべき根拠はありません。インターネットの個人利用者による表現行為の場合においても、行為者が摘示した事実を真実であると誤信したことについて、確実な資料、根拠に照らして相当の理由があると認められるときに限り、名誉毀損罪は成立しません（最決平 22・3・15）。

....

「情報を受け取る機会を実質的に奪うことになるため、同項に違反する。」の部分が誤りです。本条例の定めるような有害図書が一般に思慮分別の未熟な青少年の健全な育成に有害であることは、社会共通の認識になっています。それ故、有害図書の自販機への収納禁止は、……青少年の健全な育成を阻害する有害環境を浄化するための規制に伴う必要やむをえない制約であり、憲法 21 条 1 項に違反しません（最判平 1・9・19）［岐阜県青少年保護育成条例事件］。

Q22
国家総合
2011 [H23]
★

刑法第 175 条は、わいせつな文書、図画その他の物の販売目的による所持等を処罰の対象としているところ、同条にいう文書のわいせつ性と芸術性・思想性との関係について、判例は、わいせつ性は文書全体ではなく、個々の章句の部分で判断すべきであり、文書が全体としては芸術性・思想性をもっていたとしても、それが個々の章句における性的描写による性的刺激を減少・緩和させて、刑法が処罰の対象とする程度以下にわいせつ性を解消させることはないとしている。

....

Q23
国家総合
1996 [H8]
★

わいせつ性のある文書については、芸術性、思想性をもつ文書であっても、これを処罰の対象とすることがすべて憲法の保障する表現の自由を侵害するものとして許されないものではないが、その作品のわいせつ性によって侵害される法益と芸術的、思想的、文学的作品としてもつ公益性とを比較衡量して、後者を犠牲にしても前者の要請を優先させるべき合理的理由があると判断される場合にかぎり、これを処罰することができる。

3　表現の時・場所・方法に関する規制

Q24
特別区
2016 [H28]
★

電柱などのビラ貼りを全面的に禁止する大阪市屋外広告物条例の合憲性が争われた事件で、当該条例は、都市の美観風致を維持するために必要な規制をしているものであるとしても、ビラの貼付がなんら営利と関係のない純粋な政治的意見を表示するものである場合、当該規制は公共の福祉のため、表現の自由に対し許された必要かつ合理的な制限であるとはいえない。

「文書が全体としては芸術性・思想性をもっていたとしても、それが個々の章句における性的描写による性的刺激を減少・緩和させて、刑法が処罰の対象とする程度以下にわいせつ性を解消させることはないとしている。」の部分が誤りです。**文書がもつ芸術性・思想性が、文書の内容である性的描写による性的刺激を減少・緩和させて、刑法が処罰の対象とする程度以下にわいせつ性が解消されない限り、芸術的・思想的価値のある文書であっても、わいせつの文書としての取扱いを免れることはできません**（最大判昭44・10・15）［悪徳の栄え事件］。

 「その作品のわいせつ性によって侵害される法益と芸術的、思想的、文学的作品としてもつ公益性とを比較衡量して、」の部分が誤りです。**判例**（最判昭55・11・28）［四畳半襖の下張事件］**は、比較衡量論の手法を採用していません。**

 「当該規制は公共の福祉のため、表現の自由に対し許された必要かつ合理的な制限であるとはいえない。」の部分が誤りです。被告人らのした**橋柱、電柱、電信柱にビラをはりつけた本件各行為は、都市の美観風致を害するものとして規制の対象**とされています。そして、都市の美観風致を維持することは、公共の福祉を保持するためですから、**大阪市屋外広告物条例による規制は、公共の福祉のため、表現の自由に対し許された必要かつ合理的な制限です**（最大判昭43・12・18）。

Q25
国家総合
1987 [S62]
★

電柱等へのビラ貼りは、一般大衆の表現手段として重要であることに鑑み、憲法第21条によって保障される。したがって、美観風致の維持と公衆に対する危険の防止という観点から広告物表示の場所、方法等を規制する一環として、電柱等へのビラ貼りを禁止することは、常に同条に違反する。

....

Q26
国家総合
2015 [H27]
★

美観風致を維持し、公衆に対する危害を防止するために、条例で橋柱、電柱、電信柱等に広告物を表示することなどを禁ずることは、規制目的を達成するためのより制限的でない他の選び得る手段が存在することから、表現の自由に対し許された必要かつ合理的な制限と解することはできず、違憲である。

---

4 違憲審査基準

●──検閲の禁止

Q27
国家総合
2005 [H17]
★★★

憲法第21条第2項の「検閲」とは、行政権が主体となって、思想内容等の表現物を対象とし、その全部又は一部の発表の禁止を目的として、対象とされる一定の表現物につき網羅的一般的に発表前にその内容を審査した上、不適当と認めるものの発表を禁止することをその特質として備えるものを指すが、このような検閲については、公共の福祉を理由とする例外の許容は認められず、絶対的に禁止される。

「電柱等へのビラ貼りを禁止することは、常に同条に違反する。」の部分が誤りです。軽犯罪法 1 条 33 号前段は、主として他人の家屋その他の工作物に関する財産権、管理権を保護するために、**みだりにこれらの物にはり札をする行為を規制の対象としているところ、たとい思想を外部に発表するための手段であっても、その手段が他人の財産権、管理権を不当に害するものは、許されません。**したがって、この程度の規制は、公共の福祉のため、表現の自由に対し許された**必要かつ合理的な制限であって、当該法条は憲法 21 条 1 項に違反しません**（最大判昭 45・6・17）。

「規制目的を達成するためのより制限的でない他の選び得る手段が存在することから、表現の自由に対し許された必要かつ合理的な制限と解することはできず、違憲である。」の部分が誤りです。**判例は、「LRAの基準」（より制限的でない他の選びうる基準）を採用していません。**国民の文化的生活の向上を目途とする憲法の下においては、都市の美観風致を維持するための程度の規制は、公共の福祉のため、表現の自由に対し許された必要かつ合理的な制限です（最判昭 62・3・3）。

「検閲」とは、**行政権が主体となって、思想内容の表現物を対象とし**、その全部または一部の発表の禁止を目的として、対象とされる一定の表現物につき網羅的・一般的に、**発表前にその内容を審査したうえ**、不適当と認めるものの発表を禁止することを、その特質として備えるものを指します。この**検閲の禁止は、公共の福祉を理由とする例外の許容をも認めない趣旨**です（最大判昭 59・12・12）[税関検査事件]。

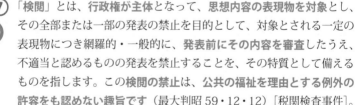

ワンポイント（最大判昭 59・12・12）[税関検査事件]
① 検閲の主体は行政権に限られます。② 検閲の禁止に例外は認められません。
③ 検閲の時期は、発表前です。④ 検閲の対象は、思想内容等の表現物です。

Q28
特別区
2012 [H24]
★★★

税関において公安又は風俗を害すべき書籍等を検査することは、関税徴収手続の一環として行われ、思想内容等を網羅的に審査し規制することを目的とするものではないが、国民が当該書籍等に接する前に規制がなされ、発表の自由と知る自由が著しく制限されることになるので検閲に当たり、違憲である。

....

Q29
国家一般
2012 [H24]
★★

我が国内において処罰の対象となるわいせつ文書等に関する行為は、その頒布、販売及び販売の目的をもってする所持等であって、単なる所持自体は処罰の対象とされていないから、単なる所持を目的とする輸入は、これを規制の対象から除外すべきである。そのため、単なる所持の目的かどうかを区別して、わいせつ文書等の流入を阻止している限りにおいて、税関検査によるわいせつ表現物の輸入規制は、憲法第21条第1項の規定に反するものではないということができる。

....

Q30
国家総合
2017 [H29]
★★

教科書検定は、不合格とされた図書を一般図書として発行し、教師・児童・生徒を含む国民一般にこれを発表すること、すなわち思想の自由市場に登場させることを何ら妨げるものではなく、発表禁止目的や発表前の審査などの特質がないことから、検閲に当たらず、憲法第21条第2項前段の規定に違反しない。

....

Q31
国家一般
2011 [H23]
★★

憲法第15条第1項により保障される立候補の自由には政見の自由な表明等の選挙活動の自由が含まれるところ、テレビジョン放送のために録画した政見の内容にいわゆる差別用語が含まれていたとしても、当該政見の一部を削除し、そのまま放送しないことは、選挙活動の自由の侵害に当たり、憲法に違反する。

「発表の自由と知る自由が著しく制限されることになるので検閲に当たり、違憲である。」の部分が誤りです。**当該検査は関税徴収手続の一環としてこれに付随して行われるものであり、思想内容などそれ自体を網羅的に審査し規制することを目的とするものではありません。**以上の点から、**税関検査は、憲法 21 条の禁止する「検閲」にあたりません**（最大判昭 59・12・12）［税関検査事件］。

. . . .

 「単なる所持の目的かどうかを区別して、わいせつ文書等の流入を阻止している限りにおいて、」の部分が誤りです。**わいせつ表現物の流入、伝播によりわが国内における健全な性的風俗が害されることを実効的に防止するには、単なる所持目的かどうかを区別することなく、その流入を一般的に、いわば水際で阻止することもやむをえません**（最大判昭 59・12・12）［税関検査事件］。

. . . .

 普通教育の場においては、教育の中立・公正、一定水準の確保等の要請があり、これを実現するために、不適切と認められる図書の教科書としての発行、使用等を禁止する必要があることなどを考慮すると、**本件教科書検定検定による表現の自由の制限は、合理的で必要やむをえない限度のものであって、憲法 21 条 1 項の規定に違反しません**（最判平 5・3・16）［第一次家永教科書訴訟］。

. . . .

 「当該政見の一部を削除し、そのまま放送しないことは、選挙活動の自由の侵害に当たり、憲法に違反する。」の部分が誤りです。**日本放送協会は、行政機関ではなく、自治省行政局選挙部長に対しその見解を照会したとはいえ、自らの判断で本件削除部分の音声を削除してテレビジョン放送をしたのですから、この措置が憲法 21 条 2 項前段にいう「検閲」にあたりません**（最判平 2・4・17）。

●──事前抑制禁止の理論

Q32
国家一般
1999 [H11]
★★

表現行為に対する事前抑制は、事後制裁の場合よりも広範にわたりやすく、濫用のおそれがあるうえ、実際上の抑止的効果が事後制裁の場合よりも大きいと考えられるから、憲法21条の趣旨に照らしておよそ許されない。

. . . .

Q33
国家総合
2004 [H16]
★★★

公職選挙に立候補予定の者を批判する記事を掲載した雑誌の販売を発売前に名誉毀損を理由に差し止めることについて、仮処分による事前差止めは憲法第21条第2項が禁ずる検閲には当たらないが、公職選挙の立候補予定者に関する批判等の表現は一般に公共の利害に関する事項であって、私人の名誉権に優先する社会的価値を含み憲法上特に保護されるべきであるので、これを事前に差し止めることは原則として許されない。

. . . .

Q34
国家総合
2020 [R2]
★

公共の利害に関する事項についての表現行為は、憲法第21条第1項の趣旨に照らし、憲法上特に保護されるべきである。したがって、公共の利害に関する事項についての表現行為の事前差止めを仮処分によって命ずる場合には、債権者の提出した資料によって、表現内容が真実でないか又は専ら公益を図る目的のものでないことが明白であり、かつ、債権者が重大にして著しく回復困難な損害を被るおそれがあると認められるときであっても、必ず口頭弁論又は債務者の審尋を経なければならない。

「憲法 21 条の趣旨に照らしておよそ許されない。」の部分が誤りです。**表現行為に対する事前抑制は、……事前抑制たることの性質上、予測に基づくものとならざるをえないこと等から事後制裁の場合よりも広汎にわたりやすく、濫用のおそれがあるうえ、実際上の抑止的効果が事後制裁の場合より大きいと考えられるのであって、表現行為に対する事前抑制は、表現の自由を保障し検閲を禁止する憲法 21 条の趣旨に照らし、厳格かつ明確な要件のもとにおいてのみ許容されます**（最大判昭 61・6・11）[北方ジャーナル事件]。

裁判所の仮処分による事前差止めの対象が公務員または公職選挙の候補者に対する評価、批判等の表現行為に関するものである場合には、……それが**公共の利害に関する事項**であるということができ、その表現が私人の名誉権に優先する社会的価値を含み憲法上特に保護されるべきであることにかんがみると、**当該表現行為に対する事前差止めは、原則として許されません**（最大判昭 61・6・11）[北方ジャーナル事件]。

ワンポイント

この判例は、続けて、**その表現内容が真実でなく、またはそれがもっぱら公益を図る目的のものでないことが明白であって、かつ、被害者が重大にして著しく回復困難な損害を被るおそれがあるときは、例外的に事前差止めが許される**と判示しており、この点も注意が必要な判旨です。

「必ず口頭弁論又は債務者の審尋を経なければならない。」の部分が誤りです。差止めの対象が公共の利害に関する事項についての表現行為である場合においても、債権者の提出した資料によって、**表現内容が真実でないか又は専ら公益を図る目的のものでないことが明白であり、かつ、債権者が重大にして著しく回復困難な損害を被るおそれがあると認められるときには、口頭弁論又は債務者の審尋を経ないで差止めの仮処分命令を発することができます**（最大判昭 61・6・11）[北方ジャーナル事件]

Q35
国家総合
2007 [H19]
★★

承諾なくして小説のモデルにされた者が、その小説の記述により自己のプライバシー等を侵害されたとして小説の出版差止めを求める場合において、当該差止めの可否は、侵害行為の対象となった人物の社会的地位や侵害行為の性質に留意し、予想される侵害行為によって受ける被害者側の不利益と侵害行為を差し止めることによって受ける侵害者側の不利益とを比較衡量して決すべきであるから、差止めを請求した者が公的立場にある者ではなく、また、小説の表現内容が公共の利害に関する事項でもないことに加え、小説が出版されれば請求者の精神的苦痛が倍加して平穏な日常生活等を送ることが困難となるおそれがあり、小説を読む者が新たに加わるごとに請求者の精神的苦痛が増加しその平穏な日常生活が害される可能性も増大する場合には、小説の出版に係る公表の差止請求は認められるべきである。

●── 明確性の理論（合憲限定解釈）

Q36
国家総合
2013 [H25]
★★★

集団行進等の際に「交通秩序を維持すること」を遵守事項とした市の条例について、判例は、ある刑罰法規があいまい不明確の故に憲法第31条に違反するものと認めるべきかどうかは、通常の判断能力を有する一般人の理解において、具体的場合に当該行為がその適用を受けるものかどうかの判断を可能ならしめるような基準が読み取れるかどうかによってこれを決定すべきであるとしている。

Q37
国家総合
1992 [H4]
★★

地方自治体のいわゆる公安条例において、集団行動に関する遵守事項として、単に「交通秩序を維持すること」と規定している場合、当該規定はその文言だけからすれば単に抽象的に交通秩序を維持すべきことを命じているだけで、いかなる作為、不作為を命じているのか、その義務内容が具体的に明らかにされておらず、憲法31条の規定に違反する。

承諾なくして小説のモデルにされた者が、その小説の記述により**自己のプライバシー等を侵害された**として小説の出版差止めを求める場合において、当該差止めの可否は、侵害行為の対象となった人物の社会的地位や侵害行為の性質に留意し、予想される侵害行為によって受ける被害者側の不利益と侵害行為を差し止めることによって受ける侵害者側の不利益とを比較衡量して決すべきであるから、**差止めを請求した者が公的立場にある者ではなく、また、小説の表現内容が公共の利害に関する事項でもないことに加え、小説が出版されれば請求者の精神的苦痛が倍加して平穏な日常生活等を送ることが困難となるおそれがあり、小説を読む者が新たに加わるごとに請求者の精神的苦痛が増加しその平穏な日常生活が害される可能性も増大する場合には、小説の出版に係る公表の差止請求は認められるべきです**（最判平 14・9・24）［石に泳ぐ魚事件］。

. . . .

 ある刑罰法規があいまい不明確の故に憲法 31 条に違反するものと認めるべきかどうかは、**通常の判断能力を有する一般人の理解において、具体的場合に当該行為がその適用を受けるものかどうかの判断を可能ならしめるような基準が読みとれるかどうかによってこれを決定すべき**です（最大判昭 50・9・10）［徳島市公安条例事件］。

. . . .

 「憲法31条の規定に違反する。」の部分は誤りです。公安条例において、「交通秩序を維持すること」と規定している条項……は、たしかにその文言が抽象的であるとのそしりを免れないとはいえ、集団行進等における道路交通の秩序遵守についての基準を読みとることが可能であり、犯罪構成要件の内容をなすものとして明確性を欠き憲法 31 条に違反するとはいえません（最大判昭 50・9・10）［徳島市公安条例事件］。

関税定率法が輸入禁制品として挙げている「風俗を害すべき書籍、図画」は、「風俗」という用語の意味が多義にわたるため、それが法的規制の対象となる場合であっても、当該文言が専ら「わいせつな書籍、図画」を意味することは、我が国内における社会通念に合致するとはいえないが、表現物の規制についての関係法令における用語例から判断すれば、「わいせつな書籍、図画」を意味することは明らかであり、明確性に欠けるところはない。

表現の自由は、憲法の保障する基本的人権の中でも特に重要視されるべきものであり、法律をもって表現の自由を規制するについて、基準の広汎、不明確の故に当該規制が本来憲法上許容されるべき表現にまで及ぼされて表現の自由が不当に制限されるという結果を招くことがないように配慮する必要がある。

● ──公務員の政治活動（1）─合理的関連性の基準

表現の自由を規制する立法においては、規制の目的を達成し得るより制限的でない他の選び得る手段があるときは、広い規制手段は違憲となるというべきである。したがって、国家公務員法及び人事院規則が、公務員の「政治的行為」を禁止し、その違反行為に対し罰則をもって臨んでいることについては、当該違反行為に対する制裁としては懲戒処分をもってすれば足りるというべきであり、罰則までも規定することは合理的な必要最小限度を超え、違憲となる。

「当該文言が専ら『わいせつな書籍、図画』を意味することは、我が国内における社会通念に合致するとはいえない」の部分が誤りです。関税定率法21条1項3号にいう**「公安又は風俗を害すべき」**とする文言を合理的に解釈すれば、「風俗」とは、もっぱら性的風俗を意味し、当該規定により輸入禁止の対象とされるのはわいせつな書籍、図画等に限られるものということができ、このような限定的な解釈が可能である以上、当該規定は、何ら明確性に欠けるものではなく、**憲法21条1項の規定に反しません**（最大判昭59・12・12）［税関検査事件］。

....

 表現の自由は、憲法の保障する基本的人権の中でも特に重要視されるべきものであって、**法律をもって表現の自由を規制するについては、基準の広汎、不明確の故に当該規制が本来憲法上許容されるべき表現にまで及ぼされて表現の自由が不当に制限されるという結果を招く**ことがないように配慮する必要があります（最大判昭59・12・12）［税関検査事件］。

....

 「規制の目的を達成し得るより制限的でない他の選び得る手段があるときは、広い規制手段は違憲となるというべきである。」の部分が誤りです。**これは、通説が採用している「LRAの基準」（より制限的でない他の選びうる手段の基準）**です。判例は、「合理的関連性の基準」を採用しています。また、「当該違反行為に対する制裁としては懲戒処分をもってすれば足りるというべきであり、罰則までも規定することは合理的な必要最小限度を超え、違憲となる。」の部分も誤りです（最大判昭49・11・6）［猿払事件］。

Q41 国家一般 2008 [H20] ★★

憲法第21条第1項の表現の自由の保障は裁判官にも及ぶが、憲法上の特別な地位にある裁判官の表現の自由に対する制約は、合理的で必要やむを得ない限度にとどまるものである限り憲法の許容するところであり、裁判官に対して積極的な政治運動を禁止することは、禁止の目的が正当であって、目的と禁止との間に合理的関連性があり、禁止によって得られる利益と失われる利益との均衡を失するものでないなら、憲法第21条第1項に違反しないとするのが判例である。

. . . .

Q42 特別区 2008 [H20] ★★

戸別訪問の禁止によって失われる意見表明の自由という利益は、選挙の自由と公正の確保という戸別訪問の禁止によって得られる利益に比してはるかに大きいということができるので、戸別訪問を一律に禁止している公職選挙法の規定は、合理的で必要やむを得ない限度を超えるものであり、違憲である。

. . . .

●──公務員の政治活動(2) ──合理的関連性の基準以外の判例

Q43 国家専門 2019 [R1] ★★

国家公務員法において禁止されている公務員の政治的行為は、公務員の職務遂行の政治的中立性を損なうおそれが、観念的なものにとどまらず、現実的に起こり得るものとして実質的に認められるものを指しており、こうしたおそれが実質的に認められるか否かは、当該公務員の地位、職務の内容や権限等、当該公務員がした行為の性質、態様、目的、内容等の諸般の事情を総合して判断するのが相当であるとするのが判例である。

A 41

裁判官に対し「積極的に政治運動をすること」を禁止する立法目的は、裁判官の独立および中立・公正を確保し、裁判に対する国民の信頼を維持することにあり、この立法目的は、もとより正当です。また、裁判官が積極的に政治運動をすることを禁止することと上記禁止目的との間に合理的な関連性があることは明らかです。したがって、裁判官が「積極的に政治運動をすること」を禁止することは、もとより憲法21条1項に違反するものではありません（最大決平10・12・1）［寺西裁判官懲戒処分事件］。

....

 A 42

「戸別訪問を一律に禁止している公職選挙法の規定は、合理的で必要やむを得ない限度を超えるものであり、違憲である。」の部分が誤りです。戸別訪問の禁止は、選挙の自由と公平を確保することを目的としています。そして、この目的は正当であり、戸別訪問を一律に禁止することと禁止目的との間に合理的な関連性があります。さらに戸別訪問の禁止によって得られる利益は失われる利益に比してはるかに大きいです（比較衡量論）。したがって、公職選挙法138条1項は、合理的で必要やむをえない限度を超えるものとは認められず、憲法21条に違反しません（最判昭56・6・15）［戸別訪問禁止規定事件］。

....

 A 43

国家公務員法102条1項において禁止されている公務員の「政治的行為」とは、公務員の職務遂行の政治的中立性を損なうおそれが、観念的なものにとどまらず、現実的に起こり得るものとして実質的に認められるものを指しており、こうしたおそれが実質的に認められるか否かについては、当該公務員の地位、職務の内容や権限等、当該公務員がした行為の性質、態様、目的、内容等の諸般の事情を総合して判断するのが相当です（最判平24・12・7）［堀越事件］。

5 集会の自由と集団行動の自由（動く集会）

●──集会の自由

Q44
国家専門
2017 [H29]
★★★

現代民主主義社会においては、集会は、国民が様々な意見や情報等に接することにより自己の思想や人格を形成、発展させ、また、相互に意見や情報等を伝達、交流する場として必要であり、さらに、対外的に意見を表明するための有効な手段であるから、憲法第21条第1項の保障する集会の自由は、民主主義社会における重要な基本的人権の一つとして特に尊重されなければならない。

……………………………………………………………………………

Q45
裁判所
2019 [R1]
★

集会は、多数人が政治・学問・芸術・宗教などの問題に関する共通の目的をもって一定の場所に集まることをいうところ、集会の自由は、表現の自由の一形態として重要な意義を有する人権であるから、原則として、土地・建物の所有権等の権原を有する私人は、その場所における集会を容認しなければならない。

……………………………………………………………………………

Q46
裁判所
2014 [H26]
★★★

市民会館の使用について、「公の秩序をみだすおそれがある場合」を不許可事由とする規定は、当該会館における集会の自由を保障することの重要性よりも、当該会館で集会が開かれることによって、人の生命、身体又は財産が侵害され、公共の安全が損なわれる危険を回避し、防止することの必要性が優越する場合をいうものと限定して解すべきであるが、危険の発生が明らかに差し迫っていなくても、不許可とすることができる。

A44

○

現代民主主義社会においては、**集会は、国民がさまざまな意見や情報等に接することにより自己の思想や人格を形成、発展させ、また、相互に意見や情報等を伝達、交流する場として必要であり、さらに、対外的に意見を表明するための有効な手段ですから、憲法 21 条 1 項の保障する集会の自由は、民主主義社会における重要な基本的人権の一つとして特に尊重されなければならない**ものです（最大判昭 58・6・22 参照）（最大判平 4・7・1）［成田新法事件］。

. . . .

A45

✕

「原則として、土地・建物の所有権等の権原を有する私人は、その場所における集会を容認しなければならない。」の部分が誤りです。**集会の自由と財産権とは、いずれが優越するわけではない**ので、注意が必要です。

. . . .

A46

✕

「危険の発生が明らかに差し迫っていなくても、不許可とすることができる。」の部分が誤りです。**本件市の市民会館条例 7 条 1 号は、会館における集会の自由を保障することの重要性よりも、会館で集会が開かれることによって、人の生命、身体又は財産が侵害され、公共の安全が損なわれる危険を回避し、防止することの必要性が優越する場合をいうものと限定して解すべきであり、会館の職員、通行人、付近住民等の生命、身体又は財産が侵害される事態を生ずることが客観的事実によって具体的に明らかに予見された**という事情の下においては、会館の使用不許可処分は、憲法 21 条、地方自治法 244 条に違反しません（最判平 7・3・7）［泉佐野市市民会館事件］。

Q47
裁判所
2017 [H29]
★★★

メーデー集会のための皇居外苑の使用を許可しなかった処分は、公園の管理、保存の支障や公園としての本来の利用の目的を考慮してなされたもので、表現の自由又は集団行動権自体の制限を目的とするものでなければ、憲法21条及び憲法28条に違反するものではない。

. . . .

Q48
裁判所
2017 [H29]
★★★

学校施設は、一種のパブリックフォーラムであり、その目的外使用の許否が学校長の裁量判断に委ねられているものではないから、学校長が、学校の目的及び用途と目的外使用の目的、態様等との関係を考慮して判断することは許されない。

. . . .

● ——集団行動の自由（動く集会）

Q49
裁判所
2014 [H26]
★★

公安条例による公共の場所での集会、集団進行等の集団行動についての事前規制については、単なる届出制を定めることは許されるが、許可とは一般的禁止を特定の場合に解除することを意味するから、表現の自由の保障により本来自由たるべき集団行動に許可制を適用することは許されず、一般的な許可制を定めて集団行動を事前に抑制する場合はもちろん、実質的に届出制と異なることがないような規制であっても文面上において許可制を採用することは許されない。

皇居外苑のメーデーのための使用申請に対する不許可処分は、**管理権に名をかりて実質上表現の自由又は団体行動権を制限することを目的としたものとも認められません**。これによって、皇居前広場が本件集会および示威行進に使用することができなくなったとしても、本件不許可処分が憲法 21 条および 28 条違反するものではありません（最大判昭 28・12・23）［皇居外苑使用不許可事件］。

....

 選択肢全体が誤りです。**公立学校の学校施設の目的外使用を許可するか否かは**、原則として、**管理者の裁量にゆだねられており**、学校教育上支障がない場合であっても、行政財産である学校施設の目的及び用途と当該使用の目的、態様等との関係に配慮した**合理的な裁量判断により許可をしないこともできます**（最判平 18・2・7）。

....

 「表現の自由の保障により本来自由たるべき集団行動に許可制を適用することは許されず」の部分が誤りです。**条例で行列行進又は公衆の集団示威運動につき単なる届出制を定めることは格別、一般的な許可制を定めてこれを事前に抑制することは、憲法の趣旨に反して許されません**。しかし、……**特定の場所または方法につき、合理的かつ明確な基準の下に、あらかじめ許可を受けさせ、又は届出をさせてこのような場合にはこれを禁止することができる旨の規定を条例に設けても、憲法の保障する国民の自由を不当に制限するものではありません**（最大判昭 29・11・24）［新潟県公安条例事件］。

Q50
国家一般
2013 [H25]
★★

デモ行進は、思想、主張、感情等の表現を内包するものであるが、純粋の言論と異なって、一定の行動を伴うものであり、その潜在的な力は、甚だしい場合は一瞬にして暴徒と化すことが群集心理の法則と現実の経験に徴して明らかであるから、表現の自由として憲法上保障される要素を有さず、デモ行進の自由は、憲法第21条第1項によって保障される権利とはいえない。

6　結社の自由、通信の秘密

●──結社の自由

Q51
裁判所
2020 [R2]
★

憲法第21条第1項が保障している結社の自由は、団体を結成し、その団体が団体として活動する自由は含むが、それに加入する自由や加入した団体から脱退する自由は含まない。

....

Q52
裁判所
2020 [R2]
★

政党は、政治上の信条や意見を共通にする者が任意に結成する団体であるが、政党が党員に対して政治的忠誠を要求し、一定の統制を施すことは、憲法第19条が規定する思想良心の自由を侵害するから許されない。

....

Q53
裁判所
2020 [R2]
★

憲法第21条第1項が規定する結社とは、多数人が、政治、経済、宗教などの様々な共通の目的をもって継続的に結合することをいう。

2

「表現の自由として憲法上保障される要素を有さず、デモ行進の自由は、憲法第 21 条第 1 項によって保障される権利とはいえない。」の部分が誤りです。**集団行動は一瞬にして暴徒と化すること、群集心理の法則と現実の経験に徴して明らかである。したがって地方公共団体が、集団行動による表現の自由に関する限り**、いわゆる「**公安条例**」をもって、**不測の事態に備え、法と秩序を維持するに必要かつ最小限度の措置を事前に講ずることは、やむをえません**（最大判昭 35・7・20）［東京都公安条例事件］。

「それに加入する自由や加入した団体から脱退する自由は含まない。」の部分が誤りです。**団体に加入する自由や加入した団体から脱退する自由も結社の自由の中に含まれます。**

「憲法第 19 条が規定する思想良心の自由を侵害するから許されない。」の部分が誤りです。**政党が党員に対して政治的忠誠を要求し、一定の統制を施しても、その政党に参加することは**、党員の個人的な自由意思に基づくものですから、**憲法第 19 条が規定する思想良心の自由を侵害することにはなりません。**

憲法第 21 条第 1 項が規定する**結社**とは、**多数人**が、政治、経済、宗教などの様々な**共通の目的をもって継続的に結合する**ことをいいます。

Q54 憲法は政党について規定するところがなく、これに特別の地位を与え
国家一般 てはいないが、憲法の定める議会制民主主義は政党を無視しては到底
2010 [H22] その円滑な運用を期待することができないのであるから、憲法は、政
★★ 党の存在を当然に予定しているものというべきであり、政党は議会制
民主主義を支える不可欠の要素であるとともに国民の政治意思を形成
する最も有力な媒体であるとするのが判例である。

● ── 通信の秘密

Q55 通信の秘密は、公権力による通信内容の探索の可能性を断ち切るため
国家専門 に保障されていることから、その保障は、通信の内容にのみ及び、通
2019 [R1] 信の差出人や受取人の住所等の情報には及ばないと一般に解されてい
★ る。

Q56 通信の秘密の保障は、通信の内容についてのみ及び、信書の差出日時
裁判所 など、通信の存在それ自体に関する事項には及ばない。
2020 [R2]
★

Q57 通信の秘密にも一定の内在的制約があり、破産管財人が破産者に対す
裁判所 る郵便物を開封することは、必ずしも通信の秘密を侵すものではない。
2020 [R2]
★

Q58 捜査機関が、犯罪捜査のため、通信事業を営む民間企業から任意に特
裁判所 定者間の通信内容の報告を受けた場合には、通信の秘密が侵されたと
2020 [R2] はいえない。
★

**憲法は政党について規定するところがなく、これに特別の地位を与え
てはいないのであるが、憲法の定める議会制民主主義は政党を無視し
ては到底その円滑な運用を期待することはできないのですから、憲法
は、政党の存在を当然に予定しているものというべきであり、政党は
議会制民主主義を支える不可欠の要素なのです。**そして同時に、政党
は国民の政治意思を形成する最も有力な媒体でもあるのです（最大判
昭 45・6・24）[八幡製鉄事件]。

 「通信の差出人や受取人の住所等の情報には及ばないと一般に解され
ている。」の部分が誤りです。**通信の秘密の保障は、通信の内容のみ
ならず、通信の差出人や受取人の住所等の情報にも及びます**（通説）。

 通信の秘密の保障は、信書の差出日時など、**通信の存在それ自体に関
する事項**にも及びます。

 破産者といえども、通信の秘密は保障されているので、**破産管財人が
破産者に対する郵便物を開封することは、通信の秘密を侵すことにな
ります。**

 選択肢全体が誤りです。通信の秘密は、個人が国家権力に対して保障
されるものです。したがって、**捜査機関が、犯罪捜査のため、通信事
業を営む民間企業から任意に特定者間の通信内容の報告を受けた場合
でも、通信の秘密が侵された**ことになります。

Q 59
国家専門
2005 [H17]
★

電話の傍受は、通信の秘密を侵害し、個人のプライバシーを侵害する
強制処分であるため、たとえ重大な犯罪事件について、被疑者が罪を
犯したと疑うに足りる十分な理由があり、その電話により被疑事実に
関連する通話の行われる蓋然性があるとしても、捜査の手段として許
されるものではない。

「捜査の手段として許されるものではない。」の部分が誤りです。電話傍受は、通信の秘密を侵害し、ひいては、個人のプライバシーを侵害する強制処分ですので、原則これを認めることはできません。しかし、**電話の内容が、①重大な犯罪に係る被疑事件について、②被疑者が罪を犯したと疑うに足りる十分な理由があり、かつ、③当該電話により被疑事実に関連する通話の行われる蓋然性があるとともに、④電話傍受以外の方法によってはその罪に関する重要かつ必要な証拠を得ることが著しく困難であるなどの事情が存する場合においては、……法律の定める手続に従って電話傍受を行うことも憲法上許されます**（最判平 11・12・16）。

(1)職業選択の自由
（営業の自由）

1 総説

Q 1
国家一般
2002 [H14]
★★★

職業選択の自由は、従事すべき職業を選択する自由のみでなく、選択した職業を遂行する自由も含まれるが、営利を目的とする自主的活動の自由である営業の自由は、職業選択の自由には含まれず、財産権行使の自由として憲法第29条により保障されるとするのが判例である。

. . . .

Q 2
裁判所
2019 [R1]
★★★

職業選択の自由を規制する手段としては、届出制、許可制、資格制、特許制などがあるが、国家独占は職業選択の自由を害するものとして認められることはない。

2 消極目的規制

Q 3
特別区
2011 [H23]
★★★

昭和30年の公衆浴場開設許可の距離制限に関する判決では、公衆浴場の偏在によって利用者の不便をきたし、濫立によって経営に無用の競争が生じるおそれはあるが、その結果、衛生設備が低下するとはいえないとして、距離制限を違憲とした。

. . . .

Q 4
国家一般
2008 [H20]
★★

憲法第22条第1項は、狭義における職業選択の自由のみならず、職業活動の自由の保障をも包含しているものと解すべきであるが、職業の自由は、いわゆる精神的自由に比較して、公権力による規制の要請が強く、憲法第22条第1項が「公共の福祉に反しない限り」という留保のもとに職業選択の自由を認めたのも、特にこの点を強調する趣旨に出たものと考えられる。

「営利を目的とする自主的活動の自由である営業の自由は、職業選択の自由には含まれず、財産権行使の自由として憲法第 29 条により保障されるとするのが判例である。」の部分が誤りです。**憲法 22 条 1 項**において、保障する**職業選択の自由**の中には、広く一般に、**いわゆる営業の自由を保障する趣旨を包含**しています（最大判昭 47・11・22）[小売市場距離制限事件]。

 「国家独占は職業選択の自由を害するものとして認められることはない。」の部分が誤りです。**国家独占も合理性がある限り認められます。**

 選択肢全体が誤りです。もし公衆浴場の設立を業者の自由に委せると、……その濫立により、浴場経営に無用の競争を生じ、浴場の衛生設備の低下等好ましくない影響をきたすおそれがあります。これは、国民保健および環境衛生のうえから、できる限り防止することが望ましいことです。したがって、**公衆浴場の開設に距離制限規定を設けることは、憲法 22 条に違反しません**（最大判昭 30・1・26）[公衆浴場距離制限規定事件]。

A 4 本選択肢の通りです。**職業**は、その性質上、社会的相互関連性が大きいため、いわゆる**精神的自由に比較して、公権力による規制の要請が強く、憲法 22 条 1 項**も特に「**公共の福祉に反しない限り**」という留保を付しています（最大判昭 50・4・30）[薬局距離制限事件]。

Q5
国家一般
2010 [H22]
★★

薬事法に基づく薬局開設の許可制及び許可条件としての適正配置規制は、主として国民の生命及び健康に対する危険の防止という消極的、警察的目的のための規制措置であるが、許可制に比べて職業の自由に対するより緩やかな制限である職業活動の内容及び態様に対する規制によっても、その目的を十分に達成することができると解されるから、許可制の採用自体が公共の利益のための必要かつ合理的措置であるとはいえず、憲法第22条第1項に違反する。

....

Q6
国家一般
2020 [R2]
★★★

薬局の開設に適正配置を要求する規制は、国民の生命・健康に対する危険の防止という消極目的の規制であり、適正配置規制を行わなければ、薬局等の偏在や乱立により医薬品の調剤供給に好ましからざる影響を及ぼすため、その必要性と合理性は認められるが、その立法目的は、より緩やかな規制手段によっても十分に達成できることから、憲法第22条第1項に違反する。

....

Q7
特別区
2011 [H23]
★★★

最高裁判所は、薬局開設許可に関する距離制限を定める規制では、立法事実を検討し、制限が国民の生命及び健康に対する危険の防止という積極的、政策的目的のための規制措置であると判断した上で、その目的を達成するために必要かつ合理的な規制とはいえないとして、距離制限を違憲とした。

....

Q8
国家総合
2006 [H18]
★★

一般に、自由な職業活動が社会公共に対してもたらす弊害を防止するための消極的・警察的措置として営業の許可制をとる場合には、より緩やかな規制によってはその規制目的を達成することができないと認められることを要する。薬事法旧第6条第2項に基づくいわゆる薬局等の適正配置規制は、不良医薬品の供給や医薬品乱用の危険を防止することを目的としているが、その目的はより緩やかな規制によっては達成することができないと認められるため、憲法第22条第1項に違反しない。

「許可制の採用自体が公共の利益のための必要かつ合理的措置である**とはいえず、憲法第 22 条第 1 項に違反する。**」の部分が誤りです。**旧薬事法 6 条 2 項、4 項の適正配置規制は、主として国民の生命および健康に対する危険の防止という消極的、警察的目的のための規制措置**です。そして、**この薬局の適正配置規制がこれらの目的のために必要かつ合理的であり、薬局等の業務執行に対する規制によるだけではその目的を達することができないとすれば、許可条件の一つとして地域的な適正配置基準を定めることは、憲法 22 条 1 項に違反しません**（最大判昭 50・4・30）［薬局距離制限事件］。

「適正配置規制を行わなければ、薬局等の偏在や乱立により医薬品の調剤供給に好ましからざる影響を及ぼすため、その必要性と合理性は認められる」の部分が誤りです。**適正配置規制（距離制限規定）を置くことは、営業の自由に対する厳しい制限になるので、これよりもより緩やかな規制手段である行政上の取締まりの強化によって、不良医薬品の供給を防止することは可能**です。したがって、**その必要性と合理性は認められません**（最大判昭 50・4・30）［薬局距離制限事件］。

「積極的、政策的目的のための規制措置」という部分が誤りです。この判例は、「消極目的規制」に関する判例です。なお、**薬事法が定める距離制限規定という「立法」を支える「立法事実」に合理性が認められないので、地域的制限を定めた旧薬事法 6 条 2 項・4 項は、憲法 22 条 1 項に違反し、無効です**（最大判昭 50・4・30）［薬局距離制限事件］。

「その目的はより緩やかな規制によっては達成することができないと認められるため、憲法第 22 条第 1 項に違反しない。」の部分が誤りです。それ以外の部分は、**消極目的規制に対応する厳格な合理性の基準に関する判例の表現**なので、本選択肢の通りです（最大判昭 50・4・30）［薬局距離制限事件］。

Q 9

国家一般
2010 [H22]
★★

公衆浴場法に基づく公衆浴場の許可制及び許可条件としての適正配置規則は、既存公衆浴場業者の経営の安定を図り、自家風呂を持たない国民にとって必要不可欠な厚生施設である公衆浴場自体を確保するという積極的、政策的目的とともに、国民保健及び環境衛生の確保という消極的、警察的目的も有しているが、後者の目的との関係では、目的を達成するための必要かつ合理的な措置であるとはいえず、憲法第22条第1項に違反する。

3 積極目的規制

Q 10

国家一般
2010 [H22]
★★★

小売商業調整特別措置法に基づく小売市場の許可規制は、国が社会経済の調和的発展を企図するという観点から中小企業保護政策の一方策としてとった措置ということができ、その目的において一応の合理性を認めることができ、ゝまた、その規制の手段・態様においても著しく不合理であることが明白であるとは認められないから、憲法第22条第1項に違反しない。

Q 11

国家専門
2006 [H18]
★★★

小売商業調整特別措置法所定の小売市場の許可規制は、国が社会経済の調和的発展を企図するという観点から中小企業保護政策の一方策としてとった措置ということができ、その目的において、一応の合理性が認められ、また、その規制の手段・態様においても、それが著しく不合理であることが明白であるとは認められないから、当該規制は憲法第22条第1項に違反するものではない。

「後者の目的との関係では、目的を達成するための必要かつ合理的な措置であるとはいえず、憲法第 22 条第 1 項に違反する。」の部分が誤りです。**公衆浴場法 2 条 2 項による適正配置規制の目的は、既存公衆浴場業者の経営の安定を図る（積極目的）ことにより、自家風呂をもたない国民にとって必要不可欠な厚生施設である公衆浴場自体を確保しようとする（消極目的）ことも、その目的としているのであり、適正配置規制は上記目的を達成するための必要かつ合理的な範囲内の手段と考えられるので、公衆浴場法 2 条 2 項等の規定は憲法 22 条 1 項に違反しません**（最判平 1・3・7）［公衆浴場距離制限規定事件］。

個人の経済活動に対する法的規制措置については、立法府の政策的技術的な裁量に委ねるほかはなく、**裁判所は、立法府の裁量的判断を尊重するのを建前とします。ただ、立法府がその裁量権を逸脱し、当該法的規制措置が著しく不合理であることの明白である場合に限って、これを違憲として、その効力を否定することができます**（最大判昭 47・11・22）［小売市場距離制限事件］。

小売商業調整特別措置法は、経済的基盤の弱い小売商の事業活動の機会を適正に確保し、かつ、小売商の正常な秩序を阻害する要因を除去する必要があるとの判断のもとに、本法所定の小売市場の許可規制は、国が社会経済の調和的発展を企図するという観点から中小企業保護政策の一方策としてとった措置ということができ、その目的において、一応の合理性を認めることができ、また、その規制の手段・態様においても、それが著しく不合理であることが明白であるとはいえません（最大判昭 47・11・22）［小売市場距離制限事件］。

小売市場の許可制は、それが小売市場の乱設に伴う小売商相互間の過当競争によって招来されるであろう小売商の共倒れから小売商を保護するためにとられた措置であると認められ、一般消費者の利益を犠牲にするおそれのあるものであり、当該許可制はその目的および規制の手段の合理性が明白とはいえないから憲法に反する。

公衆浴場法による公衆浴場の適正配置規制は、日常生活において欠くことのできない公共的施設である公衆浴場の経営の健全と安全を確保し、もって国民の保健福祉を維持しようとする消極的目的に出たものであるが、近年、いわゆる自家風呂の普及により、公衆浴場の新設がほとんどなくなったことにかんがみると、当該規制は必要かつ合理的な規制の範囲を超えるに至ったものと認められるので、憲法第22条第1項に反する。

旧繭糸価格安定法（平成20年廃止）に基づく生糸の一元輸入措置及び価格安定制度は、養蚕業及び製糸業の保護政策としての規制措置であるが、外国産生糸を国際糸価で購入する途を閉ざされるなど、絹織物生地製造業者の経済的活動の自由を著しく制限するものであり、当該保護政策の目的達成のために必要かつ合理的な規制の範囲を逸脱するものであるから、憲法第22条第1項に違反する。

たばこ事業法による製造たばこの小売販売業の許可制は、公共の福祉に適合する目的のため、必要かつ合理的な範囲にとどまる措置ということができ、また、同法による製造たばこの小売販売業に対する適正配置規制は、当該目的のために必要かつ合理的な範囲にとどまるものであって、著しく不合理であることが明白であるとは認め難く、憲法第22条第1項に違反しない。

A12 ✕

「一般消費者の利益を犠牲にするおそれのあるものであり、当該許可制はその目的および規制の手段の合理性が明白とはいえないから憲法に反する。」の部分が誤りです。**小売商業調整特別措置法所定の小売市場の許可規制は、小売商相互間の過当競争によって招来される小売商の共倒れから小売商を保護するためにとられた措置であり、一般消費者の利益を犠牲にして、小売商に対し積極的に流通市場における独占的利益を付与するためのものではありません**（最大判昭47・11・22）[小売市場距離制限事件]。

......

A13 ✕

選択肢全体が誤りです。**公衆浴場法による適正配置規制は、公衆浴場業者の廃転業を防止し、健全で安定した経営を行えるようにして国民の保健福祉を維持しようとするものですから、積極的、社会経済政策的な規制目的に出た立法であっても、立法府のとった手段がその裁量権を逸脱し、著しく不合理であることが明白でない限り、憲法に違反しません**（最判平1・1・20）[公衆浴場距離制限規定事件]。

......

A14 ✕

「当該保護政策の目的達成のために必要かつ合理的な規制の範囲を逸脱するものであるから、憲法第22条第1項に違反する。」の部分が誤りです。本件の**改正後の繭糸価格安定法が、原則として、当分の間いわゆる生糸の一元輸入措置の実施、および所定の輸入生糸を売り渡す際の売渡方法、売渡価格等の規制について規定しており、営業の自由に対し制限を加えるものですが、当該立法行為が国家賠償法1条1項の適用上例外的に違法の評価を受けるものではありません**（最判平2・2・6）[西陣ネクタイ訴訟]。

......

A15 ◯

たばこ事業法22条が、製造たばこの小売販売業について許可制を採用することは、必要かつ合理的な範囲にとどまる措置ということができます。そして、製造たばこの小売販売業に対する適正配置規制は、これが著しく不合理であることが明白であるとは認め難いところです。したがって、製造たばこの小売販売業に対する規制は、憲法22条1項に違反しません（最判平5・6・25）。

Q16
国家専門
2006 [H18]
★

医師やあん摩師等の免許を受けた者以外の医業類似行為について、いささかも人体に危害を与えず、また、保健衛生上何ら悪影響がないものを含め、一律に禁止しても、当該行為が人の健康に害を及ぼすかどうかは一概に判断できないことから、当該規制は憲法第22条第1項に違反するものではない。

. . . .

Q17
特別区
2016 [H28]
★

自家用自動車を有償運送の用に供することを禁止している道路運送法の規定は、自家用自動車の有償運送行為が無免許営業に発展する危険性の多いものとは認められず、公共の福祉の確保のために必要な制限と解することができないため、憲法に違反する。

. . . .

Q18
国家一般
2010 [H22]
★★

酒税法に基づく酒類販売の免許制度は、制度導入当初は、酒税の適正かつ確実な賦課徴収を図るという重要な公共の利益のためにとられた合理的措置であったが、その後の社会状況の変化と酒税の国税全体に占める割合等が相対的に低下したことにより、当該免許制度を存置しておくことの必要性及び合理性は失われていると解されるから、憲法第22条第1項に違反する。

. . . .

Q19
国家専門
2018 [H30]
★★

酒税法による酒類販売業の免許制は、専ら、零細経営者が多く経済的基盤の弱い酒類販売業者を保護するための積極的・政策的規制と解されるから、当該規制が著しく不合理であることが明白でない限り、憲法第22条第1項に違反しない。

A 16

✕

「一律に禁止しても」の部分が誤りです。旧あん摩師、はり師、きゅう師および柔道整復師法が**医業類似行為を業とすることを禁止処罰する**のも、人の健康に害を及ぼすおそれのある業務行為に限局する趣旨と解しなければならないのであって、このような禁止処罰は公共の福祉上必要であるので、**当該法律12条、14条は憲法22条に反するものではありません**（最大判昭35・1・27）。

....

A 17

✕

選択肢全体が誤りです。**自家用自動車の有償運送行為は無免許営業に発展する危険性の多いもの**ですから、これを放任するときは免許制度は崩れ去るおそれがあります。それ故に旧道路運送法101条1項が**自家用自動車を有償運送の用に供することを禁止しても、同条項は憲法22条1項に違反しません**（最大判昭38・12・4）。

....

A 18

✕

「当該免許制度を存置しておくことの必要性及び合理性は失われていると解されるから、憲法第22条第1項に違反する。」の部分が誤りです。**酒類販売業者を免許制とすることは、酒類の適正かつ確実な賦課徴収を図る**という重要な公共の利益のためにとられた合理的な措置です。したがって、その後の社会状況の変化に伴い、**酒税の国税全体に占める割合等が相対的に低下するに至っても、酒類販売免許制度を存置すべきものとした立法府の判断が、著しく不合理であるとまでは断定しがたく、憲法22条1項に違反するとはいえません**（最判平4・12・15、最判平10・3・26）[酒類販売免許制事件]。

....

A 19

✕

酒税法による酒類販売業の免許制の立法目的は、**積極的・政策的目的規制ではありません**。したがって、当該規制が**著しく不合理であることが明白でない限り（明白性の原則）という表現をとっていません**（最判平4・12・15、最判平10・3・26）。

司法書士以外の者が他人の嘱託を受けて登記に関する手続について代理する業務等を行うことを禁止することは、公共の福祉に合致した合理的なものであり違憲とはならないが、これに違反した者を処罰することについては、規制の必要性と合理性の存在を認めることはできないから、当該規制は憲法第22条第1項に違反する。

「これに違反した者を処罰することについては、規制の必要性と合理性の存在を認めることはできないから、当該規制は憲法第22条第1項に違反する。」の部分が誤りです。**旧司法書士法19条1項、25条1項は、司法書士および公共嘱託登記司法書士協会以外の者が、嘱託を受けて登記申請手続の代理等を行うことを禁止し、その違反者を処罰するものであり、公共の福祉に合致した合理的なもので憲法22条1項に違反するものでありません**（最判平12・2・8）。

(2)居住・移転の自由

Q1
国家総合
2013 [H25]
★

憲法第3章の諸規定による基本的人権の保障は、権利の性質上日本国民のみをその対象としていると解されるものを除き、我が国に在留する外国人に対しでも等しく及び、居住・移転の自由との関係では、我が国に在留する外国人に居住地に関する登録義務を課すことは、公共の福祉のための制限として許容されるものではない。

....

Q2
国家総合
2016 [H28]
★

憲法第22条第2項は、外国に移住する自由を保障しているが、この外国に移住する自由は外国へ一時旅行する自由までも含むものではなく、外国への一時旅行の自由は、幸福追求の権利の一部分をなすものとして、憲法第13条により保障されるとするのが判例である。

....

Q3
国家総合
1992 [H4]
★

旅券法は、著しくかつ直接に日本国の利益または公安を害する行為を行なうおそれがあると認めるに足りる相当の理由がある者に対する旅券不発給を定めているが、このような規定は包括的で不明確な基準であり、行政庁の広範な裁量を認めるものであるから、憲法22条2項に違反するとするのが判例である。

「我が国に在留する外国人に居住地に関する登録義務を課すことは、公共の福祉のための制限として許容されるものではない。」の部分が誤りです。**わが国に在留する外国人に居住地に関する登録義務を課すことは、公共の福祉のための制限として認められます**（最大判昭28・5・6）。

. . . .

 選択肢全体が誤りです。**憲法22条2項の外国に移住する自由には外国へ一時旅行する自由も含みます**。また、**外国旅行の自由**は、憲法13条ではなく、**22条2項により保障されます**（最大判昭33・9・10）。

. . . .

 「このような規定は包括的で不明確な基準であり、行政庁の広範な裁量を認めるものであるから、憲法22条2項に違反するとするのが判例である。」の部分が誤りです。**海外へ一時的に旅行することを制限することは合理的な制限であり、憲法22条2項に反しません**。また、旅券法13条1項5号は、漠然たる基準を示す無効のものではありません（最大判昭33・9・10）。

1 財産権と私有財産制度の保障（第1項）

Q 1
特別区
2009 [H21]
★★★

財産権の保障とは、国民が現に有している個別的、具体的な権利を保障したものであり、客観的法秩序としての私有財産制度の制度的保障を認めたものではない。

Q 2
特別区
2009 [H21]
★★

財産権には、所有権その他の物権や債権のほか、鉱業権、漁業権などの特別法上の権利も含まれるが、商標権、意匠権は財産権的性格を有しないため含まれない。

2 財産権の制限（第2項）

Q 3
国家専門
2011 [H23]
★★

法律でいったん定められた財産権の内容を事後の法律で変更することは、国民の経済生活の法的安定性や予見可能性を害するものといえるから、法規の不遡及を規定する憲法第39条に反し、許されないとするのが判例である。

Q 4
国家専門
2016 [H28]
★★

財産権に対する規制が憲法第29条第2項にいう公共の福祉に適合するものとして是認されるべきものであるかどうかは、規制の目的、必要性、内容、その規制によって制限される財産権の種類、性質及び制限の程度等を比較考量して判断すべきものであるとするのが判例である。

「客観的法秩序としての私有財産制度の制度的保障を認めたものではない。」の部分が誤りです。**憲法 29 条は私有財産制度を保障しているのみでなく**、社会的経済的活動の基礎をなす**国民の個々の財産権につきこれを基本的人権として保障しています**（最大判昭 62・4・22）[森林法共有林事件]。

「商標権、意匠権は財産権的性格を有しないため含まれない。」の部分が誤りです。**財産権には、所有権その他の物権や債権**のほか、**鉱業権、漁業権などの特別法上の権利**も財産権的性格を有するため、これに含まれ、**商標権、意匠権**も財産権的性格を有します。

「法規の不遡及を規定する憲法第 39 条に反し、許されないとするのが判例である。」の部分が誤りです。憲法 29 条 1 項・2 項の規定にかんがみれば、**法律でいったん定められた財産権の内容を事後の法律で変更しても、それが公共の福祉に適合するようにされたものである限り、これをもって違憲の立法ということはできません**（最大判昭 53・7・12）。

財産権に対して加えられる規制が憲法 29 条 2 項にいう公共の福祉に適合し是認されるべきかどうかは、**規制の目的、必要性、内容、その規制によって制限される財産権の種類、性質および制限の程度等を比較考量して決すべきです**（最大判昭 62・4・22）[森林法共有林事件]。

Q 5
国家一般
2011 [H23]
★★

財産権は個人の生存の基礎をなし、自己実現の重要な手段であるという普遍性をも併せ持つものであるから、財産権に対して加えられる規制が憲法第29条第2項にいう公共の福祉に適合するものとして是認されるかについての判断は一般に厳格にすべきであり、規制目的が正当であり、かつ、規制手段が当該目的の達成にとって必要最小限度のものでない限り、当該規制は同項に違反するとするのが判例である。

....

Q 6
国家総合
2013 [H25]
★★

法律によって共有森林につき持分価額2分の1以下の共有者に分割請求を禁ずることは、財産権への重大な制限であるから、その立法目的が正当であり、その規制手段が目的達成のために必要最小限度のものであることを要するところ、森林経営の安定を図るという目的は正当であるが、分割後の面積が安定的な森林経営のために必要な面積を下回るような分割請求を禁ずることによってもその目的を達成することができるから、必要最小限度の制限とはいえず、憲法第29条第2項に違反するとするのが判例である。

....

Q 7
特別区
2005 [H17]
★★★

財産権の制限は、国会の定めた法律によらなければならないので、行政機関が定立する命令や地方公共団体の制定する条例で財産権を制限することは、一切許されない。

....

Q 8
国家専門
1984 [S59]
★

農地の賃貸借契約の更新拒絶について、法律によって、知事の許可を得ることを条件とすることは、本来自由であるべき農地賃貸借契約を不当に制限するものであるから、憲法に違反する。

選択肢全体が誤りです。**裁判所としては、立法府がした諸般の状況を比較考量にもとづく判断を尊重すべきですから、立法府の判断が合理的裁量の範囲を超える場合に限り、当該規制立法が憲法 29 条 2 項に違背（違憲）**として、その効力を否定することができます（最大判昭 62・4・22）[森林法共有林事件]。

「その規制手段が目的達成のため に必要最小限度のものであることを要するところ、」の部分と「必要最小限度の制限とはいえず、」の部分が誤りです。森林法共有林事件（最大判昭 62・4・22）では、必要最小限度の制限という表現を用いていません。また、**判例は、消極目的・積極目的の二分論を採用していません。**したがって、**消極目的に対応する厳格な合理性の基準を採っているとはいえません。**

選択肢全体が誤りです。**ため池の破損・決潰の原因となるため池の堤とうの使用行為を条例をもって禁止、処罰しても、憲法および法律に抵触またはこれを逸脱しません**（最大判昭 38・6・26）[奈良県ため池条例事件]。

選択肢全体が誤りです。農業経営の民主化のため小作農の自作農地化の促進、小作農の地位の安定向上を重要施策としている現状の下では、**農地所有者の所有権の行使または処分がある程度不自由**になっても、これは公共の福祉に適合する合理的な制限であり、**農地の賃貸借契約の更新拒絶のような農地所有者の不利益も公共の福祉を維持するうえにおいて甘受しなければなりません。**したがって、旧農地法 20 条は憲法 29 条に違反しません（最大判昭 35・2・10）。

Q9
インサイダー取引の規制を定めた証券取引法は、証券取引市場の公平性、公正性を維持するとともにこれに対する一般投資家の信頼を確保するという目的による規制を定めるものであるところ、その規制目的は正当であり、上場会社等の役員又は主要株主に対し、一定期間内に行われた取引から得た利益の提供請求を認めることは、立法目的達成のための手段として、必要性又は合理性に欠けることが明らかであるとはいえないのであるから、憲法に違反するものではない。

3　財産権の制限と補償の要否（第3項）

●──「公共のために用いる」の意味

憲法第29条第3項にいう「公共のために用ひる」とは、病院や道路の建設といった公共事業のための収用を指し、特定個人が受益者となる場合は含まれない。

●──損失補償の要否

ため池の堤とうを使用する財産上の権利に対する法令による制限が、当該権利の行使をほとんど全面的に禁止するものである場合は、それが災害を未然に防止するという社会生活上のやむを得ないものであっても、当該権利を有する者が当然に受忍しなければならないものとまではいうことはできないから、その制限に当たっては、憲法第29条第3項の補償を要するとするのが判例である。

インサイダー取引の規制を定めた証券取引法は、証券取引市場の公平性、公正性を維持するとともに、これに対する一般投資家の信頼を確保するためのもので、この目的が正当性を有することは明らかです。 次に、規制の内容等についてみると、その役員又は主要株主に対し、**一定期間内（6 か月以内）に行われた取引から得た利益の提供請求を認めることによって当該利益の保持を制限するにすぎず、そのような規制手段を採ることは、立法目的達成のための手段として必要性又は合理性に欠けるものであるとはいえません。したがって、証券取引法 164 条 1 項は、憲法 29 条に違反しません**（最大判平 14・2・13）。

 選択肢全体が誤りです。**買収された農地、宅地、建物等が買収申請人である特定の者に売り渡される**としても、それは**農地改革を目的とする公共の福祉のための必要に基づいて制定された自作農創設特別措置法の運用による当然の結果にほかなりません**（最判昭 29・1・22）。

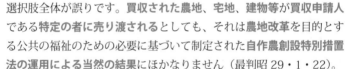

 選択肢全体が誤りです。奈良県ため池条例 4 条 2 号は、**ため池の堤とうを使用する財産上の権利の行使を著しく制限するもの**ですが、結局それは、災害を防止し公共の福祉を保持するうえに社会生活上やむをえないものです。そのような制約は、**ため池の堤とうを使用しうる財産権を有する者が当然受忍しなければならない責務であって、憲法 29 条 3 項の損失の補償はこれを必要としません**（最大判昭 38・6・26）[奈良県ため池条例事件]。

Q12
特別区
2005 [H17]
★★★

最高裁判所の判例では、法律に損失補償に関する規定がない場合には、財産権を制限された者が、直接憲法を根拠にして補償請求をする余地は全くないとした。

●──損失補償の要否

Q13
国家総合
1984 [S59]
★

私有財産の収用が正当な補償の下に行われた場合において、その後に至り収用当時の具体的な収用目的が消滅したときは、憲法上当然にこれを被収用者に返還しなければならない。

●──正当な補償

Q14
国家総合
2016 [H28]
★★★

憲法第29条第3項にいう「正当な補償」とは、原則として、その当時の経済状態において成立すると考えられる価格に基づき、合理的に算出された相当な額をいうが、具体的な補償の額があまりに低廉と認められる場合には、かかる価格と一致することを要するとするのが判例である。

Q15
国家一般
2008 [H20]
★★★

土地収用法上の収用における損失の補償については、収用の前後を通じて被収用者の財産価値を等しくならしめるような補償をなすべきであり、金銭をもって補償する場合には、被収用者が近傍において被収用地と同等の代替地等を取得することを得るに足りる金額の補償を要する。

旧河川付近地制限令4条2号による制限について同条に損失補償に関する規定がないからといって、同条があらゆる場合について**一切の損失補償を全く否定する趣旨**とまでは解されません。財産権を制限された者も、その損失を具体的に主張立証して、別途、**直接憲法29条3項を根拠にして、補償請求をする余地が全くないわけではありません**（最大判昭43・11・27）［河川付近地制限令事件］。

A13 「憲法上当然にこれを被収用者に返還しなければならない。」の部分が誤りです。**私有財産の収用が正当な補償の下に行われた場合において**てその後に至り収用目的が消滅したとしても、**法律上当然に、これを被収用者に返還しなければならないものではありません**（最大判昭46・1・20）。

A14 「具体的な補償の額があまりに低廉と認められる場合には、かかる価格と一致することを要するとするのが判例である。」の部分が誤りです。憲法29条3項にいう正当な補償とは、その当時の経済状態において成立することを考えられる価格に基づき、**合理的に算出された相当な額をいうのであって、必ずしもつねにかかる価格と完全に一致することを要しません**（最大判昭28・12・23）［農地改革事件］。

A15 **土地収用法における損失の補償は、完全な補償、すなわち、収用の前後を通じて被収用者の財産価値を等しくならしめるような補償をなすべきであり、金銭をもって補償する場合には、被収用者が近傍において被収用地と同等の代替地等を取得することをうるに足りる金額の補償を要します**（最判昭48・10・18）。

Q16

国家総合
2015 [H27]
★★

憲法第29条第3項にいう「正当な補償」とは、その当時の経済状態において成立すると考えられる価格に基づき合理的に算出された相当な額をいうのであって、必ずしも常に当該価格と完全に一致することを要するものではなく、この趣旨に従うと、収用する土地の補償金の額の算定について定めた土地収用法第71条の規定には、十分な合理性があり、同条は憲法第29条第3項に違反しないとするのが判例である。

....

Q17

国家一般
2008 [H20]
★★★

財産権について、憲法は正当な補償に関して規定するのみで、補償の時期については規定していないが、補償が財産の供与と交換的に同時に履行されるべきことは、憲法の保障するところであるといえる。

本選択肢の通りです（最判平 14・6・11）[土地収用法 71 条事件]。

前頁 Q15 の最判昭 48・10・18 の判例は、完全補償説に立つ判例です。ところが、同じ土地収用関連でも本選択肢の最判平 14・6・11 の判例は、相当補償説に立つ判例です。この判例は、土地収用法 71 条の合憲性について、事業認定時から権利取得裁決までの間に、取引価格が物価変動を超え大幅に上昇する場合には、その分の補償をしなくてもよいとする相当補償説に立つ判例です。2 つの判例の違いに注意をしてください。

選択肢全体が誤りです。憲法は「正当な補償」と規定しているだけであって、補償の時期についてはすこしも言明していないのですから、**補償が財産の供与と交換的に同時に履行されるべきことについては、憲法の保障するところではありません**（最大判昭 24・7・13）。

自由権：身体的自由権

1 法定手続の保障（第31条）

●──総説

Q1
特別区
2019 [R1]
★★

憲法の定める法定手続の保障は、手続が法律で定められることだけでなく、その法律で定められた手続が適正でなければならないこと、実体もまた法律で定められなければならないことを意味するが、法律で定められた実体規定も適正でなければならないことまで要求するものではない。

. . . .

●──告知・聴聞

Q2
国家一般
2009 [H21]
★★★

関税法において、同法所定の犯罪に関係のある船舶、貨物等が被告人以外の第三者の所有に属する場合においてもこれを没収する旨規定しながら、その所有者たる第三者に対し、告知、弁解、防御の機会を与えるべきことを定めておらず、また、刑事訴訟法その他の法令においても何らかかる手続に関する規定を設けていないときに、関税法の規定により第三者の所有物を没収することは、憲法第29条及び第31条に違反する。

. . . .

Q3
特別区
2004 [H16]
★★★

刑事裁判の量刑は、被告人の経歴等を考慮して裁判所が決定すべきものであり、起訴されていない犯罪事実を余罪として認定し、実質上これを処罰する趣旨で量刑の際に考慮し、被告人を重く処罰しても憲法に違反しない。

「法律で定められた実体規定も適正でなければならないことまで要求するものではない。」の部分が誤りです。実体規定の適正は罪刑法定主義の考え方が反映されています。「**罪刑法定主義**」とは、**法律なければ犯罪なし、犯罪なければ刑罰なしの原則**をいいます。

 第三者の所有物を没収する場合において、その没収に関して当該所有者に対し、**何ら告知、弁解、防御の機会を与えることなく、その所有権を奪うことは、著しく不合理であって、憲法の容認しないところ**です。したがって、**関税法 118 条 1 項によって第三者の所有物を没収することは、憲法 31 条、29 条に違反します**（最大判昭 37・11・28）[第三者所有物没収事件]。

A3 選択肢全体が誤りです。**刑事裁判において、起訴された犯罪事実のほかに、起訴されていない犯罪事実をいわゆる余罪として認定し、実質上これを処罰する趣旨で量刑の資料に考慮し、このため被告人を重く処罰することが、不告不理の原則に反し、憲法 31 条に違反するのみならず、自白に補強証拠を必要とする憲法 38 条 3 項の制約を免れることとなるおそれがあるため、許されません**（最大判昭 42・7・5）。

Q 4
国家総合
1992 [H4]
★

刑法 197 条の 5 の規定は、情を知った第三者が収受した賄賂を没収することができない場合には、その価額を追徴することを定めているが、追徴を命ぜられる第三者への告知、弁解および防禦の機会の提供がないかぎり、同条によって第三者に追徴を命じることは、憲法 31 条の規定に違反する。

. . . .

Q 5
国家一般
1992 [H4]
★

被告人以外の者が納付した保釈保証金の没取決定も刑事罰である以上、事後に不服申立てが認められているとしても、事前に告知、弁解、防禦の機会を与えられなければ憲法に違反する。

. . . .

●──刑事手続以外への準用の可否

Q 6
国家一般
2009 [H21]
★★★

憲法第 31 条の定める法定手続の保障は、直接には刑事手続に関するものであるが、財産や自由の剥奪ないし制限といった不利益は、行政処分によって課されることも十分あり得ることにかんがみると、行政手続にも刑事手続と等しく同条による保障が及び、その相手方に対し、事前の告知、弁解、防御の機会を与える必要がある。

. . . .

Q 7
国家総合
1992 [H4]
★

「法廷等の秩序維持に関する法律」は、裁判所が法廷等で事件につき審判その他の手続をするに際し、その面前その他直接に知ることができる場所で、秩序を維持するために裁判所が命じた事項を行なわず、もしくはとった措置に従わず、または暴言、暴行、けん騒その他不穏当な言動で裁判所の職務の執行を妨害し、もしくは裁判の威厳を著しく害した者に対し、裁判所が決定により監置または過料の制裁を科すると規定しているが、同法による監置または過料の制裁も憲法 31 条にいう「その他の刑罰」に当たる。

収受した賄賂を没収できない場合に、その価額の追徴を命ぜられる第三者に告知、弁解および防御の機会の提供もなく、刑法197条の5によって第三者に追徴を命じることは、憲法31条の規定に違反します（最大判昭40・4・28）。

 「事後に不服申立てが認められているとしても、事前に告知、弁解、防禦の機会を与えられなければ憲法に違反する。」の部分が誤りです。被告人以外の者が納付した保釈金の没取決定については、刑事罰の場合と異なり、事後に不服申立ての途が認められれば、事前に告知、弁解、防御の機会が与えられていなくても、違憲とはなりません（最大決昭43・6・12）。

 「行政手続にも刑事手続と等しく同条による保障が及び、その相手方に対し、事前の告知、弁解、防御の機会を与える必要がある。」の部分が誤りです。憲法31条による保障が及ぶ場合であっても、一般に、行政手続は、刑事手続とその性質においておのずから差異があり、また、行政目的に応じて多種多様ですから、行政処分の相手方に事前の告知、弁解、防御の機会を与えるかどうかは、……総合較量して決定されるべきものであって、つねに必ずそのような機会を与えることを必要とするものではありません（最大判平4・7・1）［成田新法事件］。

 「同法による監置または過料の制裁も憲法31条にいう『その他の刑罰』に当たる。」の部分が誤りです。「法廷等の秩序維持に関する法律」による制裁は従来の刑事的・行政的処罰のいずれの範疇にも属しない本法によって設定された特殊の処罰です。そして、本法は、裁判所または裁判官の面前その他直接に知ることができる場所における言動つまり現行犯的行為に対し裁判所または裁判官自体によって適用されるものです。かような手続による処罰によって被処罰者に関し憲法の保障する人権が侵害されるおそれはありません（最大決昭33・10・15）。

●──余罪と量刑

Q 8
国家一般
2009 [H21]
★★★

刑事裁判において、起訴された犯罪事実のほかに、起訴されていない犯罪事実をいわゆる余罪として認定し、実質上これを処罰する趣旨で量刑の資料に考慮し、そのため被告人を重く処罰することは憲法第31条等に反し許されないが、量刑のための一情状として、いわゆる余罪をも考慮することは、必ずしも禁ぜられるところではない。

2 被疑者の逮捕の要件（第33条）

Q 9
特別区
2009 [H21]
★★★

最高裁判所の判例では、厳格な制約の下に、罪状の重い一定の犯罪のみについて、緊急やむを得ない場合に限っても、逮捕後直ちに裁判官の審査を受けて逮捕状の発行を求めることを条件とし、被疑者の逮捕を認めることは、憲法の規定の趣旨に反するものであるとした。

．．．

Q 10
国家総合
2018 [H30]
★★★

憲法第33条は「何人も、現行犯として逮捕される場合を除いては、権限を有する司法官憲が発し、且つ理由となつてゐる犯罪を明示する令状によらなければ、逮捕されない」と規定しており、現行犯逮捕以外の場合には、逮捕時に逮捕状などの令状を要するとするのが判例である。

A 8 ○

刑事裁判において、**起訴された犯罪事実のほかに、起訴されていない犯罪事実をいわゆる余罪として認定し、実質上これを処罰する趣旨で**量刑の資料に考慮し、これがため**被告人を重く処罰することは許されません**。しかし、他面、刑事裁判における量刑は、すべての事情を考慮して、裁判所が法定刑の範囲内において、適当に決定すべきですから、**その量刑のための一情状として、いわゆる余罪をも考慮することは、必ずしも禁じられていません**（最大判昭41・7・13）。

A 9 ×

「憲法の規定の趣旨に反するものであるとした。」の部分が誤りです。**刑事訴訟法210条は、厳格な制約の下に、罪状の重い一定の犯罪のみについて、緊急やむをえない場合に限り、逮捕後直ちに裁判官の審査を受けて逮捕状の発行を求めることを条件とし、被疑者の逮捕を定めることは、憲法33条の規定の趣旨に反しません**（最大判昭30・12・14）。

A 10 ×

「現行犯逮捕以外の場合には、逮捕時に逮捕状などの令状を要するとするのが判例である。」の部分が誤りです。前問の解説A9を参照して下さい（最大判昭30・12・14）。

●――証拠物の押収・所持品検査

Q11
国家総合
1986 [S61]
★

第35条に基づいて刑事訴訟法上、捜索および押収に関する規定が設けられているが、これらに違反して押収がなされた場合であっても、証拠物それ自体の性質・形状に変異をきたすことはないのであるから、その証拠能力までも否定することはできないとするのが判例である。

Q12
国家専門
1997 [H9]
★★★

何人も現行犯の場合を除き令状なくして所持品について捜索および押収を受けることのない権利が憲法で保障されているから、任意捜査である職務質問に付随して行われる所持品検査は、所持人の承諾のないかぎり許されない。

●――令状

Q13
国家総合
1986 [S61]
★★

第35条は、捜索・押収については、その令状が正当な理由に基づいて発せられたことを令状中に明示することを要求しているものと解されるから、適用法条を示して被疑事件の罪名を明示することは、憲法上の要請であるとするのが判例である。

「その証拠能力までも否定することはできないとするのが判例である。」の部分が誤りです。証拠物の押収等の手続に、憲法35条およびこれを受けた刑事訴訟法218条1項等の所期する**令状主義の精神を没却するような重大な違法**があり、**これを証拠として許容すること**が、将来における違法な捜査の抑制の見地からして**相当でない場合には、その証拠能力は否定されます**（最判昭53・9・7）。

....

「所持人の承諾のないかぎり許されない。」の部分が誤りです。**所持品検査は、任意手段である職務質問の附随行為として許容されるのですから、所持人の承諾を得て、その限度においてこれを行うのが原則で**す。しかし、**所持人の承諾のない限り所持品検査は一切許容されないのではなく、捜査に至らない程度の行為は、強制にわたらない限り、所持品検査においても許容される場合があります**（最判昭53・6・20）[明治公園爆弾事件・松江相銀米子支店強奪事件]。

....

「適用法条を示して被疑事件の罪名を明示することは、憲法上の要請であるとするのが判例である。」の部分が誤りです。**憲法35条は、その令状が正当な理由に基づいて発せられたことを明示することまでは要求していません。されば、捜索差押許可状に被疑事実の罪名を、適用法条を示して記載することは憲法の要求するところではありません**（最大決昭33・7・29）。

●――行政手続

第 35 条は、刑事責任追及の手続における強制について、それが司法権による事前の抑制の下におかれるべきことを保障したものであるから、刑事責任の追及を目的としない手続にまで第 35 条の保障が及ぶと解することはできないとするのが判例である。

●――現行犯・緊急逮捕

第 35 条は第 33 条の場合を除外し、現行犯人の場合には捜索押収等を受けることのない権利もまた保障されないことを明らかにしたものであるから、現行犯人の場合に逮捕しないままで捜索・押収をなしうるか否かはもっぱら立法政策の問題であるとするのが判例である。

憲法第 35 条は、捜索・押収についての令状主義の原則を規定するとともに適法な逮捕に伴う場合をその例外としているが、ここに逮捕に伴うとは逮捕の後に時間的に接着してという意味であり、捜索・差押えが逮捕以前に行なわれた場合には第 35 条に違反するとするのが判例である。

「刑事責任の追及を目的としない手続にまで第35条の保障が及ぶと解することはできないとするのが判例である。」の部分が誤りです。憲法35条1項の規定は、本来、主として刑事責任追及の手続における強制について保障した趣旨ですが、**当該手続が刑事責任追及を目的とするものでないとの理由のみで、その手続における一切の強制が当然に同法35条1項の規定による保障の枠外にあると判断することは相当ではありません。**（最大判昭47・11・22）［川崎民商事件］。

憲法35条の保障は現行犯の場合には及びません。それ故、少なくとも現行犯の場合に関する限り、法律が司法官憲によらずまた司法官憲の発した令状によらずその犯行の現場において捜索、押収等をなしうべきことを規定したからといって、立法政策上の当否の問題にすぎないのであり、憲法35条違反の問題を生ずる余地はありません（最大判昭30・4・27）。

「捜索・差押えが逮捕以前に行なわれた場合には第35条に違反するとするのが判例である。」の部分が誤りです。本件は**緊急逮捕の場合**であり、また、捜索、差押えは、緊急逮捕に先行したとはいえ、時間的にはこれに接着し、場所的にも逮捕の現場と同一ですから、逮捕する際に逮捕の現場でなされたものに妨げなく、**麻薬の捜索、差押えは、緊急逮捕する場合の必要の限度内のものと認められますから、**いずれの点からみても、**違憲、違法とする理由はありません**（最大判昭36・6・7）。

4 　拷問および残虐な刑罰の禁止（第36条）

Q17
裁判所
2013 [H25]
★★★

現行法において定められている絞首刑が憲法36条にいう残虐な刑罰に当たることは否定できないが、火あぶり、はりつけ、きらし首、釜ゆでなどのように歴史上されてきた極めて非人道的かつ残虐な刑罰を禁止することが同条の趣旨であるから、それらと比較して残虐性が軽微な絞首刑は同条の禁止に反するものではない。

- -

Q18
国家一般
1994 [H6]
★★

刑罰としての死刑そのものが違憲でないとしても、そのことから直ちに死刑より軽い刑罰である無期懲役刑が「残虐な刑罰」に該当しないと解するのは相当でないとするのが判例である。

- -

Q19
国家一般
1994 [H6]
★

事実審の裁判官が、普通の刑を法律において許された範囲内で量定した場合には、それが被告人の側から見て過重の刑であるとしても、そのことから直ちに「残虐な刑罰」ということはできないとするのが判例である。

5 　刑事被告人の権利（第37条）

●──公平な裁判（第1項）

Q20
国家専門
1985 [S60]
★★

被告人に対する背任の公訴事実と社会的事実関係を同じくする民事訴訟事件に関与した裁判官が当該背任事件について審判に関与した場合には、被告人は公平な裁判所による裁判を受けていないことになる。

A 17
✕

「絞首刑が憲法 36 条にいう残虐な刑罰に当たることは否定できない」の部分が誤りです。**刑罰としての死刑そのものが、直ちに憲法 36 条の残虐な刑罰に該当するわけではありません**。ただ死刑といっても、……**一般に残虐性を有する場合には、残虐な刑罰といえます**。将来、死刑について火あぶり、はりつけ、さらし首、釜ゆでの刑のごとき残虐な執行方法を定める法律が制定された場合には、その法律は、憲法 36 条に違反しますが、現在わが国の採用している**絞首方法**は、**残虐な刑罰にあたりません**（最大判昭 23・3・12、最大判昭 30・4・6）。

A 18
✕

「死刑より軽い刑罰である無期懲役刑が『残虐な刑罰』に該当しないと解するのは相当でないとするのが判例である。」の部分が誤りです。すでに現行制度における死刑それ自体が「残虐な刑罰」にあたらない（最大判昭 23・3・12 参照）とすれば同様に**現行制度における無期懲役刑そのものもまた残虐な刑罰にあたりません**（最大判昭 24・12・21）。

A 19
○

「残虐な刑罰」とは、**不必要な精神的、肉体的苦痛を内容とする人道上残酷と認められる刑罰**をいうのであって、**裁判官が法定の範囲内で刑の量定をした場合、被告人側からみて過重の刑であるとしても、それだけでは残虐な刑罰にあたりません**（最大判昭 23・6・23）。

A 20
✕

被告人に対する背任被告事件における公訴事実と社会的事実関係を同じくする民事訴訟事件についてその審判に関与した裁判官が、その後当該背任被告事件について合議体の一員として審判に関与したとしても、それだけでは、**不公平な裁判をするおそれがあるとはいえず**、また同裁判所が憲法 37 条 1 項の公平な裁判所でないとはいえません（最決昭 31・9・25）。

Q21 国家総合 1989 [H1] ★
同一事件で起訴された多数の被告人を分割審理するために、裁判所が、グループ編成を目的として、各被告人の前科や逮捕歴、自白の有無等を調査することは、予断排除の原則に違反し、公平な裁判所の審理を保障した憲法37条1項に違反する。

....

●──迅速な裁判（第1項）

Q22 特別区 2009 [H21] ★★★
最高裁判所は、いわゆる高田事件判決において、憲法の定める迅速な裁判の保障の規定は、審理の著しい遅延の結果、迅速な裁判を受ける被告人の権利が害せられたと認められる異常な事態が生じた場合には、その審理を打ち切るという非常救済手段がとられるべきことをも認めている趣旨であるとした。

....

Q23 裁判所 2013 [H25] ★★★
憲法37条1項は、迅速な裁判を一般的に保障するために必要な立法上及び司法行政上の措置をとるべきことを要請するにとどまるから、個々の刑事事件について、現実に審理の著しい遅延の結果、迅速な裁判を受ける被告人の権利が害せられたと認められる異常な事態が生じた場合であっても、これに対処すべき具体的規定がなければ、審理を打ち切るなどの救済手段をとることはできない。

....

Q24 特別区 2005 [H17] ★★
裁判所は、自由裁量の範囲で適当に証人申請の取捨選択をすることはできないので、刑事被告人側の申請に係る証人のすべてを必ず取り調べなければならない。

....

Q25 特別区 2005 [H17] ★★
第三者の供述を証拠とするには、必ずその者を公判において証人として尋問しなければならず、公判廷以外における聴取書又は供述に代わる書面をもって証人に代えることは絶対に許されない。

A 21 「予断排除の原則に違反し、公平な裁判所の審理を保障した憲法 37 条 1 項に違反する。」の部分が誤りです。裁判官会議では、裁判官において司法行政の運営上必要な関係資料を入手すべきことは当然予想されても、**係属中の事件につきその審判にあたる裁判官は、何ら事件に関して予断を抱いたことにはなりません**（最決昭 49・7・18）。

A 22 **憲法 37 条 1 項の保障する迅速な裁判を受ける権利は、……審理の著しい遅延の結果、迅速な裁判を受ける被告人の権利が害せられたと認められる異常な事態が生じた場合には、これに対処すべき具体的規定がなくても、当該被告人に対する手続の続行を許さず、その審理を打ち切るという非常救済手段がとられるべきことをも認めている趣旨の規定**です（最大判昭 47・12・20）［高田事件］。

A 23 「憲法 37 条 1 項は、迅速な裁判を一般的に保障するために必要な立法上及び司法行政上の措置をとるべきことを要請するにとどまる」と「これに対処すべき具体的規定がなければ、審理を打ち切るなどの救済手段をとることはできない。」の部分が誤りです。前問の解説 A22 を参照して下さい（最大判昭 47・12・20）。

A 24 選択肢全体が誤りです。**裁判所は一般に自由裁量の範囲で適当に証人申請の取捨選択をすることができます。**憲法 37 条第 2 項の規定を根拠として、**裁判所は被告人側の申請にかかる証人の総てを取調べなければならないわけではありません**（最大判昭 23・6・23）。

A 25 「絶対に許されない。」の部分が誤りです。憲法 37 条を根拠として、第三者の供述を証拠とするにはその者を公判において証人として訊問すべきものであり、**公判廷外における聴取書または供述に代わる書面をもって証人に代えることは絶対に許されないわけではありません**（最大判昭 23・7・19）。

Q26
国家総合
1994 [H6]
★

第37条2項前段は証人審問権を保障するから、裁判所が裁判所外で証人を尋問する場合には、勾留中の被告人をこれに立ち会わせないかぎり証人の供述は証拠能力をもちえない。

. . . .

Q27
国家一般
2004 [H16]
★

憲法第37条第2項の規定により、刑事被告人はすべての証人に対して尋問する機会を十分に与えられることが保障されているから、裁判所は刑事被告人が申請したすべての証人を尋問しなければならない。

. . . .

Q28
国家一般
2004 [H16]
★

裁判所が証人尋問中に刑事被告人を退廷させても、尋問終了後、刑事被告人を入廷させた上、証言の要旨を告げて証人尋問を促し、かつ、弁護人は終始当該尋問に立ち会って補充尋問もした場合は、裁判所の当該措置は、憲法第37条第2項の規定に違反しない。

. . . .

Q29
国家一般
2012 [H24]
★★

刑事裁判における証人尋問において、刑事訴訟法の規定に基づいて、被告人から証人の状態を認識できなくする遮へい措置が採られ、あるいは、同一構内の別の場所に証人を在席させ、映像と音声の送受信により相手の状態を相互に認識しながら通話する方法で尋問を行うビデオリンク方式によることとされ、さらにはビデオリンク方式によった上で遮へい措置が採られても、憲法第37条第2項前段に違反するものではないとするのが判例である。

A26 ✕

選択肢全体が誤りです。**裁判所が裁判外で証人を尋問する場合において、勾留中の被告人を立ち会わせなくても、特別の事由がない限り、弁護人に尋問の日時・場所等を通知して弁護人に立ち会いの機会を与え、さらに被告人の証人尋問権を実質的に害しない措置をとれば、証人の供述は証拠能力を有し、裁判所の当該行為は憲法 37 条 2 項に違反しません**（最大判昭 25・3・15）。

A27 ✕

「裁判所は刑事被告人が申請したすべての証人を尋問しなければならない。」の部分が誤りです。憲法 37 条 2 項が**すべての証人に対して審問する機会を十分に与えられると規定しているのは、裁判所の職権により喚問した証人につき反対尋問の機会を十分に与えなければならないという意味であり、裁判所に被告人側の申請にかかる証人は、不必要と思われるものまですべて取り調べなければならない義務を負わせたものではありません**（最判昭 27・12・25）。

A28 ◯

裁判所が証人尋問中に刑事被告人を退廷させても、尋問終了後、刑事被告人を入廷させたうえ、証言の要旨を告げて証人尋問を促し、かつ、弁護人は終始当該尋問に立ち会って補充尋問もした場合には、裁判所の当該措置は、憲法 37 条 2 項の規定に違反しません（最判昭 35・6・10）。

A29 ◯

ビデオリンク方式（証人尋問の際、被告人から証人の状態を認識できなくする遮へい措置）がとられても、映像と音声の送受信を通じてであれ、**被告人は、証人の供述を聞くことはでき、自ら尋問することもでき、また、弁護人による証人の供述態度等の観察は妨げられませんので、被告人の証人審問権は侵害されていません**。したがって、**刑事訴訟法 157 条の 3、157 条の 4 は、憲法 37 条 2 項前段に違反しません**（最判平 17・4・14）。

●——証人喚問権（第2項）

Q30
国家一般
2004 [H16]
★

憲法第37条第2項の規定により、刑事被告人は公費で自己のために強制的手続により証人を求める権利を有しているから、刑事被告人が有罪判決を受けた場合であっても、証人喚問に要した費用を刑事被告人に負担させてはならない。

●——弁護人依頼権（第37条第3項）

Q31
国家一般
2004 [H16]
★

公訴提起前の被疑者が国選弁護人の選任を請求し得ることを知らず、弁護人のいないまま有罪の判決を受けることがないようにするため、裁判所は、国選弁護人の選任を請求し得る旨を公訴提起前の被疑者に告知すべき義務を負う。

Q32
国家専門
1985 [S60]
★

被告人はいかなる場合でも資格を有する弁護人を依頼することができるのであるから、国は刑事被告人の請求がないときでも、裁判に当たっては常に弁護人を同席させなければならない。

Q33
国家専門
2003 [H15]
★

憲法第37条の国選弁護人を依頼する権利については、弁護人の選任を請求する者に対して弁護人を付すれば足り、また、同条は被告人に対し弁護人の選任を請求し得る旨を告知すべき義務を裁判所に負わせているものではないとするのが判例である。

A 30 ✕ 「刑事被告人が有罪判決を受けた場合であっても、証人喚問に要した費用を刑事被告人に負担させてはならない。」の部分が誤りです。憲法37条2項の「公費で」との趣旨は、被告人に、訴訟の当事者たる地位にある限度で、その防御権を十分に行使させることであって、**有罪判決を受けた場合にも被告人に証人の旅費、日当等の訴訟費用を負担させてはならない趣旨ではありません**（最大判昭23・12・27）。

A 31 ✕ 「裁判所は、国選弁護人の選任を請求し得る旨を公訴提起前の被疑者に告知すべき義務を負う。」の部分が誤りです。**弁護人依頼権は被告人が自ら行使すべきもの**で、裁判所、検察官等は被告人がこの権利を行使する機会を与え、その行使を妨げなければよく、**憲法37条3項はその告知義務を裁判所に負わせているものではありません**（最大判昭24・11・30）。

A 32 ✕ 「国は刑事被告人の請求がないときでも、裁判に当たっては常に弁護人を同席させなければならない。」の部分が誤りです。いかなる被告事件をいわゆる必要的弁護事件となすべきかは、もっぱら刑事訴訟法によって決すべきものです。したがって、**憲法31条、37条3項は、すべての被告事件を必要的弁護事件としなければならない趣旨ではありません**（最大判昭25・2・1）。

A 33 ◯ 被告人が自らする弁護権の行使を積極的に妨害しない限り弁護権の侵害はなく、**弁護人の国選を被告人の請求にかからせても弁護権の侵害とはならず、弁護権の告知も憲法上の義務ではありません**（最大判昭28・4・1）。

Q34 被告人の国選弁護人請求権は、憲法上の権利として保障されているものであり、被告人が正当な防御活動をする意思がないことを表明したものと評価すべき行動をとり、裁判所が国選弁護人の辞意を容れてやむなくこれを解任し、その後も被告人がこのような状況を維持存続させた場合であっても、被告人が国選弁護人の再選任請求をする限り、裁判所はこれに応じる義務を負うとするのが判例である。

国家総合
2018 [H30]
★

・・・

● ―― 不利益な供述の強要禁止（第38条 第1項）

Q35 憲法38条1項は、自己に不利益な供述を強要されないことを保障しているが、本条の保障は、犯罪事実の発見の手がかりを与えるような事実にまで及ぶから、刑事被告人は、本条項によって、自己の氏名を黙秘する権利を有する。

裁判所
2006 [H18]
★★

・・・

Q36 指紋・足形の採取、呼気検査などは、憲法38条1項の「供述」に当たらないから、不利益な供述の強要の禁止を定めた同項の保障は及ばない。

裁判所
2013 [H25]
★★

・・・

● ―― 行政手続（第1項）

Q37 麻薬取締法に基づく麻薬取扱いについての記帳義務があるが、その記帳により不正な麻薬使用行為が発覚する虞がある場合は、麻薬取扱者に対して記帳義務を課すことを期待することは不可能であるから、当該記帳義務違反をもって処罰することは憲法に違反する。

国家総合
1984 [S59]
★★

「被告人が国選弁護人の再選任請求をする限り、裁判所はこれに応じる義務を負うとするのが判例である。」の部分が誤りです。**被告人が国選弁護人を通じて権利擁護のため正当な防御活動を行う意思がないことを自らの行動によって表明した場合には、国選弁護人の再選任請求を形式的に行っても、裁判所はこれに応ずる義務を負いません。**すなわち、**国選弁護人再選任請求を裁判所が却下しても憲法 37 条 3 項に違反しません**（最判昭 54・7・24）。

. . . .

 「刑事被告人は、本条項によって、自己の氏名を黙秘する権利を有する。」の部分が誤りです。いわゆる黙秘権を規定した憲法 38 条 1 項の法意は、何人も自己が刑事上の責任を問われるおそれある事項について供述を強要されないことを保障したものであることは、明らかです。されば、**氏名は、原則としてここにいわゆる不利益な事項に該当するものではありません**（最大判昭 32・2・20）。

. . . .

 警察官による呼気検査は、酒気を帯びて車両等を運転することの防止を目的として運転者らから呼気を採取してアルコール保有の程度を調査するものであって、その供述を得ようとするものではないから、当該検査を拒んだ者を処罰する旧道路交通法 120 条 1 項 1 号の規定は、憲法 38 条 1 項に違反しません（最判平 9・1・30）。

. . . .

 「麻薬取扱者に対して記帳義務を課すことを期待することは不可能であるから、当該記帳義務違反をもって処罰することは憲法に違反する。」の部分が誤りです。**麻薬取扱者たることを自ら申請して免許された者は、その命ずる一切の制限又は義務に服することを受諾しています。**されば、麻薬取扱者として麻薬を処理した以上、**これを記帳することを避けることはできず、記帳の義務がないと解すべき理由は認められません**（最判昭 29・7・16）。

Q38
国家専門
2007 [H19]
★★★

旧道路交通取締法に基づく自動車運転者に係る交通事故の報告義務について、報告を要求される事故の内容には刑事上の責任を問われるおそれのある事故の原因その他の事項は含まれていないとしても、結果的に自己の犯罪発覚につながる情報提供を義務付けることになるから、当該報告義務を課すことは、憲法第38条第1項に違反する。

Q39
国家総合
2018 [H30]
★★★

憲法第38条第1項は「何人も、自己に不利益な供述を強要されない」と規定しており同項による保障は、純然たる刑事手続以外においても、実質上、刑事責任追及のための資料の取得収集に直接結び付く作用を一般的に有する手続には等しく及ぶが、所得税法（昭和40年法律第33号による改正前のもの）に規定する質問及び検査は、同項にいう自己に不利益な供述の強要に当たらないとするのが判例である。

Q40
裁判所
2013 [H25]
★★

憲法38条1項は、自己に不利益な供述を強要されないことを定めているが、刑事手続以外でも、実質上、刑事責任追及のための資料の取得収集に直接結びつく作用を一般的に有する手続であれば、同項の保障が及ぶ。

Q41
国家専門
2001 [H13]
★★

憲法第38条第1項の規定によるいわゆる供述拒否権の保障は、純然たる刑事手続のみではなく、実質上刑事責任追及のための資料の取得・収集に直接結び付く作用を一般的に有する手続には等しく及ぶが、このような保障の及ぶ手続について供述拒否権の告知を要するものとすべきかどうかは立法政策の問題であり、ある手続が告知の規定を欠くからといって違憲となるものではない。

「結果的に自己の犯罪発覚につながる情報提供を義務付けることになるから、当該報告義務を課すことは、憲法第 38 条第 1 項に違反する。」の部分が誤りです。旧道路交通法施行令 67 条 2 項掲記の「事故の内容」について、操縦者、乗務員その他の従業者は、警察官が交通事故に対する処理をなすにつき必要な限度においてのみ、報告義務を負担するのであって、それ以上、刑事責任を問われるおそれのある事故の原因その他の事項までも報告義務ある事項中に含まれません（最大判昭 37・5・2）。

 憲法 38 条 1 項の規定による保障は、純然たる刑事手続においてばかりではなく、それ以外の手続においても、実質上、刑事責任追及のための資料の取得収集に直接結びつく作用を一般的に有する手続には、ひとしく及びます。しかし、旧所得税法 70 条 10 号、63 条に規定する検査が、もっぱら所得税の公平確実な賦課徴収を目的とする手続であって、刑事責任の追及を目的とする手続ではなく、また、そのための資料の取得収集に直接結びつく作用を一般的に有するものでもない以上、各規定そのものが憲法 38 条 1 項にいう「自己に不利益な供述」を強要するものとはいえません（最大判昭 47・11・22）[川崎民商事件]。

 国税犯則取締法上の質問調査の手続については、憲法 38 条 1 項の規定による供述拒否権の保障が及びます（最判昭 59・3・27）。

 供述拒否権の告知を要するものとすべきかどうかは、その手続の趣旨・目的等により決められるべき立法政策の問題と解されるから、旧国税犯則取締法に供述拒否権告知の規定を欠き、収税官吏が犯則嫌疑者に対し同法 1 条の規定に基づく質問をするにあたりあらかじめ供述拒否権の告知をしなかったからといって、その質問手続が憲法 38 条 1 項に違反するものではありません（最判昭 59・3・27）。

Q42
国家一般
1999 [H11]
★

共犯のうちの一部の者に刑事免責を付与することによって、自己負罪拒否特権を失わせて供述を強制し、その供述を他の者の有罪を立証する証拠とする制度は、憲法上認められる余地はない。

●──自白の証拠能力（第38条第2項）

Q43
国家専門
2001 [H13]
★★

憲法第38条第2項の趣旨は、不当に長く抑留又は拘禁された後の自白が任意性ひいては真実性の面で疑わしいことが推定されることに加え、捜査機関などによる違法・不当な圧迫を抑止することにあるから、不当に長い抑留又は拘禁の後の自白については、当該抑留又は拘禁と自白との間に明らかに因果関係がない場合であっても、証拠能力が否定される。

Q44
国家総合
1984 [S59]
★★

刑事事件の被疑者が捜査官の偽計により心理的強制を受け、その結果虚偽の自白が誘発される虞があった場合には、そのような状況の下でなされた自白を証拠として採用することは憲法に違反する。

●──自白の証拠能力（補強証拠）（第38条第3項）

Q45
裁判所
2008 [H20]
★★

公判廷における自白は、憲法38条3項にいう「本人の自白」に含まれないから、裁判所が、当該裁判所の公判廷における被告人の自白のみを証拠として、有罪判決を言い渡したとしても、憲法38条3項には違反しない。

A42 ✕

選択肢全体が誤りです。**刑事免責の制度は、共犯等の関係にある者のうちの一部の者に対して刑事免責を付与することによって自己負罪拒否特権を失わせて供述を強制し、その供述を他の者の有罪を立証する証拠としようとする制度です。わが国の憲法が、このような制度の導入を否定しているものとまでは解されません**（最大判平 7・2・22）[ロッキード事件丸紅ルート判決]。

....

A43 ✕

選択肢全体が誤りです。「不当に長く抑留若しくは拘禁された後の自白」（憲法 38 条 2 項）には、**自白と不当に長い抑留・拘禁との間に因果関係が存しないことが明らかに認められる場合の自白を含まないから、かかる自白を証拠能力とすることができます**（最大判昭 23・6・23）。

....

A44 ○

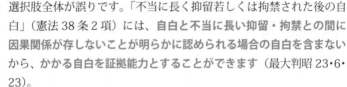

捜査官がもし偽計によって被疑者が心理的強制を受け、その結果虚偽の自白が誘発されるおそれのある場合には、その自白はその任意性に疑いがあるものとして、証拠能力を否定すべきであり、このような自白を証拠に採用することは、刑事訴訟法 319 条 1 項の規定に違反し、憲法 38 条 2 項にも違反します（最大判昭 45・11・25）。

....

A45 ○

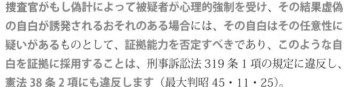

公判廷における被告人の自白が、裁判所の自由心証によって真実に合するものと認められる場合には、公判廷外における被告人の自白とは異なり、さらに他の補強証拠を要せずに犯罪事実の認定ができます。したがって、**憲法 38 条 3 項の「本人の自白」には公判廷における被告人の自白を含みません**（最大判昭 23・7・29）。

Q46
国家総合
1987 [S62]
★

共犯者の供述は、独立の証明力を有するもので、第38条第3項の「本人の自白」と同一視することはできないが、完全な証明力を有するものではなく、本人との関係の程度、態様に応じて「本人の自白」に準ずるものとなりうる場合もある。

6 刑事罰法規の不遡及、一事不再理（第39条）

Q47
国家総合
1997 [H9]
★★

憲法39条の一事不再理の原則は、何人も同じ犯行について2度以上罪の有無に関する危険にさらされるべきではないという根本思想に基づくものであるが、下級審の無罪判決に対し検察官が有罪判決を求めて上訴することは、被告人を二重の危険にさらすものではなく、憲法39条に違反しない。

. . . .

Q48
国家総合
1997 [H9]
★

憲法39条の「既に無罪とされた行為については、刑事上の責任を問はれない」という規定には、行為時の法令によれば有罪であったものが裁判時の法令に従えば無罪である行為につき、刑事上の責任を問われないという趣旨も含まれている。

. . . .

Q49
国家総合
1997 [H9]
★

起訴状に公訴事実の記載のないことを理由として公訴棄却の判決のなされた場合において、同一事件につき再度公訴を提起することは、すでに無罪とされた行為について刑事上の責任を問うこととなるから、憲法39条に違反する。

. . . .

Q50
国家一般
1997 [H9]
★★

法人税の脱税をした株式会社に対し、法人税法違反による罰金を科し、さらに同法違反による追徴税を併科することは、同一の行為に対して二重に経済的制裁を科するものであるから、憲法39条に定める二重処罰の禁止の原則に違反するとするのが判例である。

選択肢全体が誤りです。**共犯者または共同被告人の犯罪事実に関する供述は、憲法 38 条 2 項のごとき証拠能力を有しないものでない限り、自由心証に委かされるべき独立、完全な証明力を有します**（最大判昭 33・5・28）[練馬事件]。

 一事不再理の原則は、何人も同じ犯行について、二度以上罪の有無に関する裁判を受ける危険に曝されるべきではないという根本思想に基づくものです。そして、下級審における無罪または有罪判決に対し、検察官が上訴をなし有罪またはより重き刑の判決を求めることは、被告人を二重の危険に曝すものでもなく、したがってまた憲法 39 条に違反して重ねて刑事上の責任を問うものでもありません（最大判昭 25・9・27）。

 憲法 39 条前段後半にある「既に無罪とされた行為については刑事上の責任を問はれない」というのは、**行為時の法令によれば有罪であったものが裁判時の法令に従えば無罪である行為につき、刑事上の責任を問われないという趣旨ではなく、すでに無罪の裁判のあった行為については、再び刑事上の責任を問われないという趣旨です**（最大判昭 26・5・30）。

 選択肢全体が誤りです。**憲法 39 条は、起訴状に公訴事実の記載のないことを理由として公訴棄却の判決がなされた場合において、同一事件につき再度公訴を提起することを禁ずる趣旨を包含するものではありません**（最大判昭 28・12・9）。

 選択肢全体が誤りです。**法人税の脱税をした株式会社に対し、法人税法違反による罰金を科し、さらに同法違反による追徴税を併科することは、憲法 39 条の二重処罰の禁止の原則に違反するものではありません**（最大判昭 33・4・30）。

Q51 国家一般 1997 [H9] ★

法廷等の秩序維持に関する法律による監置の制裁は人身の自由を奪うものであり実質的には刑罰に該当するものであるから、この監置の制裁を科した後、さらに同一事実について刑事訴追を行い有罪判決を言い渡すことは、実質的に、同一の犯罪について重ねて刑事上の責任を問うことになり、憲法39条に違反する。

....

Q52 裁判所 2013 [H25] ★★

かつての判例によれば適法であった行為が判例変更によって違法と評価されるようになった場合に、判例変更前になされた行為を処罰することは、憲法39条前段の定める遡及処罰の禁止に反しない。（裁判所総合・一般：平成25-7）

A51 選択肢全体が誤りです。刑事的または行政的な処罰のいずれの範疇にも属していない**法廷等の秩序維持に関する法律による監置の制裁**を受けた後、さらに同一事実に基づいて刑事訴追を受け有罪判決を言い渡されたとしても、**憲法39条にいう同一の犯罪について重ねて刑事上の責任を問われた**ものとはいえません（最判昭34・4・9）。

A52 行為当時の最高裁判所の判例の示す法解釈に従えば、無罪となるべき行為であっても、これを処罰することは、**憲法39条に違反しません**（最判平8・11・18）。判例のような不文法には、刑罰法規不遡及の原則は、適用されません。

社会権

1 生存権

●──生存権全般

Q 1
国家総合
2014 [H26]
★

憲法第25条第1項は国に事前の積極的防貧施策をなすべき努力義務のあることを、第2項は第1項の防貧施策の実施にもかかわらず、なお救貧が必要な状態にある者に対し、国は事後的な救貧施策をなすべき責務があることを宣言するものであり、前者については立法裁量が広く認められるが、後者については広い立法裁量が認められず、その司法審査に当たっては厳格な審査が求められる。

Q 2
特別区
2008 [H20]
★★★

プログラム規定説は、憲法の生存権の規定は、国民に法的権利を保障したものであるが、それを具体化する法律によって初めて具体的な権利となるとするものである。

Q 3
特別区
2008 [H20]
★★★

抽象的権利説は、憲法の生存権の規定は、個々の国民に対し法的権利を保障したものではなく、国に政治的・道義的義務を課したにとどまるとするものである。

Q 4
特別区
2008 [H20]
★★★

具体的権利説は、憲法の生存権の規定に具体的権利性を認めたもので、それを実現する法律が存在しない場合には、立法不作為の違憲確認訴訟を提起することができるとするものである。

A 1 「前者については立法裁量が広く認められるが、後者については広い
立法裁量が認められず、その司法審査に当たっては厳格な審査が求め
られる。」の部分が誤りです。本選択肢は、**25条1項は防貧施策をな
すべき法的義務、2項は事後的な救貧義務を努力義務**と定める、いわ
ゆる**1項・2項分離論**に立っていますが、**判例・通説は非分離論**に立
っています。したがって、**違憲審査基準についても異なるところがあ
りません**。

⋯⋯⋯⋯⋯⋯⋯⋯⋯⋯⋯⋯⋯⋯⋯⋯⋯⋯⋯⋯⋯⋯⋯⋯⋯⋯⋯⋯⋯⋯⋯⋯⋯

A 2 「国民に法的権利を保障したものである」の部分が誤りです。憲法25
条1項について、**単なるプログラム**との立場に立つと、国家に対し
て国民の生存を確保すべき**政治的・道義的義務**を課したにとどまり
ます。したがって、国民に具体的権利を保障したものではありません。

⋯⋯⋯⋯⋯⋯⋯⋯⋯⋯⋯⋯⋯⋯⋯⋯⋯⋯⋯⋯⋯⋯⋯⋯⋯⋯⋯⋯⋯⋯⋯⋯⋯

A 3 選択肢全体が誤りです。**抽象的権利説**によれば、憲法25条1項は、
立法者に対して立法その他の措置を要求する権利を規定したものであ
り、それに対応して**国に法的義務**を課しています。

⋯⋯⋯⋯⋯⋯⋯⋯⋯⋯⋯⋯⋯⋯⋯⋯⋯⋯⋯⋯⋯⋯⋯⋯⋯⋯⋯⋯⋯⋯⋯⋯⋯

A 4 **具体的権利説**によれば、**憲法25条1項の権利内容は、憲法上、立法
府を拘束するほどには明確**であり、**立法府に対して生存権を具体化す
る立法を行うべき法的義務**を課しており、かりに国会がその義務を履
行することを怠った場合、**裁判所に対して不作為の違憲確認を求める
訴えを提起することができる**とする立場です。

Q 5
特別区
2008 [H20]
★★★

最高裁判所の判例では、憲法の生存権の規定は、すべての国民が健康で文化的な最低限度の生活を営み得るように国政を運営すべきことを国の責務として宣言したにとどまらず、直接個々の国民に対して具体的権利を賦与したものであるとした。

. . . .

Q 6
国家総合
1983 [S58]
★★

生活保護法に基づき、被保護者が国から生活保護を受けることは、法的権利と解することはできず、国の社会政策の実施に伴う反射的利益であるにすぎないとするのが判例である。

. . . .

Q 7
国家一般
1997 [H9]
★★★

生活保護法の規定に基づいて国から生活保護を受ける権利は、法的権利であり、被保護者が死亡した場合には、当該権利を前提として成立する国に対する不当利得返還請求権は相続の対象となる。

. . . .

Q 8
国家一般
1997 [H9]
★★★

健康で文化的な最低限度の生活がなんであるかは、厚生大臣の判断にゆだねられており、仮に現実の生活条件を無視して著しく低い基準を設定したとしても、政府の政治責任の問題が生じうるにすぎず、裁量権の逸脱濫用の問題として司法審査の対象となるものではない。

A 5 ✕ 「生存権の規定は、……直接個々の国民に対して具体的権利を賦与したものであるとした。」の部分が誤りです。憲法25条1項は、すべての国民が健康で文化的な最低限度の生活を営みうるように**国政を運営すべきことを国の責務として宣言したにとどまり、直接個々の国民に対して具体的権利を賦与したものではありません**。具体的権利としては、憲法の規定の趣旨を実現するために制定された生活保護法によって、はじめて与えられています（最大判昭42・5・24）［朝日訴訟］。

....

A 6 ✕ 選択肢全体が誤りです。**生活保護法の規定に基づき要保護者または被保護者が国から生活保護を受ける**のは、単なる国の恩恵ないし社会政策の実施に伴う反射的利益ではなく、**法的権利であって、保護受給権とも称すべきもの**です（最大判昭42・5・24）［朝日訴訟］。

....

A 7 ✕ 「国に対する不当利得返還請求権は相続の対象となる。」の部分が誤りです。**生活保護法の規定に基づき要保護者または被保護者が国から生活保護を受ける権利**は、被保護者自身の最低限度の生活を維持するために当該個人に与えられた**一身専属の権利であって、他にこれを譲渡しえないし、相続の対象ともなりえません**（最大判昭42・5・24）［朝日訴訟］。

....

A 8 ✕ 政府の政治責任の問題が生じうるにすぎず、裁量権の逸脱濫用の問題として司法審査の対象となるものではない。」の部分が誤りです。何が健康で文化的な最低限度の生活であるかの認定判断は、一応、旧厚生大臣の合目的的な裁量に委されています。ただ、**法律によって与えられた裁量権の限界を超えた場合または裁量権を濫用した場合には、違法な行為として司法審査の対象となります**（最大判昭42・5・24）［朝日訴訟］。

Q 9
国家一般
2012 [H24]
★★★

社会保障法制上、同一人に同一の性格を有する2以上の公的年金が支給されることとなるべき場合において、社会保障給付の全般的公平を図るため公的年金相互間における併給調整を行うかどうかは、立法府の裁量の範囲に属する事柄と見るべきであり、また、この種の立法における給付額の決定も、立法政策上の裁量事項であり、その給付額が低額であるからといって当然に憲法第25条に違反するものではないとするのが判例である。

Q 10
国家総合
2008 [H20]
★

憲法第25条の趣旨にこたえて具体的にどのような立法措置を講ずるかの選択決定は立法府の広い裁量にゆだねられており、在留期間の更新又は変更を受けないで在留期間を経過して我が国に不法に残留する外国人（以下「不法残留者」という。）が緊急に治療を要する場合についても、生活保護法による保護の対象に不法残留者を含めるかどうかは立法府の裁量の範囲に属するから、同法が不法残留者を保護の対象としていないことは憲法第25条に違反しない。

Q 11
特別区
2017 [H29]
★

最高裁判所の判例では、現行の生活保護法は、第1条及び第2条において、その適用の対象につき「国民」と定めたものであり、外国人はこれに含まれないと解され、外国人は、行政庁の通達等に基づく行政措置により事実上の保護の対象となり得るにとどまり、生活保護法に基づく保護の対象となるものではなく、同法に基づく受給権を有しないとした。

A 9 一般に、社会保障法制上、同一人に同一の性格を有する2以上の公的年金（障害福祉年金と児童扶養手当）が支給される場合について、社会保障給付の全般的公平を図るため公的年金相互間における併給調整を行うかどうかは、立法府の裁量の範囲に属する事柄とみるべきです。また、この種の立法における給付額の決定も、立法政策上の裁量事項であり、それが低額であるからといって当然に憲法25条違反に結びつくものではありません（最大判昭57・7・7）。

． ．

A 10 憲法25条の趣旨にこたえて不法残留者を保護の対象に含めるかどうかは立法府の裁量の範囲に属することは明らかです。不法残留者が緊急に治療を要する場合についても、立法府は、医師法19条1項の規定があること等を考慮して生活保護法上の保護の対象とするかどうかの判断をすることができます。したがって、同法が不法残留者を保護の対象としていないことは、憲法25条に違反しません（最判平13・9・25）。

． ．

A 11 生活保護法が一定の範囲の外国人に適用され又は準用されると解すべき根拠は見あたりません。また、本件通知（「生活に困窮する外国人に対する生活保護の措置について」と題する昭和29年社発第382号厚生省社会局長通知）は行政庁の通達であり、それに基づく行政措置により外国人は、事実上の保護の対象となりうるにとどまり、生活保護法に基づく保護の対象となるものではなく、同法に基づく受給権を有しません（最判平26・7・18）。

●──環境権

Q 12
国家専門
2003 [H15]
★

自衛隊機による米軍飛行場の使用に伴い生じた騒音等の公害が違法かどうかは、被侵害利益や侵害行為の持つ公共性等の内容と程度を比較検討して判断すべきであり、侵害の程度が著しい場合には、人格権・環境権に基づく自衛隊機の離着陸等の民事上の差止請求が認められる余地があるほか、過去及び将来の損害賠償請求も認められる。

. . . .

Q 13
国家一般
2020 [R2]
★★

人格権の内容を成す利益は人間として生存する以上当然に認められるべき本質的なものであって、これを権利として構成するのに何らの妨げはなく、さらには、環境汚染が法によってその抑止、軽減を図るべき害悪であることは、公害対策基本法等の実定法上も承認されていると解されることから、良い環境を享受し得る権利としての環境権は、憲法第13条によって保障されていると解すべきである。

2 教育を受ける権利

●──学習権

Q 14
国家一般
2016 [H28]
★★★

憲法第26条の規定の背後には、国民各自が、成長し、発達し、自己の人格を完成、実現するために必要な学習をする固有の権利を有すること、特に、自ら学習することのできない子供は、その学習要求を充足するための教育を自己に施すことを大人一般に対して要求する権利を有するとの観念が存在すると考えられる。

A12 × 「人格権・環境権に基づく自衛隊機の離着陸等の民事上の差止請求が認められる余地があるほか、……将来の損害賠償請求も認められる。」の部分が誤りです。自衛隊機による米軍飛行場の使用に伴い生じた騒音等の公害が違法かどうかは……被侵害利益の性質と内容、侵害行為のもつ公共性の内容と程度を比較検討すべきですが、**自衛隊機の離着陸等の民事上の差止請求については**、自衛隊機の運行に関する**防衛庁長官の権限の行使は**、騒音等により影響を受ける周辺住民との関係において、**公権力の行使にあたる行為であって、その差止請求は、不適法です**（最判平5・2・25）［厚木基地差止請求訴訟］。

....

A13 × 「良い環境を享受し得る権利としての環境権は、憲法第13条によって保障されていると解すべきである。」の部分は誤りです。**判例は環境権について、憲法上の権利として認めていません**。

A14 ○ **憲法26条の規定の背後には、国民各自が、一個の人間として、また、一市民として、成長、発達し、自己の人格を完成、実現するために必要な学習をする固有の権利を有すること、特に、自ら学習することのできない子どもは、その学習要求を充足するための教育を自己に施すことを大人一般に対して要求する権利を有するとの観念が存在しています**（最大判昭51・5・21）［旭川学テ事件］。

●──教育権・教授の自由

Q15
国家一般
2014 [H26]
★★★

親は、子供に対する自然的関係により、子供の将来に対して最も深い関心を持ち、かつ、配慮をすべき立場にある者として、子供の教育に対する一定の支配権、すなわち子女の教育の自由を有すると認められるが、このような親の教育の自由は、主として家庭教育等学校外における教育や学校選択の自由にあらわれる。

. . . .

Q16
国家総合
2004 [H16]
★★★

普通教育において教育の内容を決定する権能が誰に帰属するかという問題については、親が有する子女の教育の自由は主として家庭教育等学校外における教育や学校選択の自由にあらわれ、また、私学教育における自由や普通教育における教師の教授の自由も限られた一定の範囲においてこれを肯定するのが相当であり、それ以外の領域においては、国が、必要かつ相当と認められる範囲において、教育内容についてもこれを決定する権能を有する。

. . . .

Q17
特別区
2004 [H16]
★★★

最高裁判所の判例では、高等学校の学習指導要領は法的拘束力を持つが、教科書の決定は教師の教育の自由に属するので、高等学校の教師は所定の教科書を使用する義務がないとした。

. . . .

Q18
特別区
2008 [H20]
★★

最高裁判所は、学習指導要領に定められた内容を逸脱した授業等をし、所定の教科書を使用しなかった教師が懲戒処分を受けたことについて、学習指導要領の法的拘束力を認めず、教師の行為は裁量の範囲内であるとして、当該懲戒処分は妥当ではないとした。

. . . .

●──義務教育の無償

Q19
国家専門
2004 [H16]
★★★

憲法第26条第2項後段の「義務教育は、これを無償とする。」との規定は、授業料不徴収の意味と解するのが相当であり、授業料のほかに、教科書、学用品その他教育に必要な一切の費用まで無償としなければならないことを定めたものと解することはできない。

A15 親は、子どもに対する自然的関係により子どもの教育に対する一定の
⭕ 支配権、すなわち子女の教育の自由を有しますが、このような親の教育の自由は、主として家庭教育等学校外における教育や学校選択の自由にあらわれますし、また、私学教育における自由や教師の教育の自由も、それぞれ限られた一定の範囲において肯定されます（最大判昭51・5・21）[旭川学テ事件]。

....

A16 本選択肢の通りです。前問の解説 A15 を参照してください。（最大判
⭕ 昭51・5・21）[旭川学テ事件]。

....

A17 「高等学校の教師は所定の教科書を使用する義務がないとした。」の部
✕ 分が誤りです。高等学校学習指導要領は法規としての性質を有します。また、学校教育法は高等学校における教科書使用義務を定めています。（最判平2・1・18）[伝習館高校事件]。

....

A18 「学習指導要領の法的拘束力を認めず、教師の行為は裁量の範囲内で
✕ あるとして、当該懲戒処分は妥当ではないとした。」の部分が誤りです。高等学校学習指導要領は、法規としての性質を有し、当該学習指導要領の性質をそのように解することは憲法23条、26条に違反しません（最判平2・1・18）[伝習館高校事件]。

....

A19 憲法26条2項後段の無償とは授業料不徴収の意味です。それ故、憲
⭕ 法の義務教育は無償とするとの規定は、授業料のほかに、教科書、学用品その他教育に必要な一切の費用まで無償としなければならないことを定めたものではありません（最大判昭39・2・26）。

Q20
特別区
2012 [H24]
★

すべて国民は、その保護する子女に普通教育を受けさせる義務を負い、普通教育は子女の人格の完成に不可欠であることから、子女には、義務教育を受ける義務が課せられている。

Q21
国家一般
2003 [H15]
★

憲法第26条第2項前段の規定は、普通教育が民主国家の存立、繁栄のために不可欠な制度であるからではなく、それが子女の人格形成に必要欠くべからざるものであることから、親の本来有している子女を教育すべき責務を全うさせようという趣旨の規定であるとするのが判例である。

3　労働基本権

Q22
裁判所
2005 [H17]
★★★

憲法の人権規定は、国家権力と個人との関係を規律するものであり、私人相互の関係を直接規律することを予定していないことから、憲法28条も、私人間には、民法の一般条項を介して契約自由の原則を制限するという意味で間接的に適用されるに過ぎない。

Q23
特別区
2020 [R2]
★★

憲法は、労働者の争議権が平等権、自由権、財産権等の基本的人権に対して絶対的優位を有することを認めているのであって、使用者側の自由権や財産権が労働者の団体行動権のため制限を受けるのは当然であり、労働者が使用者側の自由意思を抑圧し、財産に対する支配を阻止することは許される。

Q24
国家一般
2019 [R1]
★★★

憲法第28条は団体行動をする権利を保障しており、団体行動とはストライキその他の争議行為をいう。労働組合が同条によって保障される正当な争議行為を行った場合、刑事責任は免責されるが、民事上の債務不履行責任や不法行為責任は免責されない。

「子女には、義務教育を受ける義務が課せられている。」の部分が誤り
です。前半部分の記述は正しいです。**教育を受けさせる義務が課せら
れる**のは、**子女の保護者**です。

 「憲法第 26 条第 2 項前段の規定は、普通教育が民主国家の存立、繁
栄のために不可欠な制度であるからではなく」の部分が誤りです。憲
法が保護者に子女を就学させる義務を課しているのは、単に**普通教育
が民主国家の存立、繁栄のため必要であるという国家的要請**によるも
のだけでなく、それが**子女の人格の形成に必要不可欠**なものであるか
ら、親の本来有している子女を教育すべき責務を全うさせる趣旨でも
あります（最大判昭 39・2・26）。

 「憲法 28 条も、私人間には、民法の一般条項を介して契約自由の原
則を制限するという意味で間接的に適用されるに過ぎない。」の部分
が誤りです。**労働基本権の保障は、私人間の関係にも直接適用されま
す**（通説）。たとえば、労働組合法 8 条の定める争議行為の民事免責（憲
法 28 条の確認規定）があります。

 選択肢全体が誤りです。**労働者の団体行動権（争議権）は、労働者の
生きる権利のためにあります**が、団体行動権（争議権）も他の基本的
人権と衝突する場合には、公共の福祉により、調整を図ることが要請
され、**団体行動権（争議権）が優越するわけではありません**。

 「民事上の債務不履行責任や不法行為責任は免責されない。」の部分が
誤りです。正当な争議行動については、憲法ならびに労働組合法で保
障された権利の行使であり、**刑事責任が課されず、また民事上の債務
不履行ないし不法行為責任を免除されます**（労働組合法 1 条 2 項、7
条 1 号、8 条）。

Q25 裁判所 2005 [H17] ★★

憲法は労働者に団結権を保障していることから、ユニオン・ショップ協定によって、労働者に対し、特定の労働組合への加入を強制することは、それが労働者の労働組合選択の自由及び他の労働組合の団結権を侵害する場合であっても許される。

. . . .

Q26 国家専門 2008 [H20] ★★★

労働組合が、地方議会議員選挙の際に統一候補者を選出し、支持することを決定した場合には、統一候補者以外の組合員で当該選挙に立候補しようとする者に対し、組合が立候補を思いとどまるよう勧告又は説得をすること、さらに、これらに従わないことを理由に当該組合員を統制違反者として処分することも、組合の統制権の範囲内であり、認められる。

. . . .

Q27 国家総合 2020 [R2] ★★★

使用者に対する経済的地位の向上の要請とは直接関係があるとはいえないような政治的目的のために争議行為を行うことについて、私企業の労働者であれば、憲法第28条の保障とは無関係なものということはできないが、公務員においては、経済目的に出たものであるか政治目的に出たものであるかを問わず、国家公務員法上許容された争議行為なるものが存在するとすることは、到底是認することができない。

. . . .

Q28 国家一般 2002 [H14] ★★★

国家公務員は、人事院の給与勧告等により、労働基本権制約の代償措置が講じられているから、憲法第28条にいう「勤労者」には含まれないとするのが判例である。一方、地方公務員については、同条の「勤労者」に含まれると解するのが通説である。

「それが労働者の労働組合選択の自由及び他の労働組合の団結権を侵害する場合であっても許される。」の部分が誤りです。**憲法は労働者に団結権を保障している**ことから、**ユニオンショップ協定によって、**労働者に対し、**特定の労働組合への加入を強制することは、それが労働者の労働組合選択の自由及び他の労働組合の団結権を侵害しない限りにおいて認められます**（最判平1・12・14）［三井倉庫港運事件］。

 「これらに従わないことを理由に当該組合員を統制違反者として処分することも、組合の統制権の範囲内であり、認められる。」の部分が誤りです。統一候補以外の組合員で立候補しようとする者に対し、**組合が立候補を思いとどまるよう、勧告または説得をすることは、組合としても、当然なしえます。**しかし、当該組合員に対し、勧告または説得の域を超え、**立候補をとりやめることを要求し、これに従わないことを理由に当該組合員を統制違反者として処分することは、組合の統制権の限界を超えるものとして、違法です**（最大判昭43・12・4）［三井美唄労組事件］。

 選択肢全体が誤りです。使用者に対する経済的地位の向上の要請とは直接関係のない**政治的目的のために争議行為（純粋政治スト）を私企業の労働者が行うことは認められません**（最判平4・9・25, 最大判昭48・4・25）。なお、私企業の労働者、公務員を問わず、**経済目的のための争議行為を行うことは、労働基本権が労働者の生きる権利のためにある以上、認められます。**

 「国家公務員は、憲法第28条にいう『勤労者』には含まれないとするのが判例である。」の部分が誤りです。**公務員は、……勤労者として、自己の労務を提供することにより生活の資を得ているものである点において一般の勤労者と異ならない**ため、**憲法28条の労働基本権の保障は公務員に対しても及びます**（最大判昭48・4・25）［全農林警職法事件］。

Q29
国家一般
2019 [R1]
★

労働基本権の権利主体は勤労者であり、勤労者とは、労働組合法上の労働者、すなわち職業の種類を問わず、賃金、給料その他これに準ずる収入によって生活する者を指す。したがって、公務員は勤労者に含まれるが、現に職を持たない失業者は勤労者に含まれない。

. . . .

Q30
国家専門
2004 [H16]
★★

非現業の国家公務員の勤務条件は、国会の制定した法律、予算によって定められるものではなく、私企業の場合と同様に、労使間の自由な交渉に基づく合意によって定められるものであるので、公務員が政府に対して団体交渉を行うことは認められる。

. . . .

Q31
国家一般
1999 [H11]
★★

非現業国家公務員の争議行為を一律に禁止することは、勤労者を含めた国民全体の共同利益の見地からするやむをえない制約であって、法律によりその主要な勤務条件が定められ、身分が保障されているほか、適切な代償措置が講じられている等の理由により、憲法に違反しないとするのが判例である。

. . . .

Q32
国家総合
1985 [S60]
★★

公務員の争議行為の禁止は憲法に違反するものではなく、何人であっても、この禁止を侵す違法な争議行為をあおる等の行為をする者は、違法な争議行為に対する原動力を与える者として、単なる争議参加者に比べて社会的責任は重く、その者に対してのみ刑事罰を科することにしたとしても十分に合理性があり、憲法には違反しない。

「公務員は勤労者に含まれるが、現に職を持たない失業者は勤労者に含まれない。」の部分が誤りです。「賃金、給料その他これに準ずる収入によって生活する者」は、現在これらの収入を得ている者に限らず、これらの収入を得て生活をする職業にある者をも含むと解されるので、**失業者も「勤労者」にあたります**。

. . . .

 選択肢全体が誤りです。**公務員の給与をはじめ、その他の勤務条件**は、原則として、国民の代表者により構成される**国会の制定した法律、予算**によって定められます。したがって、**公務員による争議行為**が行われるならば、**使用者としての政府によっては解決できない立法問題**に逢着せざるをえません（最大判昭48・4・25）［全農林警職法事件］。

. . . .

 争議行為等が、勤労者をも含めた国民全体の共同利益の保障という見地から**制約を受ける公務員**に対しても、**その生存権保障の趣旨から**、法は、これらの制約に見合う代償措置として給与その他に関する勤務条件についての規定と、準司法機関的性格をもつ**人事院**を設けています。以上のことから、**国家公務員法98条2項が公務員の争議行為およびそのあおり行為等を禁止するのは、やむをえない制約**であって、**憲法28条に違反しません**（最大判昭48・4・25）［全農林警職法事件］。

. . . .

 公務員の争議行為の禁止は、憲法に違反するものではなく、何人であっても、この禁止を侵す**違法な争議行為をあおる等の行為をする者**は、**違法な争議行為に対する原動力を与える者**として、単なる争議参加者にくらべて社会的責任が重いものです。また、かかるあおり等の行為者の責任を問い、かつ、違法な争議行為の防遏を図るため、その者に対し特に処罰の必要性を認めて罰則を設けることは、十分に合理性があります。したがって、**国家公務員法110条1項17号は、憲法28条に違反しません**（最大判昭48・4・25）［全農林警職法事件］。

Q33
国家総合
2014 [H26]
★

憲法第28条の労働基本権の保障は公務員に対しても及ぶものと解すべきであるから、公務員の争議行為を一律かつ全面的に制限することは許されず、公務員の争議行為の遂行をあおる行為を処罰する法律の規定は、違法性の強い行為のみに適用されると限定的に解釈する限りで、憲法に違反しない。

Q34
特別区
2020 [R2]
★★

岩手県教組学力テスト事件において、地方公務員法の規定は、地方公務員の争議行為に違法性の強いものと弱いものとを区別して前者のみが同法にいう争議行為に当たるものとし、また、当該争議行為の遂行を共謀し、唆し、又はあおる等の行為のうちいわゆる争議行為に通常随伴する行為を刑事制裁の対象から除外する趣旨と解すべきである。

Q35
特別区
2020 [R2]
★

全逓名古屋中郵事件において、公共企業体等労働関係法の適用を受ける五現業及び三公社の職員について、その勤務条件は、憲法上、国会において法律、予算の形で決定すべきものとされており、労使による勤務条件の共同決定を内容とする団体交渉権の保障はなく、当該共同決定のための団体交渉過程の一環として予定されている争議権もまた、憲法上、当然に保障されていない。

「公務員の争議行為を一律かつ全面的に制限することは許されず、公務員の争議行為の遂行をあおる行為を処罰する法律の規定は、違法性の強い行為のみに適用されると限定的に解釈する限りで、憲法に違反しない。」の部分が誤りです。国家公務員法 110 条 1 項 17 号が、違法性の強い争議行為を違法性の強い又は社会的許容性のない行為によりあおる等した場合に限ってこれに刑事制裁を科すべき趣旨と解する（判例変更前の判旨）ときは、**違法性の強弱の区別が曖昧であるから刑事制裁を科しうる場合と科しえない場合との限界が明確性を欠くこととなり、このような不明確な限定解釈は、犯罪構成要件の保障機能を失わせることとなり、その明確性を要請する憲法 31 条に違反する疑いがあります**（最大判昭 48・4・25）［全農林警職法事件］。

「刑事制裁の対象から除外する趣旨と解すべきである。」の部分が誤りです。**地方公務員法 61 条 4 号の規定の解釈につき、争議行為に違法性の強いものと弱いものとを区別して、前者のみが同条同号にいう争議行為にあたるものとし、更にまた、争議行為の遂行を共謀し、そそのかし、又はあおる等の行為についても、いわゆる争議行為に通常随伴する行為は単なる争議参加行為と同じく可罰性を有しないものとして上記規定の適用外に置かれるべきであると解する理由はありません**（最大判昭 51・5・21）［岩手県教組学力テスト事件］。

旧三公社は、公法人として、その法人格は国とは別であるが、その資産はすべて国のものであって、憲法 83 条に定める財政民主主義の原則上、その資産の処分、運用が国会の議決に基づいて行われなければなりません。**その資金の支出を国会の議決を経た予算の定めるところにより行うことなどが法律によって義務づけられた場合には、当然これに服すべきです。そして、三公社の職員の勤務条件を国会の意思とは無関係に労使間の団体交渉によって共同決定することは、憲法上許されません**（最大判昭 52・5・4）［全逓名古屋中郵事件］。

参政権（選挙権等）

1 選挙権・被選挙権（第1項）

Q 1
国家総合
2009 [H21]
★★★

憲法第15条第1項は立候補の自由について直接には規定していないが、これもまた、同条同項の保障する基本的人権の一つであり、労働組合が、組合の方針に反して立候補しようとする組合員に対し、立候補の取りやめを要求し、これに従わないことを理由に統制違反者として処分することは、組合の統制権の限界を超え、違法となる。

Q 2
国家一般
2006 [H18]
★★★

初めて在外選挙制度を設けるに当たり、まず問題の比較的少ない比例代表選出議員の選挙についてだけ在外国民の投票を認めることとすることは全く理由のないものということはできないので、本制度創設後に在外選挙が繰り返し実施されてきている事情を考慮することなく、在外選挙制度の対象となる選挙を両議院の比例代表選出議員の選挙に限定し続けることは、憲法の規定に違反しない。

2 連座制

Q 3
国家総合
1984 [S59]
★★

公職選挙法は選挙運動の総括主宰者が同法所定の犯罪を犯し刑に処せられた場合には当選人の当選を無効とする旨規定しているが、この規定は当選人が総括主宰者の選任・監督につき相当の注意をしていたときは適用されない。

憲法 15 条 1 項には、被選挙権者、特にその立候補の自由について、直接には規定していませんが、**立候補の自由は、選挙権の自由な行使と表裏の関係にあり、自由かつ公正な選挙を維持するうえで、きわめて重要であるため、同条同項の保障する重要な基本的人権の一つです**（最大判昭 43・12・4）［三井美唄労組事件］。

 選択肢全体が誤りです。旧公職選挙法附則 8 項の規定のうち、**国外に居住していて国内の市町村の区域内に住所を有していない日本国民に国政選挙における選挙権の行使を認める制度の対象となる選挙を当分の間両議院の比例代表選出議員の選挙に限定する部分は、遅くとも、本判決言渡し後に初めて行われる衆議院議員の総選挙又は参議院議員の通常選挙の時点においては、憲法 15 条 1 項、3 項、43 条 1 項、44 条ただし書に違反します**（最大判平 17・9・14）［在外日本人選挙権剥奪事件］

 選択肢全体が誤りです。選挙運動の総括主宰者が公職選挙法所定の犯罪を犯し刑に処せられた場合でも、**当選人が総括主宰者の選任および監督につき相当の注意をしていても、当選人の当選は無効となります**（最大判昭 37・3・14）。

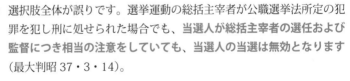

Q4 国家一般 2020 [R2] ★★ 公職選挙法が、同法所定の組織的選挙運動管理者等が買収等の所定の選挙犯罪を犯し禁錮以上の刑に処せられた場合に、公職の候補者であった者の当選を無効とし、かつ、これらの者が一定期間当該選挙に係る選挙区において行われる当該公職に係る選挙に立候補することを禁止する旨を定めていることは、いわゆる連座の対象者の範囲を必要以上に拡大し、公明かつ適正な公職選挙の実現という立法目的を達成するための手段として妥当性を欠いており、憲法 15 条に違反する。

3 投票の秘密（第 4 項）

Q5 国家一般 1998 [H10] ★★★ 有権者の自由な意思に基づく投票を確保するため、憲法はすべての選挙における投票の秘密を保障していることから、選挙権のない者またはいわゆる代理投票をした者の投票についても、その投票が何人に対してなされたかは、議員の当選の効力を定める手続きにおいて取り調べてはならないとするのが判例である。

「いわゆる連座の対象者の範囲を必要以上に拡大し、公明かつ適正な公職選挙の実現という立法目的を達成するための手段として妥当性を欠いており、憲法 15 条に違反する。」の部分が誤りです。X は県議会議員選挙に立候補し当選したが，**X を当選させるため選挙活動を行っていた A が選挙違反をし、公職選挙法 251 条の 3 第 1 項の組織的選挙運動管理者等に該当したため、X を当選無効および立候補禁止とした場合、同法 251 条の 3 は、憲法 15 条、21 条、31 条等に反しません**（最判平 9・3・13）［青森県議会議員選挙候補者連座訴訟］。

 選挙権のない者が他人になりすまして投票を行った場合（いわゆる代理投票）、その投票が何人に対してなされたかは、議員の当選の効力を定める手続きにおいて取り調べてはなりません（最判昭 25・11・9）。

受益権（国務請求権）

1 請願権

Q1 請願は、民情を国政に反映させる方法の1つであるが、単なる希望
国家総合 の表示にとどまるものではなく、請願権は、国家意思の決定に参与す
1996 [H8] るという意味で、選挙権、国民投票権と同様に典型的参政権の1つ
★ であるとするのが通説である。

Q2 請願権は、日本国憲法で保障されたものであるから、日本国憲法の改
特別区 廃は請願の対象とはならない。
2009 [H21]
★

Q3 請願権は官公署等にその職務に関する事項に関して希望を述べる権利
国家総合 であり、外国人にも自己の生活を営む在留国に対して希望を述べうる
1990 [H2] 権利を享有させることに別段の支障がないことから、外国人に請願権
★ を認めることは、憲法上禁じられていないと解される。

Q4 請願は、国の機関に対して行うことができるが、天皇は国政に関する
特別区 権能を有しないため、天皇に関する請願は認められない。
2011 [H23]
★

Q5 請願は、すべての国または地方公共団体の機関に対して行うことがで
国家総合 きるが、その相手方たる機関に請願を受理し誠実に処理する義務を負
1996 [H8] わせるにとどまり、請願内容に応じた措置をとるべき義務までも負わ
★ せるものではない。

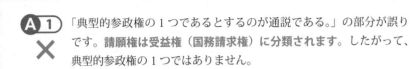

A 1 「典型的参政権の１つであるとするのが通説である。」の部分が誤りです。**請願権は受益権（国務請求権）に分類されます。**したがって、典型的参政権の１つではありません。

×

....

A 2 **請願権の対象には制限はありませんので、日本国憲法の改廃もその対象となります。**

×

....

A 3 請願権は官公署等にその職務に関する事項に関して希望を述べる権利ですから、**請願権の主体に制限はなく、外国人もその中に含まれます。**

○

....

A 4 天皇に関する請願が認められることを前提に、**天皇に対する請願書は、内閣にこれを提出しなければならない**としています（請願法３条１項後段）。

×

....

A 5 請願書は、請願の事項を所管する官公署にこれを提出しなければなりません（請願法３条１項前段）。そして、この法律に適合する請願は、**官公署において、これを受理し誠実に処理しなければなりません**（請願法５条）。しかし、**請願内容に応じた措置をとるべき義務までは負いません。**

○

2 裁判を受ける権利

Q6
国家一般
2018 [H30]
★★

憲法第 32 条は、訴訟法で定める管轄権を有する具体的裁判所において裁判を受ける権利を保障したものであるが、管轄違いの裁判所がした裁判であっても、それが恣意的な管轄の間違いでない限り、同条に違反しないとするのが判例である。

. . . .

Q7
国家総合
1988 [S63]
★★

法律を改正し、その改正法を遡及的に適用して、出訴期間を短縮することは、その期間短縮が著しく不合理で実質的に裁判の拒否と認められるような場合を除いては、憲法 32 条に違反しない。

. . . .

Q8
国家一般
2013 [H25]
★★★

憲法第 32 条は、訴訟の当事者が訴訟の目的たる権利関係につき裁判所の判断を求める法律上の利益を有することを前提として、かかる訴訟につき本案の裁判を受ける権利を保障したものであって、当該利益の有無にかかわらず常に本案につき裁判を受ける権利を保障したものではないとするのが判例である。

. . . .

Q9
国家一般
2000 [H12]
★★

民事上の秩序罰としての過料を科する作用は、その実質においては、一種の行政処分としての性質を有するものであるから、法律上、裁判所がこれを科することにしている場合でも、公開の法廷における対審及び判決による必要はないが、過料の裁判に対する不服申立ての手続は、最終的には純然たる訴訟事件として処理すべきものであり、公開の法廷における対審及び判決による必要がある。

A 6 ✕ 選択肢全体が誤りです。**憲法 32 条は、……訴訟法で定める管轄権を有する具体的裁判所において裁判を受ける権利を保障したものではありません**。したがって、**管轄権を有しない裁判所において裁判が行われることは、刑事訴訟法上の違背があるだけであって、憲法違反であるとはいえません**（最大判昭 24・3・23）。

. . . .

A 7 ◯ **新法をもって遡及して出訴期間を短縮することができる**以上は、その期間が著しく不合理で実質上裁判の拒否と認められるような場合でない限り**憲法 32 条に違反しません**（最大判昭 24・5・18）。

. . . .

A 8 ◯ 裁判は、法令を適用することによって解決しうべき権利義務に関する当事者の具体的紛争が存し訴えられた場合に、その権利義務の存否を確定する作用ですから、**訴訟の目的たる権利関係につき裁判所の判断を求める法律上の利益を欠く場合、本案の審判を拒否しても、憲法 32 条の裁判を受ける権利の保障に反しません**（最大判昭 35・12・7）。

. . . .

A 9 ✕ 「過料の裁判に対する不服申立ての手続は、最終的には純然たる訴訟事件として処理すべきものであり、公開の法廷における対審及び判決による必要がある。」の部分が誤りです。**民事上の秩序罰としての過料を科する作用は、その実質においては、一種の行政処分としての性質を有するもの**ですから、法律上、裁判所がこれを科することにしている場合でも、**公開の法廷における対審および判決による必要はありません**。したがって、**これを非公開としても憲法 82 条および 32 条に違反しません**（最大決昭 41・12・27）。

Q10
国家一般
2013 [H25]
★

いかなる事由を理由に上告をすることを許容するかは審級制度の問題であって、憲法が第81条の規定するところを除いてはこれを全て立法の適宜に定めるところに委ねている趣旨からすると、判決に影響を及ぼすことが明らかな法令の違反があることを最高裁判所への上告理由としていない民事訴訟法の規定は、憲法第32条に違反しないとするのが判例である。

. . . .

Q11
国家一般
2018 [H30]
★

裁判員制度は、公平な「裁判所」における法と証拠に基づく適正な裁判が行われることが制度的に十分保障されている上、裁判官は刑事裁判の基本的な担い手とされているものと認められ、憲法が定める刑事裁判の諸原則を確保する上での支障はなく、憲法第32条に違反しないとするのが判例である。

. . . .

Q12
国家一般
2018 [H30]
★★

憲法は、歴史的に確立された近代的裁判制度を前提とした裁判を受ける権利を人権として保障し、裁判制度として、裁判の公開や三審制の審級制度を明文で規定している。

. . . .

Q13
国家一般
2013 [H25]
★

裁判を受ける権利は、現行憲法においては、憲法上保障された権利として明文で規定されているが、明治憲法においては、裁判を受ける権利を保障する規定は存在せず、とりわけ行政事件の裁判は、通常裁判所の系列に属さない行政裁判所の権限に属し、出訴できる場合も限定されるなど、国民の権利保障という点では不十分なものであった。

. . . .

Q14
国家一般
2018 [H30]
★

裁判を受ける権利については、その性質上外国人にもその保障が及ぶと一般に解されており、裁判所法は、被告人が外国人である刑事裁判においては、裁判所は、検察官の同意を得た上で、日本語以外の言語を用いて裁判を行うことを決定することができる旨規定している。

A 10 ⃝ いかなる事由を理由に上告をすることを許容するかは審級制度の問題であって、憲法が 81 条の規定するところを除いてはこれをすべて立法の適宜に定めるところにゆだねていると解すべきであり、**判決に影響を及ぼすことが明らかな法令の違反があることを最高裁判所への上告理由としていない民事訴訟法の規定は、憲法 32 条に違反するものではありません**（最判平 13・2・13）。

....

A 11 ⃝ 裁判員制度においては、公平な裁判所における法と証拠に基づく適正な裁判が制度的に保障されているなど、憲法の定める適正刑事裁判を実現するための諸原則が確保されています。したがって、**裁判員制度による審理裁判を受けるか否かについて被告人に選択権が認められていないからといって、同制度が憲法 32 条、37 条に違反するものではありません**（最判平 24・1・13）。

....

A 12 ✕ 「三審制の審級制度を明文で規定している。」の部分が誤りです。**憲法は、三審制の審級制度を明文で規定していません。**

....

A 13 ✕ 「明治憲法においては、裁判を受ける権利を保障する規定は存在せず、」の部分が誤りです。明治憲法 24 条は、「日本臣民ハ法律ニ定メタル裁判官ノ裁判ヲ受クルノ権ヲ奪ハルヽコトナシ」と規定していました。したがって、**明治憲法においても、裁判を受ける権利は保障していました。**

....

A 14 ✕ 「日本語以外の言語を用いて裁判を行うことを決定することができる」の部分が誤りです。**裁判所法は、被告人が外国人である刑事裁判においては、日本語以外の言語を用いて裁判を行うことを認めていません**（裁判所法 74 条）。

3　国家賠償請求権

Q15
裁判所
2013 [H25]
★★

国家賠償請求権（憲法17条）は、「法律の定めるところにより」賠償を求めることができる権利であるが、判例は、郵便物の亡失等につき損害賠償責任を過剰に制限・免除していた郵便法の規定について、立法裁量の範囲を逸脱するものとして、違憲である。

4　刑事補償（第40条）

Q16
国家一般
2018 [H30]
★

憲法第40条は、何人も、抑留又は拘禁された後、無罪の裁判を受けたときは、法律の定めるところにより、国にその補償を求めることができると定めているが、同条にいう「抑留又は拘禁」には、たとえ不起訴となった事実に基づく抑留又は拘禁であっても、そのうちに実質上は、無罪となった事実についての抑留又は拘禁であると認められるものがあるときは、その部分の抑留及び拘禁も含まれるとするのが判例である。

- -

Q17
国家専門
2001 [H13]
★

憲法第40条は、犯罪の嫌疑を受け、抑留又は拘禁されたことに伴う被害に対し、衡平の観点から金銭によって事後的に救済する趣旨に出たものであるから、同条にいう無罪の裁判には、刑事訴訟法上の裁判による無罪の確定判決のみならず、少年審判手続における非行事実のないことを理由とした不処分決定も含まれる。

書留郵便物について、郵便業務従事者の故意又は重大な過失による不法行為に基づき損害が生ずるようなことは、ごく例外的な場合にとどまるはずです。そうすると、このような例外的な場合にまで国の損害賠償責任を免除し、又は制限しなければ郵便法1条に定める目的を達成することができないとはとうてい考えられず、郵便業務従事者の故意又は重大な過失による不法行為についてまで免責又は責任制限を認める規定に合理性があるとは認め難いところです（最大判平14・9・11）。

憲法40条にいう「抑留または拘禁」の中には、無罪となった公訴事実に基づく抑留または拘禁はもとより、たとえ不起訴となった事実に基づく抑留または拘禁であっても、そのうちに実質上は、無罪となった事実についての抑留または拘禁であると認められるものがあるときは、その部分の抑留または拘禁もまたこれを包含します（最大決昭31・12・24）。

「少年審判手続における非行事実のないことを理由とした不処分決定も含まれる。」の部分が誤りです。刑事補償法1条1項にいう「無罪の裁判」とは、刑事訴訟法上の手続における無罪の確定裁判をいい、少年審判手続における非行事実のないことを理由とした不処分決定は、非行事実が認められないことを理由とするものであっても、刑事補償法1条1項にいう「無罪の裁判」にはあたらず、このように解しても憲法40条および14条に違反しません（最決平3・3・29）。

統治機構

(1)国会の地位

1 国民代表機関

Q 1
国家総合
2002 [H14]
★★

憲法の定める国民主権を人民主権の意味に解し、憲法第43条第1項にいう「代表」は半代表を意味するという立場よりも、同項にいう「代表」は純粋に政治的代表を意味するという立場の方が、国会議員解職制度（リコール制度）を創設したとしても違憲ではないとする考え方になじむ。

2 国権の最高機関

Q 2
国家一般
2000 [H12]
★★★

憲法第41条の「国権の最高機関」とは、国会が憲法上国政全般を統括し、ほかの機関に指揮・命令する権能を法的に持つ機関であることを意味すると解するのが通説である。

3 唯一の立法機関

Q 3
国家一般
2000 [H12]
★★

憲法第41条の「立法」については、実質的意味の法律の定立を指すとする考え方があるが、通説では、形式的意味の法律の定立を指すとされており、例えば内閣が独立命令を制定する権能を持つとしても本条に反しない。

「『代表』は純粋に政治的代表を意味するという立場の方が、国会議員解職制度（リコール制度）を創設したとしても違憲ではないとする考え方になじむ。」の部分が誤りです。憲法の定める国民主権を人民主権の意味に解し、憲法第43条第1項にいう「**代表**」は**半代表**を意味するという立場（少数説）の方が、**国会議員解職制度（リコール制度）を創設したとしても違憲ではないとする考え方になじみます。通説によると、代表とは、国民は代表機関を通じて行動し、代表機関は国民の意思を反映するものとみなされるという政治的意味にすぎません（政治的代表説）。したがって、国会議員の地位は、法的には独立であり、その選挙区や選挙母体に拘束されることなく、自由に発言・表決することができます（自由委任の原則）。この立場を前提にした場合、国会議員解職制度（リコール制度）を法律で創設することは、違憲と**なります。

 選択肢全体が誤りです。通説は、本肢のような統括機関説に立ちません、**政治的美称説**に立ちます。

 選択肢全体が誤りです。通説で「立法」とは、**実質的意味の定立**を指します。

> ! ワンポイント

憲法41条の「立法」とは、形式的意味の立法を指すのではなく、実質的意味の立法（一般的・抽象的法規範）を意味します（通説）。

Q 4

国家一般
2000 [H12]
★★★

国会の各議院は議院規則を、また、最高裁判所は最高裁判所規則を定めることができるが、これらは「国会中心立法の原則」の例外ではないと解するのが通説である。

Q 5

国家一般
2000 [H12]
★★★

法律案の提出権を内閣に認めることは、憲法第 41 条の「国会単独立法の原則」に違反すると解するのが通説である。

Q 6

裁判所
2010 [H22]
★★★

法律は、原則として、国会の議決のみで制定されるが、特定の地方公共団体のみに適用される特別法を制定するには、その地方公共団体の住民の投票においてその過半数の同意を得なければならない。

A4 ✕

「これらは『国会中心立法の原則』の例外ではないと解するのが通説である。」の部分が誤りです。通説は「国会中心立法の原則」の例外と考えます。

> ⚠ **ワンポイント**
>
> 「国会中心立法の原則」とは、国の立法（実質的意味の立法）はすべて国会によって行われることをいいます。そして、国会中心立法の原則の例外は、（i）議院規則制定権（58条2項）、（ii）最高裁判所規則制定権（77条）、（iii）地方公共団体の条例制定権（94条）、（iv）法律を執行する執行命令、および特に法律の委任（個別具体的）に基づく場合のみ認められる委任命令（73条第6号）（（iv）については、例外として挙げない立場もあります）です。

A5 ✕

選択肢全体が誤りです。法律案の提出権を内閣に認めることは、「国会単独立法の原則」の例外であり、国会単独立法の原則に反しないとするのが通説です。

> ⚠ **ワンポイント**
>
> 「国会単独立法の原則」とは、立法の手続（衆参両院の議決）に国会以外の機関が参加することがないことをいいます。そして、国会単独立法の原則の例外は、（i）一地方公共団体に適用される地方特別法における住民投票（95条）、（ii）内閣による法律案の提出権（72条・内閣法5条）です。

A6 ○

本選択肢の通りです。特定の地方公共団体のみに適用される特別法の制定は、憲法95条により、「国会単独立法の原則」の例外として認められています。

(2)国会の組織

1 両院制

国家専門
1991 [H3]
★★★
二院制を採用している趣旨から、衆議院が解散されても参議院はそれと同時に閉会することなく活動することができる。

2 衆議院の優越

Q 2
国家一般
2002 [H14]
★★★
法律案の議決については、参議院が衆議院と異なった議決をした場合には、両議院の協議会を開くことはできないが、参議院が、衆議院が可決した法律案を受け取った後、国会休会中の期間を除き 60 日以内に議決をしないときには、衆議院が出席議員の 3 分の 2 の多数で再可決することによって、当該法律案は法律となる。

....

Q 3
特別区
2016 [H28]
★★★
予算は、先に衆議院に提出しなければならず、参議院が、衆議院の可決した予算を受け取った後、国会休会中の期間を除いて 30 日以内に議決しないときであっても、両院協議会を開かなければならず、直ちに衆議院の議決を国会の議決とすることはできない。

....

Q 4
特別区
2016 [H28]
★★★
内閣総理大臣の指名について、衆議院と参議院の議決が一致しないときは、参議院は、両院協議会を求めなければならず、衆議院はこの求めを拒むことができない。

「衆議院が解散されても参議院はそれと同時に閉会することなく活動することができる。」の部分が誤りです。**衆議院が解散されると、参議院は同時に閉会となります**（54条2項本文）。これを、「**衆参同時活動の原則**」といいます。

選択肢全体が誤りです。まず、法律案の議決については、参議院が衆議院と異なった議決をした場合には、**衆議院は、任意に両議院の協議会を開くことができます**。また、参議院が、衆議院が可決した法律案を受け取った後、国会休会中の期間を除き60日以内に議決をしないときには、**衆議院は、参議院がその法律案を否決したものとみなすことができます**（59条4項）。

「両院協議会を開かなければならず、直ちに衆議院の議決を国会の議決とすることはできない。」の部分が誤りです。両院協議会の開催は不要です（60条2項後段）。**両院協議会の開催が必要なのは、参議院で衆議院と異なった議決をした場合です**（60条2項前段）。

本選択肢の通りです。衆議院と参議院とが**異なった指名の議決**をした場合に、法律の定めるところにより、**両議院の協議会を開いても意見が一致しないとき**……は、**衆議院の議決を国会の議決**とします（67条2項）。

Q 5
特別区
2011 [H23]
★★★

参議院が衆議院の可決した法律案を受け取った後、国会休会中の期間を除いて六十日以内にその法律案の議決をしないときは、直ちに衆議院の議決が国会の議決となる。

Q 6
特別区
2011 [H23]
★★★

参議院が衆議院の可決した予算を受け取った後、国会休会中の期間を除いて三十日以内に議決しないときは、衆議院は参議院がその予算を否決したものとみなすことができる。

Q 7
特別区
2014 [H26]
★★

国の収入支出の決算は、先に衆議院に提出され、参議院で衆議院と異なった議決をした場合、両議院の協議会を開いても意見が一致しないときは、衆議院の議決が国会の議決となる。

Q 8
特別区
2011 [H23]
★★★

条約の締結に必要な国会の承認について、衆議院で可決し、参議院でこれと異なった議決をした場合、衆議院で出席議員の三分の二以上の多数で再び可決されたときは、衆議院の議決が国会の議決となる。

Q 9
特別区
2015 [H27]
★★★

条約の締結に必要な国会の承認についての議案は、予算の提出と同様に衆議院の先議権が認められるので、先に衆議院に提出し、その議決を経なければならない。

Q 10
特別区
2014 [H26]
★★★

内閣総理大臣の指名の議決について、衆議院が議決をした後、国会休会中の期間を除いて 10 日以内に参議院が議決しない場合、衆議院の総議員の 3 分の 2 以上の多数で再び可決したときは、衆議院の議決が国会の議決となる。

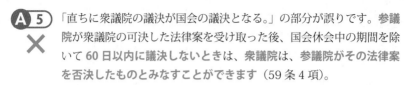

A 5 「直ちに衆議院の議決が国会の議決となる。」の部分が誤りです。**参議院が衆議院の可決した法律案を受け取った後、国会休会中の期間を除いて 60 日以内に議決しないときは、衆議院は、参議院がその法律案を否決したものとみなすことができます**（59 条 4 項）。

....

A 6 「衆議院は参議院がその予算を否決したものとみなすことができる。」の部分が誤りです。**参議院が、衆議院の可決した予算案を受け取った後、国会休会中の期間を除いて 30 日以内に、議決しないときは、衆議院の議決が国会の議決となります**（60 条 2 項後段）（59 条 4 項）。

....

A 7 「決算」の部分が誤りです。**予算については、衆議院の優越性が認められていますが、決算については、認められていません**（60 条 2 項参照）。

....

A 8 「衆議院で出席議員の三分の二以上の多数で再び可決されたときは、衆議院の議決が国会の議決となる。」の部分が誤りです。**条約について、参議院で衆議院と異なった議決をした場合に、参議院が、衆議院の可決した条約を受け取った後、国会休会中の期間を除いて 30 日以内に、議決しないときは、衆議院の議決を国会の議決とします**（61 条→60 条 2 項）。

....

A 9 選択肢全体が誤りです。**条約については、衆議院の先議権は認められていません**（61 条は 60 条 1 項の予算先議権の規定を準用していません。）。

....

A 10 「衆議院の総議員の 3 分の 2 以上の多数で再び可決したときは、衆議院の議決が国会の議決となる。」の部分が誤りです。**内閣総理大臣の指名については、衆議院の議決が国会の議決となります**（67 条 2 項）。

Q11
特別区
2011 [H23]
★★

憲法改正について、衆議院で発議し、参議院でこれと異なった発議をした場合、衆議院で総議員の三分の二以上の賛成で再び発議したときは、衆議院の発議が国会の発議となる。

3 両院協議会

Q12
国家一般
2016 [H28]
★★

両院協議会は、各議院が独立して議事を行い、議決することを内容とする両議院の独立活動の原則の例外とされている。

・・

Q13
国家一般
2016 [H28]
★★★

法律案について、衆議院で可決し、参議院でこれと異なった議決がなされた場合、衆議院において出席議員の3分の2以上の多数で再び可決すれば法律が成立するが、衆議院の可決のみで成立してしまうことから、両院協議会を開かなければならない。

・・

Q14
国家一般
2010 [H22]
★★★

憲法は、二院制を採用しているが、法律案の議決、条約の締結の承認の議決及び内閣総理大臣の指名の議決について、参議院が衆議院と異なった議決をした場合には、両院協議会を必ず開くこととし、両院の意思の調整を図ることとしている。

・・

Q15
国家総合
2008 [H20]
★★

主権者である国民が国会と議員の活動を知り、それを監視、コントロールすることを可能にするなどの観点から、両議院の会議は原則として公開とされており、両議院の意見が一致しないときに開かれる両院協議会についても公開とされている。

A11 「衆議院で総議員の三分の二以上の賛成で再び発議したときは、衆議院の発議が国会の発議となる。」の部分が誤りです。**憲法改正**について、**衆議院の優越性は認められていません**（憲法上、明文規定がありません）。

A12 両院協議会は、各議院が独立して議事を行い、議決することを内容とする**両議院の独立活動の原則の例外**とされています。**両院協議会とは、両議院の意見が対立した場合に、両者の間に妥協を成立させようとするために設けられた制度です。**

A13 「両院協議会を開かなければならない。」の部分が誤りです。**法律案の議決の場合、両院協議会を開くのは、衆議院が要求した場合、および参議院が要求して衆議院が同意した場合に限られます**（任意的開催）。

A14 「法律案の議決」の部分が誤りです。**予算案の議決・条約の承認・内閣総理大臣の指名の場合には、必ず両院協議会を開くことを要します**（**必要的開催**）（60条2項、61条、67条2項）。

A15 「両議院の意見が一致しないときに開かれる両院協議会についても公開とされている。」の部分が誤りです。**両院協議会は、傍聴を許されていません**（国会法97条）。

(3)国会の活動、種類

1 総説

Q 1
国家一般
2019 [R1]
★★★

国会の会期中に議決に至らなかった案件は、原則として後会に継続しない。これを会期不継続の原則といい、憲法上明文で規定されている。

Q 2
国家総合
2016 [H28]
★★★

憲法は国会に会期制度を採用していると解され、国会の活動は会期中に限られるのが原則であり、これは、一つの会期における国会の独立性を認め、会期と会期との間に意思の継続性がないということを意味する。したがって、会期中に議決に至らなかった案件は、全て後会に継続しない。

Q 3
国家総合
2007 [H19]
★★

国会は会期を単位として活動することとされており、閉会となったときは、会期中に議決に至らなかった案件は後会に継続しない。委員会についても同様に会期中に限って活動することとされており、国会閉会中に委員会において引き続き案件を審査することは一切認められていない。

Q 4
国家一般
2019 [R1]
★★

国会は、会期が満了すれば閉会となり、会期中に期間を定めて一時その活動を終止することはあっても、会期の満了を待たずに閉会することはない。

A1
「憲法上明文で規定されている。」の部分が誤りです。**会期とは、国会が活動能力を有する一定の期間**をいいます。国会の意思は会期ごとに独立ですから、**会期中に議決に至らなかった案件は後会に継続しないのが原則です**（国会法 68 条本文）。これを**会期不継続の原則**といいます。この**会期不継続の原則は、憲法上の要請ではありません**。

A2
「会期中に議決に至らなかった案件は、全て後会に継続しない。」の部分が誤りです。会期不継続の原則には例外があり、**常任委員会および特別委員会は、議院の議決により特に付託された案件については、閉会中、すなわち会期外においても、引き続き審査することができます**（国会法 47 条 2 項）。

A3
「国会閉会中に委員会において引き続き案件を審査することは一切認められていない。」の部分が誤りです。**委員会は、特別の付託案件については、国会閉会中も審査することができます**（国会法 47 条 2 項）。

A4
「会期の満了を待たずに閉会することはない。」の部分が誤りです。**会期中に衆議院が解散されたとき**（54 条 2 項）、または、**常会の会期中に議員の任期が満限に達したとき**（国会法 10 条但し書き）にも国会は閉会となります。

2 会期の種類

Q 5
裁判所
2005 [H17]
★★★

両議院は、各々その総議員の3分の2以上の要求があれば、臨時会を召集しなければならない。

....

Q 6
国家総合
1992 [H4]
★★★

衆議院の解散または衆議院議員の任期満了に伴う総選挙後には、その選挙の日から30日以内に特別会を召集することとされており、これらの場合、内閣総理大臣の指名が他のすべての案件に先立って行なわれる。

....

Q 7
国家総合
2013 [H25]
★

国会は、国権の最高機関であって、国の唯一の立法機関であり、毎年1回、会期を150日とする常会が必ず召集される。また、臨時会を召集するか否かについての判断は行政権の一部として内閣に専属するが、会期の延長は両議院一致の議決で行うことが認められており、延長の回数は常会は1回まで、臨時会は2回までとされている。

....

Q 8
国家一般
2019 [R1]
★★

特別会は、衆議院の解散による総選挙の日から30日以内に召集されるが、その召集の時期が常会の召集時期と重なる場合には、常会と併せて召集することができる。

....

Q 9
国家総合
2010 [H22]
★★

国会の常会は毎年1回召集され、会期は150日間とされているが、会期中に議員の任期が満限に達する場合には、その満限の日をもって会期は終了するものとされている。また、国会の会期の延長は、特別会及び臨時会については1回を超えてはならないとされているが、常会についてはこのような回数の制限はない。

選択肢全体が誤りです。**内閣は、国会の臨時会の召集を決定すること
ができますが、いづれかの議院の総議員の4分の1以上の要求があ
れば、内閣は、その召集を決定しなければなりません**（53条）。

 「衆議院議員の任期満了に伴う総選挙後には、その選挙の日から30
日以内に特別会を召集することとされており、」の部分が誤りです。
**特別会は、衆議院が解散されたときに、衆議院議員の総選挙を行い、
その選挙の日から30日以内に召集しなければなりません**（54条）。
したがって、衆議院の任期満了のときに行われるのは、**臨時会**です（国
会法2条の3第1項但し書き）。

 「会期を150日とする常会が必ず召集される。」の部分が誤りです。
常会の会期は、150日間とします。但し、**会期中に議員の任期が満
限に達する場合には、その満限の日をもって、会期は終了するものと
します**（国会法10条）。

 **特別会は、衆議院の解散による総選挙の日から30日以内に召集され
ます**（憲法54条1項）。**特別会は、常会と併せてこれを召集するこ
とができます**（国会法2条の2）。

 「国会の会期の延長は、特別会及び臨時会については1回を超えては
ならないとされているが、常会についてはこのような回数の制限はな
い。」の部分が誤りです。**国会法は、会期の延長については、常会は
一回、特別会及び臨時会には二回を超えてはならないと規定されてい
ます**（国会法2条、国会法12条2項）ので誤りです。

Q10
国家総合
2012 [H24]
★★★

国会の常会は、毎年1回召集され、会期は150日間であるが、会期の延長が1回に限り認められ、会期の延長の決定については、両議院の議決が一致しないとき、又は参議院が議決しないときは、衆議院の議決したところによるという衆議院の優越が認められている。

....

Q11
国家総合
2016 [H28]
★★★

臨時会の会期は、召集日に、両議院一致の議決で決定するが、両議院の議決が一致しないとき、又は、参議院が議決しないときは、衆議院の議決したところによる。また、臨時会の会期の延長は、二回まで認められている。

....

Q12
国家一般
2019 [R1]
★★★

常会、臨時会及び特別会の会期は、それぞれ召集の都度、両議院一致の議決で定めなければならない。

3　会議の原則（国会の議事手続等）

Q13
裁判所
2005 [H17]
★★★

両議院は、各々その総議員の3分の2以上の出席がなければ、議事を開き、議決することができない。

....

Q14
国家一般
2014 [H26]
★★★

合議体としての意思を決定するために必要な議決の定足数は、総議員の3分の1以上の出席と定められているが、合議体として会議を開いて審議を行うために必要な議事については、柔軟な運用を図る観点から特に定足数は定められていない。

....

Q15
裁判所
2005 [H17]
★★★

両議院の議事は、憲法に特別の定めのある場合を除いては、総議員の過半数でこれを決し、可否同数のときは、議長の決するところによる。

A 10 ○ 国会の会期の延長が、両議院一致の議決で決まらなかったときまたは参議院が議決しないときは、衆議院の議決が国会の議決となります。これを、「衆議院の法律上の優越性」といいます（国会法13条）。

・・・

A 11 ○ 臨時会の会期は、両議院一致の議決で決めます（国会法11条）が、両議院の議決が一致しないとき、又は参議院が議決しないときは、衆議院の議決したところによります（国会法13条）。そして会期の延長は、常会にあっては一回、特別会及び臨時会にあっては二回を超えてはなりません（国会法12条2項）。

・・・

A 12 ✕ 「常会」を除き選択肢全体が誤りです。臨時会及び特別会の会期は、両議院一致の議決で、これを定めます（国会法11条）。しかし、常会の会期は、150日と定められています（国会法10条本文）。

_____

A 13 ✕ 「3分の2以上の出席」の部分が誤りです。両議院は、各々その出席議員ではなく、総議員の3分の1以上の出席がなければ、議事を開き議決することができません（56条1項）。

・・・

A 14 ✕ 「合議体として会議を開いて審議を行うために必要な議事については、柔軟な運用を図る観点から特に定足数は定められていない。」の部分が誤りです。定足数は総議員の3分の1以上、議決数は、出席議員の過半数になります。

・・・

A 15 ✕ 「総議員」の部分が誤りです。議事・議決（表決）方法は、原則として、出席議員の過半数によります。可否同数のときは、議長の決するところによります（56条2項）。

Q 16
国家総合
2013 [H25]
★★★

両議院における議決は、原則として出席議員の過半数で行われるが、憲法の改正については、各議院の総議員の3分の2以上の賛成による発議を行い、国民投票における過半数の賛成が必要とされている。

4 会議の公開

Q 17
特別区
2004 [H16]
★★★

国会審議を主権者たる国民に公開することは近代議会制の根本原則であるので、衆参両議院の会議を非公開とすることは一切できない。

Q 18
国家総合
2006 [H18]
★★

両議院の会議は原則公開であるが、出席議員の3分の2以上の多数で議決したときは、秘密会を開くことができる。両議院は、秘密会の記録の中で特に秘密を要すると認められるもの以外は、これを公表し、かつ、一般に頒布しなければならない。

Q 19
裁判所
2005 [H17]
★

両議院は、出席議員の5分の1以上の要求があれば、各議員の表決を会議録に記載しなければならない。

Q 20
国家総合
2016 [H22]
★★

両議院の本会議は、原則として公開されなければならないとされているのに対し、各議院の委員会は、公開を原則とはせず、議員のほかは、委員長の許可を得なければ傍聴できないとされている。

A16 ○ 議決（表決）方法の例外として、「この憲法に特別の定のある場合」には、**特別に加重された多数すなわち特別多数を必要**とします（56 条 2 項）が、**各議院の総議員の 3 分の 2 以上という特別多数を要する場合**は、**憲法改正を発議する場合**（96 条）です。なお、**憲法改正を発議する場合**は、**定足数**についても、**総議員の 3 分の 2 以上**という要件を充たさなければならないと解されています。

A17 × 「衆参両議院の会議を非公開とすることは一切できない。」の部分が誤りです。両議院の会議は、公開とします。但し、**出席議員の 3 分の 2 以上の多数で議決**したときは、**秘密会を開くことができます**（57 条 1 項）。

. . . .

A18 ○ 本選択肢の通りです。**出席議員の 3 分の 2 以上の多数の議決**があれば、**秘密会を開くことができます**（57 条 1 項）。また、**両議院は、秘密会の記録の中で特に秘密を要すると認められるもの**は、これを**公表**し、且つ**一般に頒布する必要はありません**（57 条 2 項）。

. . . .

A19 ○ 出席議員の 5 分の 1 以上の要求があれば、各議員の表決は、これを会議録に記載しなければなりません（57 条 3 項）。

. . . .

A20 × 「議員のほかは、委員長の許可を得なければ傍聴できないとされている。」の部分が誤りです。**委員会は、非公開**とされています。但し、**報道の任務にあたる者**その他の者で委員長の許可を得たものについては、**傍聴が許されます**（国会法 52 条 1 項）。つまり、**一般国民は、委員長の許可を得て傍聴ができるわけではありません**。

Q 1
国家一般
2005 [H17]
★★

内閣総理大臣を指名する必要が生じた場合、国会は他のすべての案件に先立ってこれを行うものとされているが、議長の選挙や会期の議決等のいわゆる院の構成に関する事項については、内閣総理大臣の指名の前に行うことができる。

Q 2
国家専門
1996 [H8]
★★★

外交関係の処理は内閣の職務であるとされているが、特に条約の締結に関しては、国内法との矛盾抵触を避けるために、必ず国会の事前の承認を経ることとされている。

Q 3
国家総合
2011 [H23]
★

政府の見解によれば、いわゆる法律事項又は財政事項を含まなくとも、我が国と相手国との間あるいは国家間一般の基本的な関係を法的に規定するという意味において政治的に重要な国際約束については、発効のために批准が要件とされているか否かを問わず、その締結には国会の承認を必要とする。

Q 4
国家総合
1988 [S63]
★★★

すでに国会で承認された条約を受けてその実施のため相手国行政府との間に締結される行政協定は、当該条約の責任の範囲内にとどまるものであるかぎり、改めて国会の承認を受ける必要はないとするのが判例である。

Q 5
裁判所
2016 [H28]
★★★

憲法上認められている国会の権能としては、条約承認権、内閣総理大臣の指名権、予算議決権、弾劾裁判所の設置などが挙げられる。

A 1 ○ 議長の選挙や会期の議決等のいわゆる院の構成に関する事項については、**内閣総理大臣の指名の前**に行われなければなりません（67条参照）。

A 2 × **内閣の条約締結に対する国会による承認**は、**事前、時宜によっては事後の承認でもかまいません**（73条3号）。

A 3 × 選択肢全体が誤りです。条約の締結に国会の承認を必要とするということは、**条約発効のための批准を要件**とすることを意味します。また、国会の承認を必要とされる条約は、①法律事項又は財政事項を含む国際約束や、②我が国と相手国との間あるいは国家間一般の基本的な関係を法的に規定するという意味において、**政治的に重要な国際約束（いわゆる法律事項又は財政事項を含む）については、発効のために批准が要件とされるもの**です（1974年2月の政府見解）。

A 4 ○ 政府は、**行政協定の根拠規定を含む安全保障条約が国会の承認を経ている以上、これと別に特に行政協定につき国会の承認を経る必要はな**く、米軍の配備を規律する条件を規定した**行政協定**は、既に国会の承認を経た安全保障条約3条の委任の範囲内のものであると認められ、これにつき特に**国会の承認を経なかったからといって、違憲無効ではありません**（最大判昭34・12・16）。

A 5 ○ 条約承認権（73条3号）、内閣総理大臣の指名権（67条1項本文）、予算の議決権（86条）、憲法改正の発議（96条）、弾劾裁判所の設置権（64条）は、国会の権能です。

1 国政調査権

Q 1
特別区
2005 [H17]
★★★

国政調査権は、議院が保持する諸権能を実効的に行使するために認められた補助的権能ではなく、国会が国権の最高機関であることに基づき国権の発動を統制するための独立の権能である。

. . . .

Q 2
裁判所
2004 [H16]
★★★

国政調査権の性質につき、議院に与えられた権能を実効的に行使するために認められた補助的権能であるという見解をとった場合でも、国政に関連のない純粋に私的な事項を除き、国政のほぼ全体が調査の対象となる。

. . . .

Q 3
国家総合
2019 [H1]
★★★

国政調査権の主体は、両議院のおのおのであって国会ではないから、調査についての衆議院の優越はなく、また、たとえ同一の問題についてであっても、各議院はそれぞれ独立に調査権を行使することができる。

. . . .

Q 4
特別区
2005 [H17]
★★

国政調査権の主体は両議院であるが、その調査の全部又は一部をそれぞれの常任委員会又は特別委員会に付託して行わせることができる。

. . . .

Q 5
特別区
2005 [H17]
★★★

国政調査権の行使に当たっては、証人の出頭及び証言並びに記録の提出の要求のほか、捜索・押収などの強制手段が認められている。

A 1 ✗ 「議院が保持する諸権能を実効的に行使するために認められた補助的権能ではなく、」の部分が誤りです。**国政調査権の法的性格について、通説は、憲法 41 条の「国権の最高機関」に法的意味を認めず（政治的美称説による）、国政調査権は、憲法上議院に与えられたさまざまな権能を実効的に行使するために認められた補助的権能であると考えています。**

A 2 ○ 国政調査権の性質につき、独立権能説と補助的権能説とでは、国政調査の対象の範囲は異なりません。**補助的権能説（通説）に立っても、**国政のほぼ全体が調査の対象となります。

A 3 ○ 国政調査権は各議院に付与されたものですから、衆議院の優越性は問題となりません。

A 4 ○ 国政調査権の主体は両議院ですが、その調査の全部又は一部をそれぞれの**常任委員会又は特別委員会に付託して**行わせることができます。

A 5 ✗ 国政調査権の行使に当たって、**捜索・押収などの強制手段までは認め**られていません。

Q 6
国家専門
1988 [S63]
★★

国会は国政全般に関して広い監督権をもっているから、議院は内閣を
はじめ行政機関の行為の適法性、および妥当性について調査すること
ができ、かつ不適正な行政処分があればその効力を停止させたり、取
り消したりすることもできる。

・・

Q 7
特別区
2005 [H17]
★★★

裁判所で係争された事件については、判決確定後であれば、議院が裁
判内容の当否を調査し批判することや、その事件を再審理するような
方法で調査することが認められている。

・・

Q 8
特別区
2005 [H17]
★★★

裁判所で係争中の事件の事実については、立法や行政監督の目的など
裁判所と異なる目的であっても、議院が裁判所と並行して調査を行う
ことは認められない。

・・

Q 9
裁判所
2004 [H16]
★★★

検察権に関する調査が、起訴・不起訴に関する検察権の行使に政治的
圧力を加えることが目的と考えられる場合には、違法ないし不当なも
のであって許されない。

・・

Q 10
裁判所
2004 [H16]
★★★

議院により証人として喚問された者は、思想の露顕を求めるような質
問を受けた場合であっても、証言を拒むことはできない。

・・

Q 11
国家専門
1988 [S63]
★

国政調査のための手段としては、証人に議院への出頭を命じ証言させ
ることおよび記録を議院に提出するよう求めること等が認められてい
るが、議員が院外でこのような調査を行なうことは認められていない。

A6 × 「不適正な行政処分があればその効力を停止させたり、取り消したりすることもできる。」の部分が誤りです。**議院は内閣をはじめ行政機関の行為の適法性、および妥当性について調査することができます。**しかし、**行政機関による不適正な行政処分があった場合、国会がその効力を停止させたり、取り消したりすることは、三権分立の観点から認められません。**

....

A7 × 選択肢全体が誤りです。**現に裁判が進行中の事件または判決確定後の事件について裁判の内容の当否を批判する国政調査は許されません。**なぜなら、裁判官が裁判をするにあたり、他の国家機関から事実上重大な影響を受けることを禁止されている（**裁判官の独立**）からです。

....

A8 × 選択肢全体が誤りです。**裁判所で審理中の事件の事実について、議院が裁判所と異なる目的（立法目的等）から、裁判と並行して調査することは許されます。**

....

A9 ○ 検察作用は裁判と密接にかかわる準司法的作用であり、司法権に類似する独立性が認められる必要がありますから、**起訴・不起訴について、検察権の行使に政治的圧力を加えることを目的とする国政調査は許されません。**

....

A10 × **思想の露顕を求めるような質問については、証人は証言を拒絶することができます**（憲法 19 条）。

....

A11 × 国政調査のための手段としては、**議員が院外で証人に議院への出頭を命じ証言させることおよび記録を議院に提出するよう求めることの調査を行なうことも認められています**（国会法 103 条参照）。

Q 12
国家総合
1982 [S57]
★★

国務大臣は憲法第63条による要求がある場合には、国会に出席しなければならないとされているから、憲法第62条による証人としての出頭義務はない。

. . . .

Q 13
国家総合
2007 [H19]
★

公務員が、職務上知り得た事実に対して、国政調査権に基づき証言又は書類の提出を求められたときは、当該事実が「職務上の秘密」に当たり、それが公開されると国家の重大な利益に悪影響を及ぼす場合には、公務所又はその監督庁は、理由の疎明をすることなく、証言又は書類の提出の承認を拒むことができる。

---

2 議院の権能（国政調査権以外の権能）

Q 14
特別区
2006 [H18]
★★

両議院は、それぞれその議員の資格に関する争訟を裁判するが、議員は、その裁判に不服がある場合には、司法裁判所に救済を求めて出訴することができる。

. . . .

Q 15
特別区
2002 [H14]
★★

両議院は、議場外の行為で会議の運営と関係のない個人的行為を事由として、それぞれその議員を懲罰することができる。

. . . .

Q 16
特別区
2006 [H18]
★★★

両議院は、それぞれ院内の秩序をみだした議員を懲罰することができるが、議員を除名するには、所属議院の総議員の3分の2以上の多数による議決を必要とする。

. . . .

Q 17
特別区
2002 [H14]
★★

両議院は、それぞれその会議その他の手続に関する事項を規則で定めることができるので、両院協議会に関する事項を法律で定めることはできない。

A 12 ✕ 選択肢全体が誤りです。行政に関する政治的な見解や弁明を得るために、大臣には議院への出席義務があります（63条）が、それとは別個に調査すべき個々の事実について、**証言を求める必要のある場合**には、証人として喚問することができます。

A 13 ✕ 「公務所又はその監督庁は、理由の疎明をすることなく、証言又は書類の提出の承認を拒むことができる。」の部分が誤りです。**公務員が、職務上知り得た事実が「職務上の秘密」に当たり、それが公開されると国家の重大な利益に悪影響を及ぼす場合**には、公務所又はその監督庁は、理由の疎明をして、証言又は書類の提出の承認を拒むことができます。

A 14 ✕ 選択肢全体が誤りです。両議院が各々議員の資格に関する争訟を裁判するには、原則として、**出席議員の過半数**が必要です（56条2項）。ただし、両議院による議員の資格争訟の裁判について、議員がその裁判に不服がある場合には、司法裁判所に出訴することはできません。

A 15 ✕ 両議院は、各々会議の運営と関係のない個人的行為を事由として、院内の秩序をみだした議員を懲罰することができません。

A 16 ✕ 「所属議院の総議員の」の部分が誤りです。両議院は、それぞれ院内の秩序をみだした議員を懲罰することができますが、議員を除名するには、**出席議員の3分の2以上の多数**による議決を必要とします（58条2項）。

A 17 ✕ 両議院による規則制定権の対象事項について、これを法律で定めることもできます。

Q18
国家一般
2004 [H16]
★

各議院が定める議院規則と国会法との優劣についての学説のうち、議院規則が国会法上の制約に服すると説く学説に対しては、参議院の自主性が損なわれるとの批判が可能である。

Q19
国家専門
2019 [R1]
★★★

両議院は、院内の秩序を乱した議員を懲罰することができるが、選挙によって選ばれた議員の身分を剥奪することは許されないため、懲罰として議員を除名することはできない。

Q20
国家専門
1984 [S59]
★★★

現行憲法上、衆議院にのみ認められる権限としては、予算先議権、内閣の信任・不信任決議権の2つのみ認められている。

Q21
国家総合
1986 [S61]
★

資格争訟と当選訴訟とが競合した場合において、当選を有効とする裁判所の判決が確定した場合には、資格争訟はこれに拘束されるので、もはや手続を続行することはできない。

Q22
特別区
2006 [H18]
★★

両議院は、それぞれその会議その他の手続及び内部の規律に関する規則を定めることができるが、その規則は、各議院の議決のみで成立し、公布を必要としない。

A18 ○

法律は、参議院の意思に反して、衆議院が単独でこれを可決・成立させることができる（59条2項）ので、**法律が議院規則に優位するとの立場に立ちます**（通説）。ただし、この立場に対しては、議院規則が法律である国会法上の制約に服するということは、衆議院の意思を参議院に強制できることを意味するため、参議院の自主性が損なわれるおそれがあるとの批判があります。

A19 ✕

「選挙によって選ばれた議員の身分を剥奪することは許されないため、懲罰として議員を除名することはできない。」の部分が誤りです。懲罰として**議員を除名**することができ、**出席議員の3分の2以上の議決が要求されています**（58条2項）。

A20 ✕

選択肢全体が誤りです。現行憲法上、衆議院にのみ認められる権限としては、①内閣に対する不信任の決議案を可決または信任の決議案を否決する権能（69条）、②**参議院の緊急集会中にとられた措置に対して同意を与える権能**（54条3項）、③**予算先議権**（60条2項）の3つです。

A21 ✕

選択肢全体が誤りです。議員の資格争訟と当選訴訟とが競合した場合において、**当選を有効とする裁判所の判決が確定した場合でも**、**議員の資格争訟の裁判権は奪われるわけではないので**、**手続を続行することはできます**。

A22 ○

本選択肢の通りです。会議その他の手続及び内部の規律に関しては、**各議院の自律権に基づき、議院規則のみが独占的に定められるものと**解されているので、「法律」の制定手続である両議院の議決および公布（7条1号）を必要としません。

⑹国会議員の三大特権と その地位

1 不逮捕特権

Q 1
国家専門
2000 [H12]
★★★

憲法第50条の議員の不逮捕特権は、政府が反対党の議員を政略的に逮捕し、不当に議会を支配しようとすることを防止しようとするものであることから、国会の会期前に逮捕された議員であっても、国会の会期中は原則としてこれを釈放しなければならない。

Q 2
国家総合
1988 [S63]
★★★

両議院の議員は、法律の定める場合を除いては国会の会期中逮捕されない。ここにいう逮捕とは、刑事訴訟法上の逮捕・勾引・勾留のみならず、警察官職務執行法上の保護措置などの行政上の拘束も含むところの一切の公権力による身体の拘束をさす。

Q 3
特別区
2006 [H18]
★★★

両議院は、それぞれその議員の逮捕に対し許諾を与えることができるが、議員は、その許諾がなければ、院外における現行犯罪の場合でも、国会の会期中は逮捕されない。

Q 4
国家一般
2007 [H19]
★★★

両議院の議員は、院外における現行犯罪の場合及び議員の所属する議院の許諾のある場合を除いては、会期中は逮捕されないが、緊急集会中の参議院の議員は、院外における現行犯罪でない場合であっても、参議院の許諾なくして逮捕されることがある。

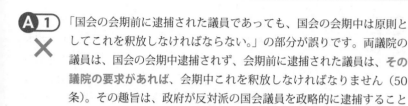

A1 「国会の会期前に逮捕された議員であっても、国会の会期中は原則として これを釈放しなければならない。」の部分が誤りです。両議院の 議員は、国会の会期中逮捕されず、会期前に逮捕された議員は、**その 議院の要求があれば**、会期中これを釈放しなければなりません（50 条）。その趣旨は、政府が反対派の国会議員を政略的に逮捕すること を防止するためと、議員の審議権を確保することです。

A2 本選択肢の通りです。不逮捕特権にいう「**逮捕**」とは、**刑事訴訟法上 の逮捕・勾引・勾留**のみならず、**警察官職務執行法上の保護措置など の行政上の拘束、精神保健法上の保護拘束等一切の公権力による身体 の拘束**をさします（通説）。

A3 選択肢全体が誤りです。国会議員に不逮捕特権が及ばないのは、**その 院の許諾がある場合と国会議員が院外で現行犯罪を犯した場合**です （国会法33条）。なぜなら、現行犯罪の場合は、犯罪事実が明白であ って、不当な逮捕が行われるおそれがないからです。

A4 本選択肢の通りです。参議院議員が**院内**で現行犯罪を犯した場合、不 逮捕特権の対象外です。このことは、院内において議員が現行犯罪を 犯した場合には、議院自身が自主的に措置する趣旨です。国会法には、 各議院の紀律を保持するため、内部警察権は、この法律及び各議院の 定める規則に従い、議長の命令があれば、逮捕することができる旨の 規定があります（国会法114条参照）。

Q5 国家一般 2004 [H16] ★★
会期中の議員に対する逮捕許諾権は、憲法の定める不逮捕特権の例外であるから、その行使には当該議員の所属する議院の議決のみでは足りず、両議院一致の議決が必要となる。

Q6 国家専門 2011 [H23] ★★
両議院は同時に活動することを原則としており、衆議院が解散された場合には参議院も同時に閉会となる。また、両議院の議員は、法律の定める場合を除き、国会の会期中は逮捕されないという不逮捕特権を有している。したがって、衆議院が解散され、参議院も閉会となり、活動を停止している間は、参議院議員の不逮捕特権は認められないこととなる。

Q7 特別区 2010 [H22] ★★
国会議員の不逮捕特権は、国会が閉会中に開催される継続審議中の委員会の委員である国会議員には、認められている。

Q8 国家一般 1982 [S57] ★★
国会議員はその在任中訴追されない権利を有する旨憲法上明記されており、したがって、これを根拠として地方議会の議員も同様の権利を憲法上保障されていると解することができる。

Q9 国家総合 1986 [S61] ★
特別会の審議に参加している参議院議員については、裁判所が証人として勾引する正当な理由があると判断した場合であっても、参議院の許諾がなければこれを勾引することはできない。

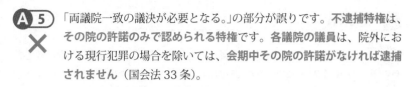

A 5 ✕ 「両議院一致の議決が必要となる。」の部分が誤りです。**不逮捕特権**は、その院の許諾のみで認められる特権です。各議院の議員は、院外における現行犯罪の場合を除いては、**会期中その院の許諾がなければ逮捕されません**（国会法 33 条）。

．．．

A 6 ✕ 「衆議院が解散され、参議院も閉会となり、活動を停止している間は、参議院議員の不逮捕特権は認められないこととなる。」の部分が誤りです。**不逮捕特権は緊急集会中における参議院議員には、認められています**（国会法 100 条 1 項・4 項）。

．．．

A 7 ✕ 国会閉会中の委員会（予算委員会等）において、国会議員に不逮捕特権は認められていません。

．．．

A 8 ✕ **地方議会議員**には、**不逮捕特権は認められていません**（通説）。

💡 **ワンポイント**

不訴追特権は、国務大臣に認められるもの（72 条）であって、国会議員に認められていません。

．．．

A 9 ○ **特別会の審議に参加している参議院議員**については、**裁判所が証人として勾引する正当な理由があると判断した場合には、参議院の許諾がなければ勾引することはできません**。

2 免責特権

Q 10
国家一般
1995 [H7]
★★★
国会議員の免責特権は、議員の国会での職務執行の自由を保障するために認められたものであるから、国会の会期中の行為のみが対象とされ、会期外の行為には免責特権の保障は及ばない。

Q 11
国家一般
2007 [H19]
★★★
両議院の議員は、議院で行った演説、討論又は表決について院外で責任を問われないが、これは、議院における議員の自由な発言・表決を保障するため一般国民ならば負うべき民事上の法的責任を負わないことを意味するにとどまり、刑事上の法的責任まで免除するものではない。

Q 12
国家専門
2001 [H12]
★★★
憲法第51条の議員の免責特権は、議員が議院で行った演説、討論又は表決についてのみを対象としていることから、議員の院外で行った行為については、それが議院の活動として行われたものであっても免責特権の対象とはならないと解されている。

Q 13
国家専門
1986 [S61]
★★★
憲法第51条の「発言表決の免責特権」の規定は、野次や私語でも議員が本会議や委員会で行なったものなら適用される。

Q 14
国家専門
2003 [H15]
★★★
国会議員は、議院で行った演説、討論又は表決について、院外で民事及び刑事上の責任を問われることがない上に、院内で責任を問われることもなく、懲罰を受けることもない。

A 10 両議院の議員は、会期中のみならず、会期外においても、議院で行った演説、討論又は表決について、院外で責任を問われません（51条）。その趣旨は、国会議員の表現の自由は、議会政治の基礎をなすものである以上、これに対しては、一般国民の場合以上の保障が与えられなければならないからです。

💡 **ワンポイント**

憲法51条の免責特権は、不逮捕特権に関する規定（50条）と異なり、会期内に限定していません。

. . . .

A 11 「刑事上の法的責任まで免除するものではない。」の部分が誤りです。国会議員が他の議員の行動などを批判した場合、これが名誉毀損に該当するような言論内容であった場合でも、免責特権が及び、刑事上の責任や民事上の責任を問われません。

. . . .

A 12 「議員の院外で行った行為については、それが議院の活動として行われたものであっても免責特権の対象とはならないと解されている。」の部分が誤りです。遊説先での言論も、免責特権の対象となります。憲法51条の文言上「議院で」とありますが、これは、場所的には、議事堂内部に限らず、遊説先での言論もその対象となります。

. . . .

A 13 野次や私語は免責特権の対象となりません。

. . . .

A 14 「院内で責任を問われることもなく、」の部分が誤りです。国会議員は、議院で行った演説、討論又は表決について、院内で責任を問われ、懲罰を受けることはあります（58条2項）。

Q 15
国家一般
2015 [H27]
★★★

国会議員に免責特権が認められているのは、院内での言論の自由を確保し、国会の機能を十分に発揮させるためであるから、国会議員が所属する委員会の地方公聴会での発言など、国会議員が院外で行った発言には、免責特権は及ばない。

....

Q 16
国家専門
2003 [H15]
★★★

国会議員の発言について、いわゆる免責特権が与えられているからといって、それを直ちに地方議会に当てはめ、地方議会議員の発言についても、いわゆる免責特権を憲法上保障しているものと解すべき根拠はないとするのが判例である。

....

Q 17
国家一般
1995 [H7]
★★★

国会議員の免責特権は、広く議員の院内での活動全般を対象とするから、国務大臣たる国会議員が院内で国務大臣として行なった発言にも免責特権の保障が及ぶ。

....

Q 18
国家総合
2001 [H13]
★★★

国会議員に免責特権が認められているのは、院内での言論の自由を確保し、国会の機能を十分に発揮させるためであるから、国会議員が国務大臣として行った演説、討論等についても免責特権が及ぶとするのが通説である。

....

Q 19
国家一般
1995 [H7]
★★★

政党が、党員である議員の議院における発言、表決について、除名等によりその責任を問うことは、議員の自由な職務執行を制限するものであり、憲法が免責特権を保障した趣旨に反するから、許されない。

....

Q 20
国家一般
2015 [H27]
★★★

国会議員が国会の質疑、演説、討論等の中でした個別の国民の名誉又は信用を低下させる発言については、国会議員の裁量に属する正当な職務行為とはいえず、免責特権は及ばないことから、これによって当然に国家賠償法第1条第1項の規定にいう違法な行為があったものとして国の損害賠償責任が生ずるとするのが判例である。

A 15 ✕ 「国会議員が院外で行った発言には、免責特権は及ばない。」の部分が誤りです。**国会議員が所属する委員会の地方公聴会での発言など、国会議員が院外で行った発言にも、免責特権は及びます**。

A 16 ◯ 本選択肢の通りです。地方議会についても、国会と同様の議会自治・議会自律の原則を認め、さらに、**地方議会議員の発言についても、いわゆる免責特権を憲法上保障しているものと解すべき根拠はありません**（最大判昭42・5・24）。

A 17 ✕ 「免責特権の保障が及ぶ。」の部分が誤りです。**国務大臣、政府委員、証人、参考人など国会議員以外の者は、院内での発言につき免責特権が認められていません**。

A 18 ✕ 「免責特権が及ぶ」の部分が誤りです。**国会議員が国務大臣として行った演説、討論等についても免責特権は及びません**。

A 19 ✕ 選択肢全体が誤りです。政党が、党員である議員の議院における発言、表決について、除名等によりその責任を問うことは、**免責特権の保障の趣旨に反するものではありません**。

A 20 ✕ 「これによって当然に」の部分が誤りです。国家賠償責任が肯定されるためには、当該国会議員が、その職務とはかかわりなく**違法又は不当な目的をもって事実を摘示し、あるいは、虚偽であることを知りながらあえてその事実を摘示するなど、国会議員がその付与された権限の趣旨に明らかに背いてこれを行使したものと認め得るような特別の事情があることが必要**です（最判平9・9・9）。

3 歳費受領権

Q21
国家専門
1986 [S61]
★★

国会議員は、毎年国庫から相当額の歳費を受ける権利を有し、その額はそれぞれ各議院の議決で決まる。

. . . .

Q22
裁判所
2006 [H18]
★★★

国会議員は、その勤務に対する報酬として、法律の定めるところに従い、会期中相当額の歳費を受領することができるとされ、その歳費は、在任中減額されないことが憲法上保障されている。

4 国会議員のその他の地位

Q23
国家専門
1989 [H1]
★★★

両議院の議員は、任期、解散の有無の点で異なっているが、両議院の議員の兼職は憲法上特に禁止されていない。

. . . .

Q24
国家一般
2007 [H19]
★★

ある議院に所属する議員は、同時に他方の議院の議員となることはできず、また、国又は地方公共団体の公務員や大臣政務官との兼職も禁じられているが、普通地方公共団体の議会の長や内閣総理大臣その他の国務大臣を兼職することについては、禁止されていない。

. . . .

Q25
特別区
2006 [H18]
★★★

衆議院が解散された場合であっても、衆議院議員は、次の国会が招集されるまで、議員としての身分を失わない。

「その額はそれぞれ各議院の議決で決まる。」の部分が誤りです。両議院の議員は、法律の定めるところにより、国庫から相当額の歳費を受けることがでます。これは、憲法 49 条で定められています。その趣旨は、国会議員が経済的理由により特定の者に支配されることのないようにするためです。

 国会議員が受ける歳費は、裁判官の場合と異なり、在任中減額されないことの憲法上の保障はありません。

 衆議院議員が同時に参議院議員になることはできません（48 条）。

 「国又は地方公共団体の公務員」と「普通地方公共団体の議会の長や内閣総理大臣その他の国務大臣を兼職することについては、禁止されていない。」の部分が誤りです。**議員は、内閣総理大臣その他の国務大臣、内閣官房副長官、内閣総理大臣補佐官、副大臣、大臣政務官及び別に法律で定めた場合を除いては、その任期中、国又は地方公共団体の公務員と兼ねることができません**（国会法 39 条本文）。

 衆議院議員は、解散によって、その身分を失います（45 条、54 条）。

Q26
国家一般
2009 [H21]
★

衆議院議員の任期を4年、被選挙権を有する者を25歳以上の者とすること、参議院議員の任期を6年、被選挙権を有する者を30歳以上の者とすることは憲法において定められているが、その他の議員の資格は法律で定められている。

. . . .

Q27
国家総合
2014 [H26]
★

参議院は、各都道府県に一つ置かれる選挙区から選出される選挙区選出議員と、全国を一選挙区として非拘束名簿式比例代表選挙で選出される比例代表選出議員とで構成され、いずれの議員も、選挙の期日に年齢満30年以上でなければならない。また、比例代表選出議員は、自らが選出された選挙の期日以後において、除名、離党その他の理由により選出時に所属していた政党に所属する者でなくなった場合には、直ちにその議員資格を失う。

. . . .

Q28
国家専門
1986 [S61]
★★

国会議員の選出された選挙区で選挙権を有する者は、その選挙区の選挙権者の総数の3分の1以上の連署をもってその代表者によって当該国会議員の解職の請求ができる。

. . . .

Q29
国家専門
1990 [H2]
★

両議院の議員が法律案を発議するには、両議院おのおの20人以上の賛成を要し、特に予算を伴う法律案については、おのおの50人以上の賛成を要する。

. . . .

Q30
国家一般
2007 [H19]
★

議員は、その所属する議院に議案を発議する権能を持っており、予算を伴う法律案については、衆議院では50人以上、参議院では20人以上の議員の賛成があれば発議することができ、それ以外の議案については、衆議院では20人以上、参議院では10人以上の議員の賛成があれば発議することができる。

「憲法において定められている」の部分が誤りです。衆議院議員については年齢満 25 年以上の者、参議院議員については年齢満 30 年以上の者です（公職選挙法 10 条 1 項 1 号・2 号）。

 「除名、離党その他の理由により選出時に所属していた政党に所属する者でなくなった場合には、直ちにその議員資格を失う。」の部分が誤りです。参議院の比例代表選出議員は、自らが選出された選挙の期日以後において、その議員資格を失うのは、選挙で争った他の政党に所属を変更した場合です（公職選挙法 86 条の 2、国会法 109 条の 2）。

 国会議員は、地方議会議員と異なり、解職制度（リコール制度）はありません。

 「両議院」のうち「参議院について」は誤りです。議員が議案を発議するには、衆議院においては議員 20 人以上、参議院においては議員 10 人以上の賛成が必要です。予算を伴う法律案を発議するには、衆議院においては議員 50 人以上、参議院においては議員 20 人以上の賛成を要します（国会法 56 条但し書き）。

 議員が議案を発議するには、衆議院においては議員 20 人以上、参議院においては議員 10 人以上の賛成を要します。但し、予算を伴う法律案を発議するには、衆議院においては議員 50 人以上、参議院においては議員 20 人以上の賛成を要します（国会法 56 条）。

Q31
国家専門
1983 [S58]
★

国会議員は所属議院において議案の発議権を有するが、この発議権には一般の法律案の提出だけでなく条約や皇室関係の財産授受に関する議案の提出も含まれる。

....

Q32
国家一般
2014 [H26]
★

国会議員は、少なくとも一個の常任委員会の委員となる。ただし、議長、副議長、内閣総理大臣その他の国務大臣等は、その割り当てられた常任委員を辞することができる。

「この発議権には条約や皇室関係の財産授受に関する議案の提出も含まれる。」の部分が誤りです。**予算、条約そして皇室関係の財産授受についての発案権**は、**内閣にある**のであって、国会議員にはありません（73条3号、86条、88条）。

議長、副議長、内閣総理大臣その他の国務大臣、内閣官房副長官、内閣総理大臣補佐官、副大臣、大臣政務官及び大臣補佐官は、その割り当てられた**常任委員を辞する**ことができます（国会法42条2項但し書き）。

(1)内閣の権能、独立行政委員会

1 内閣の権能

●──総説

Q 1
国家専門
2001 [H13]
★★★

内閣は、法律を誠実に執行することとされているが、一方で憲法を尊重し擁護すべき義務を負っているから、ある法律について憲法上の疑義があると判断した場合には、これを理由に当該法律の執行を拒否することができる。

Q 2
国家一般
2015 [H27]
★★★

内閣は、法律を誠実に執行し、また、憲法を尊重し擁護すべき義務を負っていることから、最高裁判所が違憲と判断しなくとも、憲法上の疑義を理由に法律の執行を拒否することができると一般に解されている。

Q 3
国家総合
2012 [H24]
★★★

内閣が法律案を国会に提出することは、立法作用そのものには含まれず、国会を「国の唯一の立法機関」とする憲法第 41 条には違反せず認められるが、内閣が憲法改正の原案としての議案を国会に提出することは、憲法を尊重・擁護する義務を課する憲法第 99 条に違反し認められないとされている。

Q 4
国家一般
1994 [H6]
★★★

内閣が締結することを職務とする条約は、国家間の権利義務関係に関する法的な合意をすべて含み、「条約」という名称を有するものに限られず、また、文書によると否とを問わない。

Q 5
特別区
2015 [H27]
★★★

条約の意味には、条約を執行するために必要な技術的及び細目的協定や、条約の具体的な委任に基づいて具体的個別的問題について細部の取極めを行うものも含まれるので、それらの協定や取極めについても国会の承認を必要とする。

A 1 「ある法律について憲法上の疑義があると判断した場合には、これを理由に当該法律の執行を拒否することができる。」の部分が誤りです。内閣は行政の基準である法律を誠実に執行する任務を有していますが、**国会の制定した法律に違憲の疑いがあると思われる場合には、その執行を拒むことはできません。**

A 2 「最高裁判所が違憲と判断しなくとも、……法律の執行を拒否することができる」の部分が誤りです。**最高裁判所が、ある法律の内容が違憲であると判断した場合には、内閣は、その法律の執行を差し控えるべきです**（通説）。

A 3 「内閣が憲法改正の原案としての議案を国会に提出することは、憲法を尊重・擁護する義務を課する憲法第 99 条に違反し認められない」の部分が誤りです。**憲法 99 条に違反しません**（通説）。

A 4 選択肢全体が誤りです。**条約とは文書による国家間の合意をいいます。そして、国家間の権利義務を定めるものであれば、ここにいう条約にあたります。**

A 5 「それらの協定や取極めについても国会の承認を必要とする。」の部分が誤りです。**すでに国会で承認された条約を受けてその実施のために相手方行政府との間で締結される行政協定は、改めて国会の承認を必要としません**（最大判昭 34・12・16）[砂川事件]。

Q 6 国家専門 2009 [H21] ★★★ 内閣の職務の一つに、外交関係を処理することがあるが、条約の締結に当たっては、必ず事前に国会の承認を経なければならないことが憲法で規定されている。

....

Q 7 特別区 2015 [H27] ★★★ 条約の効力について、条約の国会における事後承認の手続で承認を得られなかった場合は、国会の承認権の規定の具体的な意味が諸外国にも周知の要件と解されているような場合であっても、国際法的には必ず有効である。

....

Q 8 特別区 2009 [H21] ★★★ 内閣は、法律の定める基準に従い官吏に関する事務を掌理するが、その官吏は、国会職員と裁判所職員を含む国家公務員と地方公共団体のすべての公務員を指すものである。

....

Q 9 特別区 2009 [H21] ★★★ 内閣は、大赦、特赦、減刑、刑の執行の免除及び復権を決定し、訴訟法上の手続によって、公訴権や有罪宣告の効力を消滅させたり、減刑もしくは刑の執行を免除したりすることができる。

....

Q 10 国家専門 1982 [S57] ★★ 天皇の国事に関するすべての行為には、内閣の助言と承認が必要とされているが、この助言と承認についての内閣の責任は、内閣が天皇の行為について天皇に代わって負う責任である。

....

Q 11 国家総合 1988 [S63] ★★ 条約の締結権は内閣に属し、条約の署名および批准は内閣によってなされるが、条約の批准書に必要とされる天皇の認証がその効力発生要件であるから、天皇の認証を欠いた批准書は無効であるとするのが通説である。

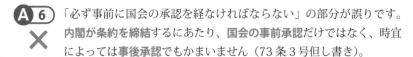

A6 ✕ 「必ず事前に国会の承認を経なければならない」の部分が誤りです。**内閣が条約を締結するにあたり、国会の事前承認**だけではなく、時宜によっては**事後承認**でもかまいません（73条3号但し書き）。

. . . .

A7 ✕ 「国際法的には必ず有効である。」の部分が誤りです。条約の効力について、条約の国会における事後承認の手続で承認を得られなかった場合は、**国会の承認権の規定の具体的な意味**が、**諸外国にも周知の要件と了解されている場合には、国際法上も無効**です。これを**条件付無効説**といいます（通説）。この立場は、国会による民主的コントロールの重視と相手国の立場の尊重のバランスを強調します。

. . . .

A8 ✕ 「すべての公務員を指すものである。」の部分が誤りです。憲法73条4号に定める**「官吏」**とは、「公務員」（15条、99条）と同義ではなく、「公務員」よりも狭く、**行政部の職員（政府職員）**をいいます。したがって、**国会議員、国会職員、裁判官、裁判所職員は、ここにいう「官吏」からは除かれます。**

. . . .

A9 ✕ 「訴訟法上の手続によって、」の部分が誤りです。「恩赦」とは、**訴訟法上の手続によらないで、刑罰権の全部または一部を消滅させること**をいいます。

. . . .

A10 ✕ 「天皇に代わって負う責任である。」の部分が誤りです。内閣は、天皇の国事に関するすべての行為に助言と承認（3条、7条）を行うことが必要ですが、ここに内閣は天皇に代わって責任を負うのではなく、**内閣の自己責任**です。

. . . .

A11 ✕ 「条約の批准書に必要とされる天皇の認証がその効力発生要件であるから、天皇の認証を欠いた批准書は無効であるとするのが通説である。」の部分が誤りです。**条約の批准書に必要とされる天皇の認証は、すでに有効に成立した批准書に対し、確認し、公に証明するものにすぎません。したがって、天皇の認証を欠いても条約の批准書は有効です**（通説）。

●──衆議院の解散

Q 12
裁判所
2016 [H28]
★★

衆議院が解散された場合であっても、参議院は解散せず、衆議院議員の総選挙後新たに国会が召集されるまで国会の機能を代行することになるが、その後、新たに召集された国会において承認されなくても、参議院が代行した行為の効力は否定されない。

Q 13
国家専門
2004 [H16]
★★★

内閣の構成員のうち、内閣総理大臣のみが国会の議決で指名されるものであることから、衆議院の解散権は内閣の権能ではなく、内閣総理大臣のみに認められる一身専属的な権能である。

Q 14
国家専門
2009 [H21]
★★★

憲法第7条が定める天皇の国事行為の一つとして、衆議院の解散が挙げられており、内閣には実質的な衆議院の解散権があるとされているが、衆議院自身にも解散決議による自律的な解散権があるとする点で学説は一致している。

Q 15
特別区
2006 [H18]
★★★

衆議院の解散は、内閣の助言と承認によって天皇が行う国事行為であり、解散を実質的に決定する権限は天皇にある。

Q 16
国家総合
1983 [S58]
★★★

内閣は、衆議院において内閣不信任の決議案を可決した場合に総辞職する場合があることとの均衡上、衆議院を解散させることができる。その憲法上の根拠は、憲法65条により行政権が内閣に属するためである。

A12 ✕ 選択肢全体が誤りです。衆議院の解散とは、衆議院議員の任期満了以前に、その全員の身分を失わせることをいいます（45条）。そして、衆議院の解散の効果は衆議院議員を新たに選挙することです（54条1項）。そして、「衆議院が解散された場合」、衆参同時閉会の原則により、参議院は閉会します。したがって、**参議院の緊急集会が開催されない限り、国会の機能を代行することはできません。**

. . . .

A13 ✕ 「内閣総理大臣のみに認められる一身専属的な権能」の部分が誤りです。**衆議院の解散権の主体は、内閣総理大臣ではなく、内閣です（通説）。**

. . . .

A14 ✕ 「衆議院自身にも解散決議による自律的な解散権がある」の部分が誤りです。衆議院による自律解散説は少数説です。**通説は、衆議院の解散権の主体は、内閣と考えています。**

. . . .

A15 ✕ 衆議院の解散は、内閣の助言と承認によって天皇が行う国事行為である（7条3号）ことから、形式的解散権は天皇にあるが、**実質的解散権は内閣にあると解されています**（通説）。

> ⚠ **ワンポイント**
>
> 憲法7条3号説に対しては、天皇の国事行為は本来すべて形式的・儀礼的行為ですから、このような国事行為に対する内閣の助言と承認には実質的決定権は含まれないはずであるとの批判があります。

. . . .

A16 ✕ 「その憲法上の根拠は、憲法65条により行政権が内閣に属するためである。」の部分が誤りです。**衆議院の解散の行われる場合の憲法上の根拠については、通説は、憲法7条3号の衆議院の解散という天皇の国事行為（形式的解散権）に対する内閣の「助言と承認」を根拠として、内閣の自由な解散決定権が認められる（実質的解散権）（7条3号説）と解しています。**

Q17
国家総合
2013 [H25]
★★★

衆議院の解散に伴う総選挙の結果、総選挙前の与党が、総選挙後も引き続き政権を担うことになった場合であっても、総選挙後に初めて国会が召集されたときは、内閣は総辞職をしなければならない。

Q18
特別区
2006 [H18]
★★★

衆議院で内閣不信任の決議案を可決したときは、内閣は、10日以内に衆議院を必ず解散しなければならない。

Q19
国家一般
2009 [H21]
★★

衆議院で内閣不信任決議案が可決された場合は、内閣は、衆議院を解散するか、又は総辞職しなければならないが、衆議院において内閣信任決議案が否決された場合及び参議院において内閣総理大臣の問責決議案が可決された場合は、内閣は、衆議院を解散し、又は総辞職する必要はない。

Q20
国家一般
2015 [H27]
★★

内閣は、国会に対し責任を負うとされているが、各議院が個別的に内閣に対して責任を追及することを排除する趣旨ではなく、例えば、内閣に対して、総辞職か衆議院の解散かの二者択一を迫る決議案は、衆議院及び参議院のいずれにおいても提出することができる。

● ―― 参議院の緊急集会

Q21
国家専門
2013 [H25]
★★

衆議院で可決した法律案を参議院で審議中に衆議院が解散された場合であっても、参議院における審議は解散の影響を受けずに継続され、参議院で当該法律案が可決されれば法律は成立する。

Q22
国家総合
1991 [H3]
★★★

衆議院議員の任期満了による選挙期間内に国に緊急の必要があるときは、内閣は参議院の緊急集会を求めることができる。

A⟨17⟩ 衆議院が解散された後の事後手続きについては、解散の日から40日
○ 以内に総選挙を行い、その総選挙の日から30日以内に、新たな衆議
院を有する国会を召集しなければなりません（特別国会）（54条1項）。
この国会の召集があったときは、内閣は総辞職し（70条）、新たに内
閣総理大臣が指名されることになります。

A⟨18⟩ 衆議院で内閣不信任の決議案を可決したときは、内閣は、総辞職する
✕ か、衆議院を解散するかいずれかを選択しなければなりません（69
条）。

A⟨19⟩ 衆議院において内閣信任決議案が否決された場合にも、内閣は、総辞
✕ 職するか、衆議院を解散するかいずれかを選択しなければなりません
（69条）。なお、「参議院において内閣総理大臣の問責決議案が可決さ
れた場合は、内閣は、衆議院を解散し、又は総辞職する必要はない。」
の部分は正しいです。

A⟨20⟩ 「内閣に対して、総辞職か議院の解散かの二者択一を迫る決議案は、
✕ ……参議院においても提出することができる。」の部分が誤りです。
参議院に対しては、衆議院の解散請求はできません。

A⟨21⟩ 選択肢全体が誤りです。衆議院が解散されて、新たに衆議院が成立す
✕ るまでの間は、国会を召集することができません。これを、衆参同時
活動の原則といいます。したがって参議院における審議は解散の影響
を受けます。

A⟨22⟩ 衆議院および参議院の任期満了の場合には、緊急集会は認められませ
✕ ん。

Q 23
国家専門
1990 [H2]
★★

参議院の緊急集会は、会期をあらかじめ定めて召集しなければならない。

....

Q 24
国家一般
2006 [H18]
★★★

衆議院が解散されたときは、参議院は同時に閉会となる。ただし、参議院は、その出席議員の3分の2以上の多数により緊急の必要があると認めるときに、緊急集会を開くことができる。

....

Q 25
国家総合
1995 [H7]
★★

参議院の緊急集会を求める権能は、内閣のみに属し、緊急集会については、天皇の国事行為としての召集は必要ない。

....

Q 26
国家総合
2007 [H19]
★★

衆議院が解散し、国会が閉会している期間中、内閣は、国に緊急の必要があるときは参議院の緊急集会を求めることができ、参議院議員は、内閣総理大臣からあらかじめ示された案件に関連があるものに限り、緊急集会において議案を発議することができるが、緊急集会で採られる措置は臨時のものであり、次の国会開会の後10日以内に衆議院の同意がない場合にはその効力は失われる。

....

Q 27
国家総合
1980 [S55]
★★

参議院の緊急集会は、両院活動の同時開閉の原則の例外として、参議院一院で、臨時的に国会の権能を代行するものであるから、憲法改正の発議、条約締結の承認および暫定予算の議決の権能を行使することはできない。

....

Q 28
国家一般
1988 [S63]
★★★

参議院の緊急集会は、緊急の必要に基づいて参議院のみの単独開会として行なわれるものであって、両議院同時に開催される国会とは異なるから、緊急集会においては議員の特権は認められていない。

A 23 参議院の緊急集会には、会期は定められていません。

✕

....

A 24 参議院議員には緊急集会を求める権能はありません（国会法 99 条 1 項参照）。これは内閣の専権です。

✕

....

A 25 緊急集会については、天皇の国事行為としての召集は必要ではありません（通説）。

◯

....

A 26 参議院議員は、内閣総理大臣から示された案件に関連するものに限り、緊急集会において議案を発議することができます（国会法 101 条）。また、緊急集会で採られた措置について衆議院の同意がない場合には、その効力は将来に向かって失われます（54 条 3 項参照）。

◯

....

A 27 「暫定予算の議決の権能を行使することはできない。」の部分が誤りです。緊急集会においては、参議院は、緊急性の要件を満たす場合である限り、法律案の議決・予算案の議決など、国会の権能のすべてを行うことができます。ただし、内閣総理大臣の指名、憲法改正の発議は、緊急性がないので、緊急集会において行うことはできません（通説）。

✕

....

A 28 緊急集会中の参議院議員には、免責特権および不逮捕特権は認められています（国会法 100 条等）。

✕

Q 29
特別区
2014 [H26]
★★★

衆議院が解散された場合、内閣は、国に緊急の必要があるときは参議院の緊急集会を求めることができるが、当該緊急集会において採られた措置は、次の国会開会の後10日以内に、衆議院の同意がない場合には、その効力を失う。

....

Q 30
国家専門
2003 [H15]
★★★

衆議院が解散され参議院が閉会中に、国に緊急の必要があるときは、内閣は、緊急集会を求めることができるが、緊急集会において採られた措置は、臨時のものであって、次の国会開会の後30日以内に衆議院の同意がない場合には、さかのぼって効力を失う。

....

●——政　令

Q 31
国家専門
2001 [H13]
★★★

法律及び政令には、すべて主任の国務大臣が署名し、内閣総理大臣が連署することが必要とされており、これはその執行責任を明確にする趣旨に出たものであるが、署名又は連署を欠く法律又は政令がそのことのみをもって無効とされることはない。

....

Q 32
特別区
2011 [H23]
★★★

政令には主任の国務大臣が署名し、内閣総理大臣の連署が必要であるが、内閣総理大臣自らが主任の大臣として政令に署名することはない。

....

Q 33
特別区
2005 [H17]
★★★

内閣総理大臣は、法律に主任の国務大臣と共に連署しなければならないため、内閣総理大臣の連署を欠く法律の効力は否定される。

A 29
⭕ 緊急集会でとられた措置はすべて臨時のものであり、**次の国会開会の後10日以内に、衆議院に提出してその同意を求めなければなりません**（54条3項）。

A 30
❌ 「さかのぼって効力を失う。」の部分が誤りです。衆議院の同意が得られない場合は、緊急集会でとられた措置はすべて効力を失います（54条3項）が、**この効力の失効は過去にさかのぼるものではなく、将来に向って失われます**（通説）。

A 31
⭕ 政令とは、内閣が制定する命令をいいます。**法律及び政令には、すべて主任の国務大臣が署名し、内閣総理大臣が連署することを必要とします**（74条）。これはその執行責任を明確にする趣旨に出たものです。

A 32
❌ 「内閣総理大臣自らが主任の大臣として政令に署名することはない。」の部分が誤りです。前問の解説A31を参照して下さい。

A 33
❌ 法律、政令の制定に署名・連署を欠いた場合でも、法律、政令の効力や内閣の法律執行義務に影響はありません。

Q34 憲法73条6号は内閣の事務として「憲法及び法律の規定を実施する
国家総合
1998 [H10]
★★★
ために、政令を制定すること」を挙げており、憲法の規定を直接実施
する命令の制定を許容していることから、この限りにおいて国会中心
立法の原則は制限され、法律を媒介としない、法律執行のためではな
い独立命令は現行憲法下でも可能である。

・・

Q35 内閣は、憲法および法律の規定を実施するために、政令を制定するこ
国家一般
1994 [H6]
★★★
とができるとされているから、憲法の規定を直接実施するための政令
を制定することも認められている。

・・

Q36 内閣総理大臣は、一般行政事務のほか、日本国憲法及び法律の規定を
特別区
2014 [H26]
★★★
実施するために、政令を制定することができるが、政令には罰則を設
けることが一切できない。

・・

Q37 刑務所長が処遇上その他必要があると認める場合を除き、14歳未満
国家一般
2005 [H17]
★★★
の者には在監者との接見を認めない旨を定める旧監獄法施行規則の規
定は、旧監獄法と抵触して違法である（一部修正）。

・・

Q38 内閣が制定する政令には、憲法および法律の規定を実施するための執
国家専門
1998 [H10]
★★
行命令のほかに、法律の委任に基づき法律の所管事項を定める委任命
令も含まれると解されている。しかし、法律の委任を受けた政令がそ
の委任内容をさらに他の命令に委任することは許されない。

A34 「この限りにおいて国会中心立法の原則は制限され、法律を媒介としない、法律執行のためではない独立命令は現行憲法下でも可能である。」の部分が誤りです。**明治憲法において認められていた、法律に代わる命令（緊急勅令）や法律から独立して発せられる命令（独立命令）は、国会中心立法の原則に反するため、現行憲法において認めることはできません。**

💡 **ワンポイント**

「執行命令」とは、憲法および法律の規定を実施するための行政部が定める法規範をいいます。

A35 憲法は「この憲法及び法律の規定を実施するため」と定めています（73条6号）が、**直接に憲法を実施するための政令を認めることはできません**（通説）。

A36 「政令には罰則を設けることが一切できない。」の部分が誤りです。**委任命令とは、法律の委任に基づいて行政部の制定する法規範をいいます。そして、法律の委任がある場合、政令で罰則を設けることができます**（73条6号）。

A37 **刑事訴訟法は、被勾留者との接見の自由を保障し、旧監獄法は、接見の内容を命令に委任したところ、旧監獄法施行規則が被勾留者と幼年者との接見を原則として禁止することは、旧監獄法の委任の範囲を超え無効です**（最判平3・7・9）。

A38 「法律の委任を受けた政令がその委任内容をさらに他の命令に委任することは許されない。」の部分が誤りです。法律の委任を受けた政令がその委任内容をさらに他の命令に委任することは許されます（最大判昭33・7・9）。

💡 **ワンポイント**

法律による命令（政令）に対する委任の程度は、個別・具体的な委任を必要とし、いわゆる白紙委任は違憲となります（判例・通説）。

Q39
国家総合
1989 [H1]
★★★

法律の委任があれば、政令で、あるいは当該政令からさらに委任を受けた命令で、犯罪の構成要件の一部を規定することは不可能ではなく、このことはいわゆる罪刑法定主義に反するものではない。

●——閣　議

Q40
国家総合
2007 [H19]
★★

閣議の議決は、慣習により、全会一致によるものとされているが、内閣総理大臣が閣議を主宰することや、各大臣が案件を内閣総理大臣に提出して閣議を求めることができることについては、内閣法に規定が置かれている。

Q41
国家総合
1980 [S55]
★

内閣総理大臣がその職務を行うのは、閣議によるものとされており、各大臣は、その分担管理する行政事務に関する案件のみならず、これ以外の案件であっても、内閣総理大臣に提出して、閣議を求めることができる。

Q42
特別区
2009 [H21]
★★★

内閣は、合議体であるため、その意思決定は閣議によってなされるが、閣議の議決方法については、閣僚全員一致によることが憲法に明文で規定されている。

A 39 ○ 法律の委任があれば、政令で、あるいは当該政令からさらに委任を受けた命令で、**犯罪の構成要件の一部を規定することは可能**であり、このことはいわゆる**罪刑法定主義に反するものではありません**。

💡 **ワンポイント**

国家公務員法 102 条 1 項が、懲戒処分および刑罰の対象となる行為の定めを人事院規則に一様に委任して、国家公務員の政治的行為を禁止することは、憲法の許容する委任の限度を超えるものではありません（最大判昭 49・11・6）[猿払事件]。

．．．

A 40 ○ **閣議の議決**は、**慣習**により、**全会一致**によるものとされています。また、閣議は、内閣総理大臣がこれを主宰します。この場合において、内閣総理大臣は、内閣の重要政策に関する基本的な方針その他の案件を発議することができます（内閣法 4 条 2 項）。**各大臣は、案件の如何を問わず、内閣総理大臣に提出して、閣議を求めることができます**（内閣法 4 条 3 項）。

💡 **ワンポイント**

「閣議」とは、内閣が、合議体として、その構成員の合議によってその意思決定を行う会議をいいます。そして、内閣がその職務を行うには閣議によります（内閣法 4 条 1 項）。

．．．

A 41 ○ **閣議は、内閣総理大臣がこれを主宰**し、この場合において、**内閣総理大臣は、内閣の重要政策に関する基本的な方針その他の案件を発議することができます**（内閣法 4 条 2 項）。前問の解説 A40 を参照して下さい。

．．．

A 42 ✕ 「閣僚全員一致によることが憲法に明文で規定されている。」の部分が誤りです。**閣議の議事および議決方法については、憲法および法律には何の規定もなく、もっぱら実際上の慣行に委ねられています**。

💡 **ワンポイント**

閣議の決定は、多数決ではなく、全員一致によらなければなりません（慣行）。なぜなら、内閣は合議体であり、その行政権の行使については国会に対し連帯責任を負う（憲法 66 条 3 項）からです。

Q 43
国家一般
2015 [H27]
★★★

内閣は、閣議によりその職権を行使するものとされている。内閣総理大臣は内閣の首長であるとされているものの、閣議は全員一致によるものと法定されており、ある国務大臣が閣議決定に反対した場合は、当該国務大臣を罷免しない限り、内閣は職権を行使することができないため、総辞職することになる。

・・・

Q 44
国家総合
2015 [H27]
★★

憲法第66条第3項は、内閣は、行政権の行使について、国会に対し連帯して責任を負うと規定していることから、閣議決定は、内閣法第4条第1項の「内閣がその職権を行うのは、閣議によるものとする」との規定に基づく要式行為と解すべきであり、その決定は全大臣が署名押印した文書により行う必要がある。

・・・

Q 45
国家総合
1986 [S61]
★

内閣は閣議によってその職権を行なうという性質上、その職権は基本的事項に限られており、それゆえ細目的事務についてはその担当官のみが責任を負い、内閣自体は責任を負わない。

・・・

● ─ 内閣の総辞職

Q 46
特別区
2011 [H23]
★★★

内閣総理大臣が欠けた場合、又は衆議院議員総選挙の後に初めて国会の召集があった場合は、内閣は総辞職をしなければならない。

・・・

Q 47
特別区
2009 [H21]
★★★

内閣は、任意に総辞職できるが、必ず総辞職しなければならないのは、衆議院が不信任の決議案を可決し、又は信任の決議案を否決したときで10日以内に衆議院が解散されない場合と内閣総理大臣が欠けた場合とに限られる。

・・・

Q 48
国家専門
2009 [H21]
★★★

内閣総理大臣が欠けたとき、又は衆議院議員総選挙の後に初めて国会の召集があったときは、内閣は、総辞職をしなければならないことが憲法で規定されている。

A43 「閣議は全員一致によるものと法定されており」の部分が誤りです。国務大臣の中で閣議の内容に反対する者がいて、閣議で全員一致によることができない場合には、**内閣総理大臣**は、**当該国務大臣を罷免する**等の方法をとり、**自らが国務大臣を兼任して全員一致を守ること**ができます。なお、**閣議の議決は慣習により、全員一致によるもの**とされています。

- -

A44 「閣議決定は、……要式行為と解すべきであり、その決定は全大臣が署名押印した文書により行う必要がある。」の部分が誤りです。**閣議の方法は、不要式行為**です。会合しないで文書を各大臣に持ち回って署名を得る「持ち回り閣議」も認められています。

- -

A45 「それゆえ細目的事務についてはその担当官のみが責任を負い、内閣自体は責任を負わない。」の部分が誤りです。**閣議の内容については、基本的事項のみならず、細目的事項にもおよび、すべて非公開主義が**とられています。また、内閣自体は責任を負います。

- -

A46 **内閣総理大臣が欠けたとき、又は衆議院議員総選挙の後に初めて国会の召集があったときは、内閣は、総辞職をしなければなりません**（70条）。

- -

A47 選択肢全体が誤りです。内閣が総辞職をしなければならない場合は、①衆議院で不信任の決議案を可決し、又は信任の決議案を否決したときで、十日以内に衆議院が解散されない場合（69条）。②内閣総理大臣が欠けたとき（70条）。③**衆議院議員総選挙の後に初めて国会の召集があったとき**（70条）の3つです。

- -

A48 **内閣総理大臣が欠けたとき、又は衆議院議員総選挙の後に初めて国会の召集があったときは、内閣は、総辞職をしなければなりません**（70条）。

Q49
国家専門
2004 [H16]
★★★

内閣は、必ず総辞職しなければならない場合のほか、その存続が適当でないと考えるときはいつでも総辞職することができるが、総辞職した内閣は、新たに内閣総理大臣が任命されるまで引き続きその職務を行う。

....

Q50
裁判所
2007 [H19]
★★

責任原因が違法な行為に限定され、かつ責任内容が法定されているものを法的責任といい、それ以外の責任を政治的責任というとすると、日本国憲法上、内閣が国会に対して負う責任は、法的責任ではなく政治的責任ということになる。

....

Q51
国家総合
1992 [H4]
★

憲法は、行政権は内閣に属すると定めているが、具体的な行政事務は各省各庁等の行政機関が行ない、したがって、国会に対して第一次的に責任を負うのは各省大臣など行政機関の長ないし委員会であり、内閣は連帯して責任を負うにとどまる。

....

Q52
裁判所
2013 [H25]
★

憲法66条3項は、内閣は行政権の行使について国会に対して連帯して責任を負う旨規定しているが、個々の国務大臣がその所管事項について単独で責任を負うことが否定されているわけではない。

....

Q53
国家総合
2005 [H17]
★★

日本国憲法第66条第3項は、内閣は行政権の行使について「国会」に対し「連帯して」責任を負う旨定めているが、国会に対し責任を負うとの規定は、衆議院及び参議院の各議院がそれぞれ個別に内閣の責任を追及することを排除するものではなく、また、連帯して責任を負うとの規定は、国会が各国務大臣の単独の責任を追及することを否定するものではないと解される。ただし、衆議院の内閣不信任決議は法的効力を有するが、個別の国務大臣に対する不信任決議や参議院の内閣総理大臣に対する問責決議は、政治的責任を生じさせ得ることは格別、法的効力を有しない。

A49 内閣が総辞職をすると、内閣は、あらたに内閣総理大臣が任命されるまで引き続きその職務を行わなければなりません（71条）。

〇

A50 内閣は国会に対し、連帯して責任を負います（66条3項）が、ここで内閣が国会に対して負う責任は、法的責任ではなく、政治的責任です（通説）。

〇

A51 「国会に対して第一次的に責任を負うのは各省大臣など行政機関の長ないし委員会であり、」の部分が誤りです。国会に対して第一次的に責任を負うのは内閣であって、各省大臣など行政機関の長ないし委員会ではありません。

✕

A52 国会に対し責任を負うとの規定（66条3項）は、衆議院及び参議院の各議院がそれぞれ個別に内閣の責任を追及することを排除するものではなく、また、各国務大臣の単独責任を追及する可能性を排除する趣旨でもありません（通説）。

〇

A53 国会に対し責任を負うとの規定（66条3項）は、衆議院及び参議院の各議院がそれぞれ個別に内閣の責任を追及することを排除するものではありません。また、各国務大臣の単独責任を追及する可能性を排除する趣旨でもありません（通説）。ただし、本選択肢の通り、「衆議院の内閣不信任決議は法的効力を有するが、個別の国務大臣に対する不信任決議や参議院の内閣総理大臣に対する問責決議は、政治的責任を生じさせ得ることは格別、法的効力を有し」ません。

〇

Q54
国家総合
2014 [H26]
★★

内閣は、衆議院で内閣不信任の決議案を可決し、又は内閣信任の決議案を否決したときは、10日以内に衆議院が解散されない限り、総辞職をしなければならない。このような内閣の信任を問う決議案を採決することが認められているのは衆議院のみであるから、参議院で内閣の責任を追及するため問責決議案を採択しても同決議は無効である。

....

Q55
裁判所
2007 [H19]
★

日本国憲法では、行政権の行使について、内閣が国会に対し連帯して責任を負うこととなっているが、大日本帝国憲法では、国務各大臣が天皇に対し連帯して責任を負うこととなっていた。

....

Q56
国家一般
2015 [H27]
★★★

衆議院の解散又は衆議院議員の任期満了のときから、衆議院議員総選挙を経て初めて国会が召集されるまでの期間において内閣総理大臣が欠けた場合、内閣は、衆議院議員総選挙の後に初めて国会の召集があったときではなく、直ちに総辞職するのが先例である。

....

Q57
特別区
2014 [H26]
★★★

内閣は、内閣総理大臣が欠けたとき、又は衆議院議員総選挙の後に初めて国会の召集があったときは、総辞職をしなければならず、この場合には、あらたに内閣総理大臣が任命されるまで引き続きその職務を行う。

....

Q58
国家専門
1986 [S61]
★★★

内閣総理大臣は、内閣成立の際に国務大臣の過半数を国会議員のなかから選ばなければならないが、その後国務大臣の過半数が国会議員でなくなった場合であっても、その内閣は直ちに行為能力を失うわけではない。

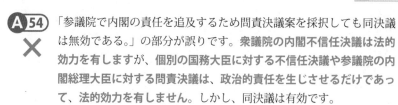

A54 ✕ 「参議院で内閣の責任を追及するため問責決議案を採択しても同決議は無効である。」の部分が誤りです。衆議院の内閣不信任決議は**法的効力を有します**が、個別の国務大臣に対する不信任決議や参議院の内閣総理大臣に対する問責決議は、政治的責任を生じさせるだけであって、**法的効力を有しません**。しかし、同決議は有効です。

. . . .

A55 ✕ 「大日本帝国憲法では、国務各大臣が天皇に対し連帯して責任を負うこととなっていた。」の部分が誤りです。大日本帝国憲法においては、「**国務各大臣ハ天皇ヲ輔弼シ其ノ責ニ任ス**」（55条）と規定され、**国務大臣が天皇に対し、連帯責任を負うわけではありません**。

. . . .

A56 ○ **内閣総理大臣が欠けたとき**とは、①**死亡したとき**、または、②**国会議員の資格を失いその地位を失う場合**です。ここで、**内閣総理大臣が欠けた場合には、内閣**は、衆議院議員総選挙の後に初めて国会の召集があったときではなく、**直ちに総辞職する**のが先例です。

. . . .

A57 ○ **総辞職した内閣**は、新しい内閣総理大臣が任命されるまでは、引き続きその職務を行います（71条）。

. . . .

A58 ○ 内閣総理大臣は、内閣成立の際に国務大臣の過半数を国会議員の中から選ばなければなりません（68条1項但し書き）が、その後、国務大臣の過半数が国会議員でなくなった場合には、その内閣は直ちに行為能力を失うわけではありません。この場合、**内閣総理大臣は、国務大臣の過半数が国会議員になるようにすみやかに組閣をすればよい**のです。

Q59
国家専門
1992 [H4]
★★★

内閣の議決は全会一致でなければならず、閣議において意見が一致しない場合には、内閣は総辞職をしなければならない。

2 独立行政委員会

Q60
国家専門
1982 [S57]
★★★

内閣は行政権の中枢機関であり、最高機関である結果、他のすべての行政機関はその統轄に服さねばならず、内閣による直接の指揮監督権の及ばない行政機関を設けることは許されない。

....

Q61
裁判所
2009 [H21]
★★★

「行政権は、内閣に属する」と規定する憲法65条はすべての実質的行政を内閣に帰属させることを要求するものではないとする立場に立てば、独立行政委員会は同条に反しないと説明することが可能である。

「内閣は総辞職をしなければならない。」の部分が誤りです。内閣の議決は全会一致でなければなりませんが、**閣議において意見が一致しない場合には、内閣総理大臣がその議決に反対する国務大臣を罷免し、その大臣の地位を兼ねることで内閣の総辞職を免れることができます。**

 選択肢全体が誤りです。憲法65条は「すべて行政権は内閣に属する」と規定していないので、すべての行政権を内閣が独占することを認めるものではありません。

 独立行政委員会が内閣から独立して職務を行っても、それが国会によって直接コントロールを受けるならば、国会に対して連帯責任を負う内閣（66条3項）が行政権を行うという民主的責任行政に反しません（65条例外説：通説）。

💡 ワンポイント

特定の行政について内閣から独立して職務を遂行する合議制の行政機関であり、通常、準立法作用および準司法作用を併有する特徴を有する制度です。これには、人事院、公正取引委員会、国家公安委員会、中央労働委員会、公安審査委員会などがあります。

1 内閣総理大臣の地位（国務大臣に対する任免権を含む）

Q 1
国家総合
2009 [H21]
★★★

明治憲法においては「国務各大臣ハ天皇ヲ輔弼シ其ノ責ニ任ス」と規定されており、内閣総理大臣は、憲法上の制度ではなく、一般に、「同輩中の首席」にすぎず、他の国務大臣と同格のものとされていた。これに対し、日本国憲法においては、内閣総理大臣は内閣の「首長」と規定されており、国務大臣の任免権、内閣を代表して行政各部を指揮監督する権限などが与えられている。

Q 2
裁判所
2011 [H23]
★★★

内閣総理大臣は、やむを得ない事由があるときに限り、国務大臣を罷免することができる。

Q 3
国家総合
1984 [S59]
★★

内閣総理大臣は自己を含めた国務大臣の過半数が国会議員となるように国務大臣を任命しなければならない。

Q 4
裁判所
2008 [H20]
★★★

国務大臣の罷免を天皇が認証するには、「内閣の助言と承認」によらなければならないことから、憲法上、国務大臣の罷免は閣議によることと規定されている。

Q 5
特別区
2005 [H17]
★★

内閣総理大臣は、国務大臣を任意に罷免することができるが、この罷免権は内閣総理大臣の専権に属するため、国務大臣の罷免に当たっては、天皇の認証を必要としない。

Q 6
国家一般
1994 [H6]
★★

内閣総理大臣は国務大臣を任意に罷免することができるが、当該罷免は天皇により認証されるべきこととされていることから、認証があるまでは効力を発生しない。

A 1
〇
明治憲法においては、**内閣総理大臣を含めて国務各大臣は憲法上平等**であり、**内閣総理大臣**はいわゆる「同輩者中の首席」にすぎませんでした。日本国憲法における記述は選択肢の通りです。

A 2
✕
選択肢全体が誤りです。**内閣総理大臣**は、**他の国務大臣を任命し、且つ任意に罷免**することができます（68条）。

A 3
✕
「自己を含めた」の部分が誤りです。内閣総理大臣は、国務大臣の過半数が国会議員となるように国務大臣を任命しなければならないが、**この国務大臣の中には内閣総理大臣を含みません**（通説）。

A 4
✕
内閣総理大臣による国務大臣の任免は、内閣総理大臣の専権に属するものですから、**内閣総理大臣が単独で行い、罷免の場合でも、閣議にかける必要はありません**（通説）。

A 5
✕
国務大臣の任免にあたっては、天皇の認証が必要です（7条5号）。

A 6
✕
内閣総理大臣による国務大臣の任免について、天皇の認証がなくても、認証は効力発生要件ではないので、その効力に影響はありません（通説）。

Q 7
国家総合
2010 [H22]
★★

国務大臣を罷免する権能は、憲法上、内閣総理大臣の専権に属することから、内閣総理大臣が国務大臣を罷免するときは、閣議にかける必要はない。また、国務大臣の罷免は、内閣総理大臣の罷免行為によって確定し、内閣はこれに対し何ら関与できない以上、国務大臣の罷免に必要な天皇の認証についても、閣議にかける必要はないと一般に解されている。

2 内閣総理大臣の国務大臣に対する訴追の同意権

Q 8
国家一般
1981 [S56]
★★

内閣統一を確保する見地から、内閣総理大臣には、国務大臣に対する訴追の効力発生要件たる同意をする権能が与えられている。

....

Q 9
特別区
2005 [H17]
★★

内閣総理大臣は、国務大臣の在任中における訴追への同意権を有するが、同意を拒否した場合、国務大臣は訴追されず、訴追の理由となった犯罪に対する公訴時効は進行する。

....

Q 10
国家一般
2015 [H27]
★★

国務大臣は、その在任中に、内閣の同意がなければ訴追されず、当該同意に基づかない逮捕、勾留は違法であり、当該訴追は無効となる。ただし、訴追の権利は害されないとされていることから、訴追に内閣の同意がない場合には公訴時効の進行は停止し、国務大臣を退職するとともに訴追が可能となると一般に解されている。

....

Q 11
国家総合
1989 [H1]
★★

国務大臣の訴追に対して同意を与えるか否かは内閣総理大臣の裁量に属し、その適否を法的に争う方法はない。なお、内閣総理大臣の同意なくして行なわれた国務大臣に対する公訴の提起は無効である。

A 7 ✕ 「国務大臣の罷免に必要な天皇の認証についても、閣議にかける必要はないと一般に解されている。」の部分が誤りです。**国務大臣の罷免に必要な天皇の認証には、内閣の助言と承認が必要なので、閣議を必要とします。**

💡 **ワンポイント**

内閣総理大臣が国務大臣を罷免するときは、閣議にかける必要はありません。ただし、国務大臣の任免にあたっては、天皇の認証が必要となります（7条5号）。

A 8 ◯ 内閣総理大臣は、国務大臣に対するその在任中における訴追に同意する権限を有します（75条）。

⋯⋯⋯⋯⋯⋯⋯⋯⋯⋯⋯⋯⋯⋯⋯⋯⋯⋯⋯⋯⋯⋯⋯⋯⋯

A 9 ✕ 「訴追の理由となった犯罪に対する公訴時効は進行する。」の部分が誤りです。**内閣総理大臣は、国務大臣に対するその在任中における訴追に同意しなかった場合、犯罪に対する公訴時効は進行せず、停止されます**（75条）。

⋯⋯⋯⋯⋯⋯⋯⋯⋯⋯⋯⋯⋯⋯⋯⋯⋯⋯⋯⋯⋯⋯⋯⋯⋯

A 10 ✕ 訴追に同意するか否かの権限は、内閣ではなく、**内閣総理大臣の専権**です。

⋯⋯⋯⋯⋯⋯⋯⋯⋯⋯⋯⋯⋯⋯⋯⋯⋯⋯⋯⋯⋯⋯⋯⋯⋯

A 11 ◯ 内閣総理大臣の同意なくして行われた国務大臣の訴追は、無効です。

3 内閣総理大臣による行政各部の指揮監督

Q12
特別区
2014 [H26]
★★★

内閣総理大臣は、一般国務及び外交関係について国会に報告し、並びに行政各部を指揮監督するが、議案を国会に提出するのは内閣のみの権限であり、内閣総理大臣はその権限を有しない。

Q13
国家専門
2009 [H21]
★★★

内閣総理大臣が行政各部に対し指揮監督権を行使するためには、閣議にかけて決定した方針が存在することを要するが、閣議にかけて決定した方針が存在しない場合においても、内閣総理大臣は、少なくとも、内閣の明示の意思に反しない限り、行政各部に対し、その所掌事務について一定の方向で処理するよう指導、助言等の指示を与える権限を有するとするのが判例である。

4 内閣総理大臣の資格要件

Q14
特別区
2014 [H26]
★★★

内閣総理大臣は、衆議院議員の中から国会の議決で指名され、国務大臣を任意に任命することができるが、国会の議決がなければ国務大臣を罷免することはできない。

Q15
特別区
2005 [H17]
★★★

内閣総理大臣は、国会議員の中から国会の議決で指名され、国会議員の任期満了又は衆議院の解散により、国会議員の地位を失った場合においては、直ちに内閣総理大臣の地位を失う。

Q16
裁判所
2008 [H20]
★★★

憲法上、国会議員でない国務大臣は両議院に出席することができないから、答弁又は説明のため出席を求められたときは、内閣総理大臣が当該国務大臣に代わって出席し答弁又は説明を行わなければならない。

A12 「議案を国会に提出するのは内閣のみの権限であり、」の部分が誤りです。**内閣総理大臣**は、内閣を代表して**議案を国会に提出することができ**ます。この「議案」の中には法律案・予算案も含まれ（内閣法5条）、また憲法改正案も含まれます（通説）。

....

A13 **内閣総理大臣が行政各部に対し指揮監督権を行使するためには、閣議にかけて決定した方針が存在することを要するが、閣議にかけて決定した方針が存在しない場合においても、流動的で多様な行政需要に遅滞なく対応するため、内閣総理大臣は、少なくとも、内閣の明示の意思に反しない限り、行政各部に対し指示を与える権限を有します**（最大判平7・2・22）[ロッキード事件丸紅ルート判決]。

A14 「衆議院議員の中から国会の議決で指名され、」と「国会の議決がなければ国務大臣を罷免することはできない。」の部分が誤りです。内閣総理大臣は、国会議員の中から国会の議決でこれを指名しますが、この「国会議員」とは、**衆議院議員または参議院議員**を意味します。また、**内閣総理大臣は、国務大臣を任意に任免することができ**ます。

....

A15 **国会議員の任期の満了および衆議院の解散により議員の地位を失う場合、これにより、内閣総理大臣は直ちにその地位を失うものではありません**（71条）。

....

A16 選択肢全体が誤りです。**内閣総理大臣その他の国務大臣は、両議院の一に議席を有すると有しないとにかかわらず、何時でも議案について発言するため議院に出席することができ**ます。又、答弁又は説明のため出席を求められたときは、**出席しなければなりません**（63条）。

Q 17
特別区
2014 [H26]
★★★

内閣は、法律の定めるところにより、内閣総理大臣及びその他の国務大臣で組織され、内閣総理大臣は、全ての国務大臣を国会議員の中から任命しなければならない。

Q 18
国家総合
1985 [S60]
★★

国会議員である国務大臣が国会の議席を失ったため、国務大臣の過半数が国会議員でなければならないという内閣の要件が欠けるに至った場合でも、当該国務大臣が当然に国務大臣としての地位を失うものではないとするのが通説である。

Q 19
裁判所
2008 [H20]
★★★

シビリアンコントロール（文民統制）の見地から、憲法上、国務大臣の過半数は文民でなければならないとされている。

Q 20
特別区
2016 [H28]
★★★

内閣は、行政権の行使について、国会に対し連帯して責任を負うため、内閣を組織する国務大臣は一体となって行動しなければならず、特定の国務大臣が、個人的理由に基づき、個別責任を負うことは憲法上否定されている。

Q 21
裁判所
2004 [H16]
★★★

衆議院が国務大臣に対する不信任決議案を可決した場合には、内閣総理大臣は、その国務大臣を罷免しなければならない。

Q 22
裁判所
2008 [H20]
★★★

内閣は、行政権の行使について、国会に対し連帯して責任を負うという憲法上の規定を前提としても、国会が特定の国務大臣の不信任決議をすることが憲法上否定されているとまではいえない。

Q 23
国家専門
1989 [H1]
★★★

衆議院・参議院のいずれにも議席を有しない国務大臣は、議院から要求されたときは出席して説明する義務があるが、議案について発言するためであっても、自ら議院に出席して発言する権利は有していない。

A17 ✕ 選択肢全体が誤りです。国務大臣は全員、国会議員である必要はなく、**国務大臣の過半数が、国会議員であればよい**のです（68条1項但し書き）。

A18 ◯ 国会議員である国務大臣が国会の議席を失ったため、国務大臣の過半数が国会議員でなければならないという内閣の要件が欠けた場合、内閣総理大臣は、すみやかに過半数の要件を充たすように努力し、それが充たされれば、当該国務大臣は国務大臣としての地位を失いません（通説）。

A19 ✕ シビリアンコントロール（文民統制）の見地から、**すべての国務大臣が文民**でなければなりません（66条2項）。

A20 ✕ 「個別責任を負うことは憲法上否定されている。」の部分が誤りです。**特定の国務大臣が、個人的理由に基づき、個別責任を負うことは憲法上否定されていません**。但し、個別責任を負うか否かは、国務大臣の判断に委ねられます。

A21 ✕ **衆議院が国務大臣に対する不信任決議案を可決した場合には、内閣総理大臣は、その国務大臣を罷免する法的責任を負いません**。

A22 ◯ **国会が特定の国務大臣の不信任決議をすることは可能です**。ただ、その不信任決議には法的拘束力がないということです。

A23 ✕ 国務大臣は、両議院の一に議席を有すると有しないとにかかわらず、**何時でも議案について発言するため議院に出席することができます**（63条前段）。

Q 24
国家総合
1978 [S53]
★★★

国務大臣の在任中の訴追には内閣の同意が必要であるが、この「訴追」には検察官による公訴の提起のみならず逮捕や勾留など身体の拘束も含まれる。

Q 25
裁判所
2008 [H20]
★★

国務大臣が検察機関によって不当な圧迫を受けるのを防ぐため、国務大臣は、その職務に関して行ったことについては、在任中のみならず、退任後であっても、内閣総理大臣の同意がなければ訴追されないことが憲法上保障されている。

6　内閣総理大臣の臨時代理

Q 26
国家専門
2013 [H25]
★★

憲法は、内閣総理大臣が欠けたときは、内閣は総辞職をしなければならないと定めているが、ここにいう「欠けた」には、死亡した場合のほか、除名や資格争訟の裁判などによって内閣総理大臣が国会議員たる地位を失った場合も含まれる。

Q 27
国家総合
1984 [S59]
★

主任の国務大臣が欠けた場合にその国務大臣の臨時代理が指名されていなかったときは、内閣総理大臣は速やかに新たな主任の国務大臣を任命しなければならず、自ら臨時にその主任の国務大臣の職務を行うことはできない。

Q 28
国家専門
2001 [H13]
★★

内閣総理大臣が有する国務大臣の任免権には、内閣の連帯責任にかんがみ、その統一性を担保する趣旨が含まれているから、内閣総理大臣の臨時代理であっても、国務大臣の任命権を行使することができるとともに、閣内不一致といった事態を回避する必要があるなど相当の理由のある場合には罷免権も行使し得る。

選択肢全体が誤りです。**国務大臣の在任中の訴追には内閣の同意が不要です。**また、**国務大臣の不訴追特権における「訴追」には、逮捕や勾留など身体の拘束は含まれません。**

 「退任後であっても、内閣総理大臣の同意がなければ訴追されないことが憲法上保障されている。」の部分が誤りです。**国務大臣は、不訴追特権を有しますが、国務大臣の資格を失えば、起訴は可能となります**（時効の停止）。

⚠ ワンポイント

国務大臣は、不訴追特権は有します（75条）が、不逮捕特権は有しません。

A26 **内閣総理大臣が「欠けた」にあたる場合は、死亡した場合のほか、除名や資格争訟の裁判などによって内閣総理大臣が国会議員たる地位を失った場合も含みます。**

A27 「内閣総理大臣は、自ら臨時にその主任の国務大臣の職務を行うことはできない。」の部分が誤りです。**主任の国務大臣に事故のあるとき、又は主任の国務大臣が欠けたときは、内閣総理大臣又はその指定する国務大臣が、臨時に、その主任の国務大臣の職務を行うことができます**（内閣法10条）。

A28 「内閣総理大臣の臨時代理であっても、国務大臣の任命権を行使することができるとともに、閣内不一致といった事態を回避する必要があるなど相当の理由のある場合には罷免権も行使し得る。」の部分が誤りです。**国務大臣の任命権や罷免権は、内閣総理大臣の専権なので、内閣総理大臣の臨時代理がこれを行使することはできません。**

(1)司法権の意義、司法権の範囲、司法権の限界

1 司法権の意義

●——総説

Q1
国家専門
2002 [H14]
★★★

裁判所法第3条第1項の規定にいう「法律上の争訟」として裁判所の裁判の対象となるのは、当事者間の具体的な権利義務ないし法律関係の存否に関する紛争に限られないと解されるから、裁判所は、具体的事件を離れて法律、命令の合憲性を審査することができる。

Q2
国家総合
2014 [H26]
★★

国家試験における合否の判定の当否が争われた裁判において、最高裁判所は、国家試験における合格、不合格の判定は、学問又は技術上の知識、能力、意見の優劣等の判断を内容とする行為であると同時に、個人の権利利益にも影響を与え得るものであるため、裁判所法第3条にいう「法律上の争訟」に当たる場合があるとしている。

Q3
特別区
2007 [H19]
★★★

具体的な権利義務ないし法律関係に関する紛争の形式をとる訴訟であっても、信仰対象の価値又は宗教上の教義に関する判断が、その帰すうを左右する必要不可欠なもので、訴訟の争点及び当事者の主張立証の核心であると認められるときは、裁判所法にいう法律上の争訟に当たらない。

A1 × 選択肢全体が誤りです。司法権が発動するためには**具体的な争訟事件が提起されること**を必要とし、また、わが現行の制度の下においては、**特定の者の具体的な法律関係につき紛争の存する場合においてのみ裁判所にその判断を求めることができます**（最大判昭 27・10・8）［警察予備隊令違憲訴訟］。

 ワンポイント

司法とは、具体的な争訟（法律上の争訟）について、それに法を解釈・適用し、その結果を宣言することによって、その争訟を裁定し、解決する国家作用をいいます。ここに、法律上の争訟とは、①当事者間の具体的な権利義務ないし法律関係の存否に関する紛争であり、②かつ、それが法の適用によって終局的解決可能性のあるものをいいます。

A2 × 国家試験における合否の判定の当否が争われた裁判において、法令の適用によって解決するに適さない単なる**政治的または経済的問題や技術上または学術上に関する争い**は、裁判所の裁判を受けることのできる事柄ではありません（最判昭 41・2・8）［技術士国家試験事件］。

A3 ○ 本件訴訟は、具体的な権利義務ないし法律関係に関する紛争の形式をとっていますが、結局本件訴訟は、その実質において**法令の適用による終局的な解決の不可能なもの**であって、裁判所法 3 条にいう法律上の争訟にあたらないものといわなければなりません（最判昭 56・4・7）［板まんだら事件］。

Q 4
国家総合
2007 [H19]
★

宗教法人の機関である代表役員兼責任役員の地位を有するか否かについて争いがある場合で、寺院の住職というような本来宗教団体内部における宗教活動上の地位にある者が当該宗教法人の規則上当然に代表役員兼責任役員となるとされているときは、裁判所は、特定人が当該宗教法人の代表役員兼責任役員であるかどうかを審理、判断する前提として、その者が住職選任の手続上の準則に従って選任されたかどうか、また、手続上の準則が何であるかに関して、審理、判断することができる。

. . . .

Q 5
裁判所
2007 [H19]
★★

国又は地方公共団体が専ら行政権の主体として国民に対し行政上の義務の履行を求める訴訟は、法律上の争訟に当たらず、不適法である

. . . .

●──客観訴訟

Q 6
国家総合
2001 [H13]
★★

日本国憲法においては、司法権を行使する前提として対象となる事件が「法律上の争訟」であることが必要であり、裁判所の違憲審査権は通常の訴訟手続の中でその訴訟の解決に必要な限りにおいてのみ行使されるという付随的審査制を採用していると解するのが通説であるが、いわゆる客観訴訟において違憲審査権が行使される場合があり、例えば、法律上の争訟性を欠くとされる住民訴訟において、最高裁判所は違憲審査権を行使している。

A 4 「裁判所は、特定人が当該宗教法人の代表役員兼責任役員であるかどうかを審理、判断する前提として、その者が住職選任の手続上の準則に従って選任されたかどうか、また、手続上の準則が何であるかに関して、審理、判断することができる。」の部分が誤りです。当事者間の具体的な権利や法律関係に関する訴訟であっても、それが**特定人の寺の住職としての地位の存否を判断する前提問題**であり、また、**宗教上の教義、信仰に関する事項に関するもの**である場合、**裁判所に審判権はありません**（最判平1・9・8）［蓮華寺事件］。

. . . .

A 5 国又は地方公共団体がもっぱら行政権の主体として国民に対して行政上の義務の履行を求める訴訟は、法規の適用の適正ないし一般公益の保護を目的とするものであって、**自己の権利利益の保護救済を目的とするものということはできない**から、**法律上の争訟として当然に裁判所の審判の対象となるものではなく**、法律に特別の規定がある場合に限り、提起することが許されます（最判平14・7・9）［宝塚市パチンコ店規制条例事件］。

. . . .

A 6 法律上の争訟の要件の中で、法令の適用による終局的解決可能性という要件は充たすが**当事者間の具体的な権利義務ないし法律関係の存否に関する紛争という要件を充たしていない**場合にも、**立法政策（法律）上認められる訴訟形態**として、**裁判所の司法審査が可能な場合があります**（**客観訴訟**）（行政事件訴訟法42条）。この例として、政教分離にかかわる住民訴訟（地方自治法242条の2）（愛媛玉串料訴訟等）、議員定数不均衡にかかわる訴訟（公職選挙法203条、204条）等があります。

Q 7
国家総合
1996 [H8]
★

裁判所の法律上の争訟を裁判する権限には、法令の適用の前提としての具体的事件における事実の認定が含まれるから、行政機関の認定した事実が一定の場合に裁判所を拘束することを認める制度を設けることは許されない。

2 司法権の範囲

Q 8
国家一般
1990 [H2]
★★★

日本国憲法における司法とは、刑事の裁判のみを意味し、この作用を行なう機能を司法権といい、この司法権は最高裁判所に属する。

. . . .

Q 9
国家一般
1990 [H2]
★★★

国会議員、裁判官その他の公務員の刑事事件について裁判するために、通常裁判所の系列のほかに特別裁判所を設置することは許される。

. . . .

Q 10
国家専門
2010 [H22]
★★★

憲法上、すべて司法権は最高裁判所及び法律の定めるところにより設置する下級裁判所に属し、特別裁判所を設置することはできないとされているが、家庭裁判所はその例外として設置されており、特別裁判所に該当するが、終審の裁判所ではないことから合憲であるとするのが判例である。

. . . .

Q 11
国家総合
2013 [H25]
★★

日本国憲法は、「第6章司法」において、最高裁判所と異なり、下級裁判所については、裁判官のみで構成される旨を明示した規定を置いておらず、同憲法の下で裁判員制度を設けること自体は禁じられていない。

A 7 ✕ 「行政機関の認定した事実が一定の場合に裁判所を拘束することを認める制度を設けることは許されない。」の部分が誤りです。公正取引委員会の審決を不服として控訴した訴訟においては、**公正取引委員会の認定した事実は、これを立証する実質的な証拠があるときは裁判所を拘束する**（実質的証拠の原則）と定め、**裁判所による事実認定の役割を奪うものと定める独占禁止法 80 条は、違憲となりません**（通説）。

A 8 ✕ 選択肢全体が誤りです。**司法権の範囲**については、日本国憲法は、**民事事件・刑事事件の裁判のみにとどまらず、行政事件の裁判も含まれ**ます。

....

A 9 ✕ **特別裁判所の設置は認められません**（76 条 2 項前段）。

ワンポイント

特別裁判所とは、特殊の人または特殊の事件について終審として裁判を行う裁判所であり、通常の裁判所の系列に属さないものをいいます。たとえば、明治憲法下における軍法会議などがその例となります。

....

A 10 ✕ 「家庭裁判所はその例外として設置されており、特別裁判所に該当するが、終審の裁判所ではないことから合憲であるとするのが判例である。」の部分が誤りです。**家庭裁判所は、特別裁判所ではなく、法律の定めるところにより設置する下級裁判所に属します**（最大判昭 31・5・30）。

....

A 11 ○ 裁判員が、さまざまな視点や感覚を反映させつつ、裁判官との協議を通じて良識ある結論に達することを期待する**裁判員裁判制度は、憲法 31 条、32 条、37 条 1 項、76 条 1 項、80 条 1 項に違反するものではありません**（最大判平 23・11・16）。

Q 12

国家総合
2013 [H25]
★★

日本国憲法は、「特別裁判所は、これを設置することができない。」と規定するが、裁判員制度による裁判所は、地方裁判所に属するものであり、その第一審判決に対しては、高等裁判所への控訴及び、最高裁判所への上告が認められていることから、特別裁判所には当たらない。

....

Q 13

国家専門
1985 [S60]
★★★

すべて司法権は、最高裁判所および法律の定めるところにより設置される下級裁判所に属するから、行政機関が裁判を行なうことは、たとえ前審としてであっても許されない。

....

Q 14

国家総合
1993 [H5]
★★

国家公務員に対する懲戒処分については、公務員の身分喪失にかかわる懲戒免職処分を除き、行政の内部規律の問題として、不服がある場合における人事院に対する審査請求等の行政内部の自律的措置に任されており、その事柄の性質上、司法審査の対象とはならない。

....

Q 15

国家総合
2001 [H13]
★

明治憲法においては、司法権は専ら民事及び刑事の裁判権に限定され、行政に関する事件はそれが私法的理論構成になじむ場合にのみ通常裁判所の裁判権に服するものとされたが、日本国憲法においては、行政事件の裁判権も司法権に属することとなっており、行政事件訴訟法において、行政処分に対する仮処分や終局的な執行停止の権限を裁判所に認めている。

A12 ○ 裁判員制度による裁判所は、地方裁判所に属するものであり、その第1審判に対しては、高等裁判所への控訴および最高裁判所への上告が認められており、**裁判官と裁判員によって構成された裁判体が特別裁判所にあたらないことは明らかです**（最大判平23・11・16）。

....

A13 × 選択肢全体が誤りです。**行政機関による終審裁判は禁止されています**（76条2項後段）。この文言の反対解釈から、**行政機関による前審審判は容認されています**（裁判所法3条2項参照）。

....

A14 × 「国家公務員に対する懲戒処分については、……司法審査の対象とはならない。」の部分が誤りです。**行政機関による審判が行われた処分については、裁判所で審査されなければなりません**。

....

A15 × 「行政事件訴訟法において、行政処分に対する仮処分や終局的な執行停止の権限を裁判所に認めている。」の部分が誤りです。日本国憲法においては、行政事件の裁判権も司法権に属するが、行政事件訴訟法においては、行政処分に対する仮処分（行政事件訴訟法44条）は認めています。しかし、**終局的な執行停止の権限を裁判所に認めていません**（行政事件訴訟法25条、27条等）。**執行停止の効力は、仮の効力であって、終局的な権限ではありません**。

3 司法権の限界

●──自律権

Q16
国家総合
2014 [H26]
★★★

議事混乱のまま法律案を可決した国会の議決の有効性が争われた裁判において、最高裁判所は、規則制定権を有する国会は、大学や政党などと同様に自律的な法規範を持つ団体と考えることができるため、議決が有効であるか否かの判断は、団体の内部的事項であるとして、その議事手続に明白な憲法違反がない限り、司法審査の対象とならないとしている。

●──団体内部事項 (部分社会の法理)

Q17
国家専門
2007 [H19]
★★★

地方議会のような自律的な法規範を持つ社会や団体にあっては、当該規範の実現を内部規律の問題として自治的措置に任せ、必ずしも裁判に付することを適当としないものがあるが、地方議会議員に対する3日間の出席停止の懲罰議決については、地方議会議員の身分に関する事項であり、単なる内部規律の問題にとどまらないから、司法審査の対象となるとするのが判例である。

Q18
国家専門
2002 [H14]
★★★

大学での単位授与 (認定) 行為は、それが一般法秩序と直接の関係を有するものであることを肯認するに足りる特段の事情のない限り、純然たる大学内部の問題として大学の自主的、自律的な判断にゆだねられるべきものであるから、裁判所の司法審査の対象にはならない。

A16 選択肢全体が誤りです。**判例は自律権の問題**（（最大判昭 37・3・7）
[警察法改正無効事件] 参照）**と捉え、団体内部事項（部分社会の法理）
の問題とは考えていません。**

💡 **ワンポイント**

自律権とは、国会を構成する両議院が、議院の組織活動その他の議院の内部事項に
ついて、他の国家機関の干渉を受けることなく自主的に定めることができる権能を
いいます。この両議院の自律権については、政治部門の内部的自律の尊重の観点か
ら、司法審査は一切及びません（通説）。

....

A17 「単なる内部規律の問題にとどまらないから、司法審査の対象となる
とするのが判例である。」の部分が誤りです。**地方議会の議員の出席
停止の懲罰に対しては、司法審査は及びませんが、議員の除名処分に
対しては司法審査は及びます。**（最大判昭 35・10・19）[地方議会議
員懲罰事件]。

💡 **ワンポイント**

**「部分社会の法理」とは、自律的法規範をもつ社会ないし団体内部の紛争に関しては、
その内部規律の問題にとどまる限りその自治的措置に任せ、それについては司法審
査が及ばない考え方をいいます。**

....

A18 **大学による単位授与（認定）行為は、他にそれが一般市民法秩序と直
接の関係を有するものであることを肯認するに足りる特段の事情のな
い限り、純然たる大学内部の問題として大学の自主的、自律的な判断
に委ねられるべきものであって、裁判所の司法審査の対象にはなりま
せん**（最判昭 52・3・15）[富山大学単位不認定等違法確認訴訟]。

Q19
特別区
2007 [H19]
★★

国公立大学の学生の専攻科修了認定は、大学内部の問題としてその自主的、自律的判断に委ねられるべきものであり、それが、学生が公の施設である大学を一般市民として利用する権利に関係するものであっても、司法審査の対象にならない。

....

Q20
特別区
2012 [H24]
★★★

政党は、議会制民主主義を支える上で重要な存在であり、高度の自主性と自律性を与えて自主的に組織運営をなしうる自由を保障しなければならないので、政党が党員に対してした処分には、一般市民法秩序と直接の関係を有するか否かにかかわらず、裁判所の審判権が及ばない。

....

Q21
国家一般
2010 [H22]
★★

政党は、議会制民主主義の重要な担い手であり、自らの組織運営について高度の自律権を有するが、その組織運営が民主主義の原理にのっとったものでなければならないことは憲法上の当然の要請というべきであり、政党内部の制裁処分も公正な手続によるべきことは当然であるから、処分の手続が著しく不公正であったり、政党内部の手続規定に違背してなされたりした場合には、裁判所がこれを司法審査の対象とし、その適否を判断することができるとするのが判例である。

選択肢全体が誤りです。**専攻科修了の認定をしないことは、実質的にみて、一般市民としての学生の国公立大学の利用を拒否することにほかならず、その意味において、学生が一般市民として有する公の施設を利用する権利を侵害するもの**です。したがって、**本件専攻科修了の認定、不認定に関する争いは司法審査の対象になります**（最判昭52・3・15）［富山大学単位不認定等違法確認訴訟］。

 「政党が党員に対してした処分には、一般市民法秩序と直接の関係を有するか否かにかかわらず、裁判所の審判権が及ばない。」の部分が誤りです。**政党が党員に対してした処分が一般市民法秩序と直接の関係を有しない内部的な問題にとどまる限り、裁判所の審判権は及びません**（最判昭63・12・20）［袴田訴訟］。

 政党による党員の除名処分が一般市民としての権利利益を侵害する場合であっても、当該処分の当否は、当該政党の自律的に定めた規範が公序良俗に反するなどの特段の事情のない限り、当該規範に照らし、当該規範を有しないときは条理に基づき、適正な手続に則ってされたか否かによって決すべきであり、裁判所による審理も上記の点に限られます。そして、本件除名処分は当該規約に則ってされたものであり、その手続には何らの違法もなく、当該除名処分は有効です（最判昭63・12・20）［袴田訴訟］。

Q22
国家総合
2003 [H15]
★★★

直接国家統治の基本に関する高度に政治性のある国家行為については、およそ法律上の争訟たり得ず、裁判所による法律的な判断になじまない性質のものであり、かつ、当該行為に対して司法審査を行うことによる混乱を回避するためにも、裁判所は上記国家行為について、司法審査を自制すべきである。

. . . .

Q23
特別区
2014 [H26]
★★★

安全保障条約のような、主権国としての我が国の存立の基礎に重大な関係を持つ高度の政治性を有するものが、違憲であるか否かの法的判断は、純司法的機能を使命とする司法裁判所の審査になじまない性質のものであるから、一見極めて明白に違憲無効であっても、裁判所の司法審査権は及ばないとした。

. . . .

Q24
特別区
2012 [H24]
★★★

衆議院の解散は、極めて政治性の高い国家統治の基本に関する行為であって、その法律上の有効無効を審査することは、衆議院の解散が訴訟の前提問題として主張されている場合においても、裁判所の審査権の外にある。

選択肢全体が誤りです。本選択肢の記述は自制説の立場（少数説）です。これに対し、**判例**は、司法権に対する制約は、三権分立の原理に由来し、当該国家行為の高度の政治性、裁判所の司法機関としての性格、裁判に必然的に随伴する手続上の制約等にかんがみ、特定の明文による規定はないけれども、**司法権の憲法上の本質に内在する制約**と理解しています。これを「内在的制約説」といいます。（最大判昭 35・6・8）[苫米地事件]。

💡 **ワンポイント**

「統治行為」とは、国家機関の行為のうち、高度の政治性を有する行為であって、それについて法律的判断が可能であってもその高度の政治性のゆえに、裁判所の司法審査の対象とされないものをいいます。

⋯⋯⋯⋯⋯⋯⋯⋯⋯⋯⋯⋯⋯⋯⋯⋯⋯⋯⋯⋯⋯⋯⋯⋯⋯⋯⋯⋯⋯⋯⋯⋯⋯⋯⋯⋯

 「一見極めて明白に違憲無効であっても、裁判所の司法審査権は及ばないとした。」の部分が誤りです。**日米安全保障条約が違憲か否かについて、司法裁判所の審査には、原則としてなじまない性質のもの**です。したがって、**一見極めて明白に違憲無効であると認められない限りは、裁判所の司法審査権の範囲外のもの**です（最大判昭 34・12・16）[砂川事件]。

⋯⋯⋯⋯⋯⋯⋯⋯⋯⋯⋯⋯⋯⋯⋯⋯⋯⋯⋯⋯⋯⋯⋯⋯⋯⋯⋯⋯⋯⋯⋯⋯⋯⋯⋯⋯

 衆議院の解散は、極めて政治性の高い国家統治の基本に関する行為であって、かくのごとき行為について、その法律上の有効無効を審査することは司法裁判所の権限の外にあると解すべきです（最大判昭 35・6・8）[苫米地事件]。

裁判所　⑵違憲審査権

1　違憲審査権の法的性格

Q 1
国家一般
2003 [H15]
★★★

現行の制度の下においては、特定の者の具体的な法律関係について紛争が存在する場合にのみ、裁判所にその判断を求めることができるのであり、裁判所が具体的な事件を離れて抽象的に法律命令等の合憲性を判断する権限を有するとの見解には、憲法上及び法令上、何ら根拠がない。

2　違憲審査権の主体

Q 2
国家総合
1991 [H3]
★★★

司法権を行使する場合における法令の合憲性の審査については、最高裁判所と下級裁判所とを区別する理由はなく、下級裁判所にも法令審査権が認められている。また、行政庁が独自に制定する省令は憲法 81 条に規定する「法律、命令、規則又は処分」に該当しないから、省令については下級裁判所自体が合憲性判断に関する終審裁判所になりうる。

3　違憲審査権の対象

Q 3
国家一般
1980 [S55]
★★★

違憲立法の対象事項には、国会の制定する法律の他に、内閣の制定する政令などが含まれるが、裁判所の制定する規則は含まれない。

わが現行の制度の下においては、**特定の者の具体的な法律関係につき紛争の存する場合**においてのみ裁判所にその判断を求めることができるのであり、裁判所が具体的事件を離れて抽象的に法律命令等の合憲性を判断する権限を有するとの見解には、憲法上および法令上何らの根拠も存しません（最大判昭27・10・8）［警察予備隊令違憲訴訟］。

「行政庁が独自に制定する省令は憲法81条に規定する『法律、命令、規則又は処分』に該当しないから、省令については下級裁判所自体が合憲性判断に関する終審裁判所になりうる。」の部分が誤りです。**省令も命令に含まれ、違憲審査の対象となります。**司法権を行使する場合における法令の合憲性の審査については、最高裁判所と下級裁判所とを区別する理由はなく、**下級裁判所にも法令審査権が認められています**（最大判昭25・2・1参照）。終審裁判所は最高裁判所です。

 選択肢全体が誤りです。憲法81条は「一切の法律、命令、規則又は処分」については、違憲審査権の対象となるとしていますが、81条の文言にない条例、最高裁判所規則は、違憲審査の対象となります。**最高裁判所規則も81条の「規則」にあたり、違憲審査の対象となります。**

Q 4
国家一般
2003 [H15]
★★★

裁判は、一般的抽象的規範を制定するものではなく、個々の事件について、具体的処置をつけるものであって、その本質は一種の処分であるが、これは行政行為とは異なるものであり、憲法第81条にいう処分には当たらず、裁判所の違憲審査権の対象とはならない。

. . . .

Q 5
特別区
2008 [H20]
★★★

日本では、条約優位説を採っているため、違憲審査の対象は、法律、命令、規則又は処分だけに限られ、条約は一切その対象とならない。

. . . .

Q 6
国家総合
2006 [H18]
★★

国会議員の立法行為が国家賠償法第1条第1項の適用上違法となるかどうかの問題は、立法の内容の違憲性の問題と同視すべきであり、立法の内容が憲法の規定に違反するおそれがある場合には、その立法行為は直ちに違法の評価を受けるとするのが判例である。

. . . .

Q 7
国家一般
2006 [H18]
★★★

選挙権の行使が不可能あるいは著しく困難となり、その投票の機会が奪われる結果となることは、これをやむを得ないとする合理的理由の存在しない限り許されないのであるから、在宅投票制度を廃止した立法行為は、立法目的達成の手段としてその裁量の限度を超え、これをやむを得ないとする合理的理由を欠き、憲法の規定に違反する。

「これは行政行為とは異なるものであり、憲法第81条にいう処分には当たらず、裁判所の違憲審査権の対象とはならない。」の部分が誤りです。憲法81条によれば、最高裁判所は、一切の法律、一切の命令、一切の規則または一切の処分について違憲審査権を有します。**裁判は一般的抽象的規範を制定するものではなく、個々の事件について具体的措置をつけるものですから、その本質は一種の処分といえます**（最大判昭23・7・8）。

 選択肢全体が誤りです。まず、**憲法と条約との関係について、判例・通説は憲法優位説に立ってます**。したがって、条約が、違憲審査の対象となる余地を認めています（最大判昭34・12・16）［砂川事件］。

 選択肢全体が誤りです。**国会議員の立法行為（立法不作為を含む）が国家賠償法1条1項の適用上違法となるかどうかは、国会議員の立法過程における行動が個別の国民に対して負う職務上の法的義務に違背したかどうかの問題であって、当該立法の内容の違憲性の問題とは区別されるべきです**。仮に当該立法の内容が憲法の規定に違反するおそれがあるとしても、その故に**国会議員の立法行為が直ちに違法の評価を受けるものではありません**（最判昭60・11・21）［在宅投票制度廃止違憲訴訟］。

 「在宅投票制度を廃止した立法行為は、立法目的達成の手段としてその裁量の限度を超え、これをやむを得ないとする合理的理由を欠き、憲法の規定に違反する。」の部分が誤りです。**国会議員の立法行為は、立法の内容が憲法の一義的な文言に違反しているにもかかわらず国会があえて当該立法を行うというごとき、容易に想定しがたいような例外的な場合でない限り、国家賠償法1条1項の規定の適用上、違法の評価を受けません**（最判昭60・11・21）［在宅投票制度廃止違憲訴訟］。

Q8
国家総合
2008 [H20]
★★

憲法第 98 条第 1 項にいう「国務に関するその他の行為」は、その文言から明らかなとおり、国の行為全般を意味しており、公権力を行使して法規範を定立する国の行為のみならず、そのような法規範の定立を伴わないような私人と対等の立場で行う国の行為も含まれると解される。したがって、国が個々的に締結する私法上の契約であっても、憲法の規定の直接適用を受け、違憲審査の対象となると解すべきである。

4　違憲判決の効力

Q9
特別区
2008 [H20]
★★★

最高裁判所がある事件である法律を違憲無効と判示した場合、当該事件に関する限りでその法律の適用が排除されるだけでなく、当然にその法律は一般的に無効とされる。

. . . .

Q10
国家総合
2001 [H13]
★★

最高裁判所によって違憲と判断された法律については、その適用が問題となった事件についてのみその適用を排除されるにとどまると解する説と、当該事件についてのみでなく一般的にその効力を失うと解する説とがあるが、判例は、憲法第 98 条第 1 項が「この憲法……の条規に反する法律……の全部又は一部は、その効力を有しない。」と定めていることを根拠に、最高裁判所によって違憲と判断された法律は一般的にその効力を失うとしている。

選択肢全体が誤りです。**国の行為であっても、私人と対等の立場で行う国の行為は、法規範の定立を伴わないから、憲法98条1項にいう「国務に関するその他の行為」に該当しません。**したがって、国が行政の主体としてではなく私人と対等の立場に立って、**私人との間で個々的に締結する私法上の契約は、憲法9条の直接適用を受けません**（最判平1・6・20）［百里基地訴訟］。

選択肢全体が誤りです。本選択肢は、「一般的効力説（少数説）」の立場です。裁判所がある事件で違憲審査権を行使し、ある法律が違憲であると判決された場合には、**その法律はその訴訟事件に関する限り裁判所によって適用されないだけであって、依然として法律としての効力を有します。**これを、「個別的効力説」といいます。（通説）。

．．．

「判例は、最高裁判所によって違憲と判断された法律は一般的にその効力を失うとしている。」の部分が誤りです。判例は、一般的効力説と個別的効力説のいずれの立場に立つかは明らかにしていません。**通説は、個別的効力説に立っています。**

5 違憲判決の形態（法令違憲と適用違憲）

Q11
裁判所
2013 [H25]
★★★

違憲審査権は、具体的な訴訟の解決に必要な限りにおいてのみ行使されるのが原則であるから、裁判所が違憲判断をする場合は、法令そのものを違憲と判断する方法によることはできず、当該事件におけるその具体的な適用だけを違憲と判断する方法によらなければならない。

6 憲法判断の回避と合憲判決の方法

Q12
特別区
2008 [H20]
★★

裁判所が憲法上の争点に触れずに事件を解決することができるならば、憲法判断をしないとする憲法判断回避の準則は、日本では採用されていない。

7 その他

Q13
国家総合
1981 [S56]
★★

最高裁が行う、法令が憲法に適合しないとの裁判は小法廷においてもすることができるが、通説はその場合には裁判官全員の意見の一致を必要としている。

「裁判所が違憲判断をする場合は、法令そのものを違憲と判断する方法によることはできず」の部分が誤りです。**適用違憲のみならず、法令違憲も可能です。**

 ワンポイント

「法令違憲」とは、法律あるいは命令の規定そのものが違憲とされる場合で、「適用違憲」とは、法令そのものは合憲であるが、その適用が違憲であるとされる場合をいいます。なお、裁判所は問題となった法令の規定について特定の合憲限定解釈を下し、この限定解釈をとる限りにおいてはその法令は合憲であるが、その法令の適用がその限定解釈を超えてなされているときはその適用が違憲であるとします。

法令違憲とされた事件名：①尊属殺重罰規定事件（最大判昭48・4・4）②薬事法距離制限事件（最大判昭50・4・30）③衆議院議員定数不均衡事件（最大判昭51・4・14）④森林法共有林事件（最大判昭62・4・22）⑤郵便法事件（最大判平14・9・11）⑥在外日本人選挙権剥奪事件（最大判平17・9・14）⑦生後認知児童国籍確認事件（最大判平20・6・4）⑧非嫡出子相続分規定事件（最大決平25・9・4）⑨女子再婚禁止期間規定事件（最大判平27・12・16）。

なお、法令違憲ではありませんが、「処分」を違憲とした判例として、愛媛玉串料訴訟（最大判平9・4・2）と砂川政教分離（空知太）訴訟（最大判平22・1・20）があります。なお適用違憲とされた事件は第三者所有物没収事件（最大判昭37・11・28）のみです。

 憲法判断回避の準則は、最高裁では明示していませんが、下級審では、裁判所が憲法上の争点に触れずに事件を解決することができるならば、憲法判断をしないとする**憲法判断回避の準則を認めたものがあります**（札幌地判昭42・3・29）［恵庭事件］。

 「裁判官全員の意見の一致を必要としている。」の部分が誤りです。裁判は、**最高裁判所の裁判**については、最高裁判所が特別の定をした場合を除いて、**過半数の意見**によります（裁判所法77条1項）。

Q.14
国家総合
1996 [H8]
★

最高裁判所の大法廷・小法廷のいずれで審理・裁判するかは、最高裁判所の個別の決定によるが、慣例により、憲法適合性を判断するときや判例を変更するときなどには大法廷で裁判される。

. . . .

Q.15
国家総合
2015 [H27]
★★

各訴訟当事者が、その事件・争訟を正しく解決するためには、憲法問題についての判断が必要であることを具体的に示し、違憲性を主張することができることを憲法訴訟の当事者適格という。訴訟当事者が第三者の憲法上の権利について違憲主張の当事者適格を持つか否かについて、判例は、関税法第118条第1項の規定に基づき第三者所有物の没収の言渡しを受けた被告人は、第三者所有物の没収の違憲を理由として、上告により当該没収の裁判の救済を求めることはできないとしている。

A14 「慣例により、」の部分が誤りです。**最高裁判所の大法廷・小法廷のいずれで審理・裁判するかは、慣例ではなく、裁判所法で定められています**。

💡 **ワンポイント**

最高裁判所の大法廷・小法廷のいずれで審理・裁判するかは、原則として、最高裁判所の個別の決定によるが、**憲法適合性を判断するときや判例を変更するときなどには大法廷で裁判されます**（裁判所法10条参照）。

・・・

A15 「判例は、関税法第118条第1項の規定に基づき第三者所有物の没収の言渡しを受けた被告人は、第三者所有物の没収の違憲を理由として、上告により当該没収の裁判の救済を求めることはできないとしている。」の部分が誤りです。**第三者に告知、弁解、防御の機会を与えることなく、第三者の所有物を没収することは違憲である旨を被告人は主張することができます**（最大判昭37・11・28）［第三者所有物没収事件］。

💡 **ワンポイント**

憲法訴訟の当事者適格と、各訴訟当事者が、その事件・争訟を正しく解決するためには、憲法問題についての判断が必要であることを具体的に示し、違憲性を主張することができる適格性を有するものをいいます。

(3)裁判所の構成と権能
(裁判官の身分)

1 裁判官の身分（最高裁判所と下級裁判所の裁判官双方を含む場合）

Q 1
特別区
2013 [H25]
★★★

裁判官は、分限裁判により、回復の困難な心身の故障のために職務を執ることができないと決定された場合は、罷免される。

Q 2
国家一般
2001 [H13]
★★★

憲法第78条は、行政機関による裁判官の懲戒処分を禁じているが、同条は立法機関による懲戒処分を否定するものではないと解するのが通説である。

Q 3
国家専門
2014 [H26]
★★★

裁判官に職務上の義務違反がある場合には、裁判によって懲戒処分に付すことができるところ、懲戒処分の種類は、裁判官分限法で免職、戒告、過料の三つが定められている。

Q 4
国家一般
2015 [H27]
★★

憲法においては、最高裁判所の設置について明示がある一方、下級裁判所の種類、機構等については直接明示するところがないことから、統一的な法令解釈の運用が図られる限り、これらの事項については法律に委ねられているものと一般に解されている。

2 裁判官の身分（最高裁判所裁判官）

Q 5
裁判所
2009 [H21]
★★★

内閣総理大臣は、最高裁判所の長たる裁判官を指名し、その他の最高裁判所の裁判官を任命する。

A 1 ○
裁判官は、罷免される場合について憲法は、下級裁判所の裁判官については、①裁判により、心身の故障のために職務を執ることができないと決定された場合（分限裁判）、②公の弾劾による場合を定めています。また、最高裁判所の裁判官については、この２つに加えて、国民審査があります。

. . . .

A 2 ✕
「立法機関による懲戒処分を否定するものではない」の部分が誤りです。裁判官の懲戒処分は、行政機関のみならず、立法機関もこれを行うことはできません（78条後段、通説）。

. . . .

A 3 ✕
「裁判官分限法で免職、戒告、過料の三つが定められている。」の部分が誤りです。裁判官に職務上の義務違反がある場合には、裁判によって懲戒処分に付すこともできますが、この中には罷免（免職）は含まれず、裁判官の懲戒は、戒告又は１万円以下の過料に限定されます（裁判官分限法２条）。

. . . .

A 4 ○
最高裁判所の設置について、憲法は明示しています（79条１項）が、下級裁判所の種類、機構等については直接明示していません。統一的な法令解釈の運用が図られる限り、これらの事項については法律（裁判所法）に委ねられています。

A 5 ✕
最高裁判所の長たる裁判官は、内閣の指名に基づいて、天皇が任命する（6条2項）。最高裁判所の長たる裁判官以外の裁判官は、内閣がこれを任命する（79条1項）。

Q 6
国家総合
2011 [H23]
★★

最高裁判所は、その長たる裁判官（最高裁判所長官）及びその他の裁判官（最高裁判所判事）によって構成されるところ、最高裁判所判事の人数については、法律で定めることとされている。また、最高裁判所長官は、内閣の指名に基づいて天皇が任命するが、最高裁判所判事については、最高裁判所長官の指名した者の名簿によって内閣が任命するとされており、これによって内閣による恣意的な最高裁判所判事の任命を防ぎ、司法権の独立が図られている。

....

Q 7
国家一般
2015 [H27]
★★

最高裁判所の裁判官は、70歳に達したときに退官するものとされており、その任命は10年の任期付きで行われ、再任されることができるものとされている。また、最高裁判所の裁判官は、弾劾裁判の対象とされ、国民審査に服することとされている。

....

Q 8
国家総合
1984 [S59]
★★

裁判官の報酬は憲法第79条6項および第80条2項により、在任中減額されないことが特に保障されており、したがって、裁判官の懲戒処分は金銭的な損害を与えない処分に限られる。

....

Q 9
国家一般
2009 [H21]
★★★

最高裁判所は、最高裁判所長官1名及び最高裁判所判事14名で構成されるが、三権相互の抑制・均衡の見地から、最高裁判所長官は国会の指名に基づいて天皇が任命し、最高裁判所判事は内閣の指名に基づいて天皇が任命することとされている。

....

Q 10
国家一般
2009 [H21]
★★★

最高裁判所の裁判官については、下級裁判所の裁判官と同様に両議院の議員で組織される弾劾裁判所の弾劾の対象となり得るほか、特に国民審査の制度が設けられており、国民審査の結果、投票者の多数が裁判官の罷免を可とするときは、その裁判官は罷免される。

「最高裁判所判事については、最高裁判所長官の指名した者の名簿によって内閣が任命するとされており」の部分が誤りです。**最高裁判所の指名した者の名簿によって内閣が任命するのは、下級裁判所の裁判官の場合です**（79条1項、80条1項前段）。

「その任命は10年の任期付きで行われ、再任されることができるものとされている。」の部分が誤りです。**最高裁判所の裁判官は、法律の定める年齢（70歳）に達した時に退官します（定年制）**（79条5項、裁判所法50条）。但し、**最高裁判所の裁判官には任期はありません**。

「裁判官の懲戒処分は金銭的な損害を与えない処分に限られる。」の部分が誤りです。**最高裁判所の裁判官は、すべて定期に相当額の報酬を受けますが、この報酬は、在任中、これを減額することができません**（79条6項）。裁判官の懲戒には、戒告又は1万円以下の過料があります（裁判官分限法2条）。

「最高裁判所長官は国会の指名に基づいて天皇が任命し、最高裁判所判事は内閣の指名に基づいて天皇が任命することとされている。」の部分が誤りです。最高裁判所判事の員数は、14人とします（裁判所法5条第3項）。**最高裁判所長官は内閣の指名に基づいて天皇が任命し、最高裁判所判事は内閣が任命することとされています**。

最高裁判所裁判官の罷免事由は、①裁判により、心身の故障のために職務を執ることができないと決定された場合（分限裁判）、②弾劾裁判所による弾劾裁判、③国民審査（リコール制）の制度です。

Q11
国家一般
2005 [H17]
★★★

下級裁判所の裁判官は、司法権の独立の観点から最高裁判所が任命することとされている。また、任命された裁判官の任期は10年とされているが、心身の故障に基づく職務不能の場合のほか、成績不良など不適格であることが客観的に明白である場合でない限り、再任されるのが原則である。

. . . .

Q12
国家総合
1994 [H6]
★★★

下級裁判所の裁判官は最高裁判所の指名した者の名簿に基づいて内閣が任命するが、内閣は名簿に記載されていない者を任命することができない。

. . . .

Q13
国家一般
1993 [H5]
★★★

下級裁判所の裁判官については、国民審査制度は設けられていないが任期が10年と定められており、任期満了の際に再任されないこともある。

. . . .

Q14
国家専門
1999 [H11]
★★★

裁判官が病気等の理由により職務を行えない場合であっても、裁判官の地位にある間は報酬を受けることができるが、一定割合の額が減額される。

4 最高裁判所の規則制定権

Q15
国家専門
2014 [H26]
★★★

最高裁判所は、本来の裁判権のほかに、規則制定権、下級裁判所裁判官の指名権、下級裁判所及び裁判所職員に対する監督などの司法行政の監督権を有する。

A 11 「下級裁判所の裁判官は、司法権の独立の観点から最高裁判所が任命することとされている。」の部分が誤りです。**下級裁判所の裁判官は、最高裁判所の指名した者の名簿によって、内閣がこれを任命します**（80条1項前段）。なお、「任命された裁判官の任期は10年とされているが、心身の故障に基づく職務不能の場合のほか、成績不良など不適格であることが客観的に明白である場合でない限り、再任されるのが原則である。」の部分は正しい記述です（通説）。

💡 **ワンポイント**

下級裁判所の裁判官の定年年齢は、簡易裁判所の裁判官は70歳、その他の裁判官は65歳です（裁判所法50条）。
下級裁判所裁判官の罷免事由は、①裁判により、心身の故障のために職務を執ることができないと決定された場合（分限裁判）と②弾劾裁判所による弾劾裁判の場合となります。

....

A 12 内閣は、**最高裁判所の指名した者の名簿に記載されていない者を、下級裁判所の裁判官として任命することができません**（通説）。

....

A 13 下級裁判所の裁判官の任期は、**任期は10年で、再任されるか否かは、最高裁判所の自由裁量事項**です。

....

A 14 下級裁判所の裁判官は、**その在任中、報酬額を減額することはできません**（80条2項後段）。

_____

A 15 最高裁判所は、**訴訟に関する手続、弁護士、裁判所の内部規律及び司法事務処理に関する事項について、規則を定める権限を有し、司法行政の監督権を有します**（77条1項）。

Q 16

国家専門
1995 [H7]
★

最高裁判所は規則制定権を有しているが、国会が国の唯一の立法機関とされているから、訴訟当事者としての一般国民を拘束するような事項を規則で定めることはできない。

Q 17

国家総合
1992 [H4]
★★

裁判所の内部規律と司法事務処理に関する事項については、裁判所の自律権に直接かかわるものであるので、最高裁判所規則の専属管轄であり、法律で定めることは許されず、また、下級裁判所に規則を定める権限を委任することもできない。

Q 18

国家一般
1983 [S58]
★★

最高裁判所は憲法上規則制定権を有するが、最高裁判所の制定する規則が法律に優先するわけではないとするのが判例である。

A16
選択肢全体が誤りです。**訴訟当事者としての一般国民を拘束するような事項を最高裁判所規則で定めることも 77 条の文言にかかわるものであれば可能です**（通説）。

💡 **ワンポイント**

検察官は、最高裁判所の定める規則に従わなければなりません（77 条 2 項）。

・・・

A17
選択肢全体が誤りです。訴訟手続に関する手続事項は、最高裁判所規則だけではなく、法律によって定めることもできます（最判昭 30・4・22）。また、**最高裁判所は、下級裁判所に関する規則を定める権限を、下級裁判所に委任することができます**（77 条 3 項）。

・・・

A18
規則制定権の範囲内の事項について法律と規則が競合的に制定された場合に、**両者が矛盾・抵触する場合、法律が優位します**（最判昭 30・9・28）。これを「**法律優位説**」といいます。

(4)司法権の独立と裁判所に対する民主的コントロール

1 司法権の独立

Q 1
国家一般
2001 [H13]
★★★

裁判官の職権の独立は、各裁判官に対する外部からの干渉や圧力の排除を目的とするものであるから、地方裁判所の所長が当該裁判所に所属する裁判官の担当する事件の内容について具体的示唆を与えることは、裁判官の職権の独立の侵害には当たらない。

. . . .

Q 2
国家専門
2007 [H19]
★★★

日本国憲法においては司法権の独立が著しく強化されているが、司法権の独立とは、司法権が立法権や行政権から独立していることを意味するにとどまり、裁判官が裁判を行う際には、裁判所の組織の秩序維持の観点から、司法部内における上司や管理者からの指示や命令に従う必要がある。

. . . .

Q 3
特別区
2013 [H25]
★★★

憲法は、すべて裁判官はその良心に従い独立してその職権を行うことを定めているが、ここでいう裁判官の良心とは、裁判官としての客観的な良心をいうのではなく、裁判官個人の主観的な良心をいう。

A1
「地方裁判所の所長が当該裁判所に所属する裁判官の担当する事件の内容について具体的示唆を与えることは、裁判官の職権の独立の侵害には当たらない。」の部分が誤りです（平賀書簡事件参照）。**司法権の独立は、裁判官の独立も含みます。**

💡 **ワンポイント**
「**司法権の独立**」とは、**司法権が独立・公正に行使されなければならない原則**をいいます。
司法権の独立の原則は、裁判官の身分保障と不可分の関係にあります。
司法権の独立に関わる事件は、明治時代も含めて①大津事件、②浦和事件、③平賀書簡事件が代表的な事件です。

· ·

A2
「裁判官が裁判を行う際には、裁判所の組織の秩序維持の観点から、司法部内における上司や管理者からの指示や命令に従う必要がある。」の部分が誤りです。**司法権の独立とは、司法権が立法権や行政権から独立していることを意味する**だけでなく、裁判官が個々の具体的な訴訟事件の裁判を行うに当って、外部、国会・内閣などの国家機関のみならず、**裁判所内部からのいかなる命令や指示、圧力や影響も受けてはならない**（裁判官の独立）ことも意味します。

· ·

A3
「裁判官としての客観的な良心をいうのではなく、裁判官個人の主観的な良心をいう。」の部分が誤りです。**憲法76条3項の「裁判官の良心」**とは、主観的な意味での良心ではなく、**客観的な裁判官としての良心の意味です**（最大判昭23・11・17）。

💡 **ワンポイント**
すべて裁判官は、その良心に従い独立してその職権を行い、この憲法及び法律にのみ拘束されます（76条3項）。

Q 4
国家総合
2013 [H25]
★

裁判員制度の下では、裁判官は、評決の際に、時に自らの意見と異なる結論に従わざるを得ない場合があるとしても、それは憲法に適合する法律に拘束される結果であるから、憲法第76条第3項違反との評価を受ける余地はない。

- -

Q 5
国家専門
1985 [S60]
★

裁判官は憲法および法律にのみ拘束されるから、地方公共団体の定める条例には拘束されない。

2 裁判所に対する民主的コントロール

●──弾劾裁判所

Q 6
裁判所
2004 [H16]
★★★

憲法は特別裁判所の設置を禁止するが、その憲法上の例外として弾劾裁判所の設置が認められている。

- -

Q 7
国家総合
2006 [H18]
★★★

国会は弾劾裁判所を設置する権限を有し、弾劾裁判所は衆議院の議員の中から推薦された裁判員で組織されるが、弾劾裁判所自体は独立した機関であるため、国会の閉会中も活動能力を有する。

憲法 76 条 3 項によれば、裁判官は憲法および法律に拘束されます。そうすると、憲法が一般的に国民の司法参加を許容しており、裁判員法が憲法に適合するようにこれを法制化したものである以上、**裁判員法が規定する評決制度の下で、裁判官が時に自らの意見と異なる結論に従わざるをえない場合があるとしても**、それは憲法に適合する法律に拘束される結果であるから、**憲法 76 条 3 項違反との評価を受ける余地はありません**（最大判平 23・11・16）。

. . . .

 「憲法及び法律」という場合の「法律」とは、形式的な意味における法律のみを意味のではなく、**政令など命令・規則・条例その他の成文法のみならず、慣習法・判例法など、実質的な意味における法律を意味します。**

 弾劾裁判所は特別裁判所です。特別裁判所の設置は、憲法上禁止されています（76 条 2 項前段）が、**弾劾裁判所の設置（64 条）は、憲法自らが認めた例外です。**

> ⚠ **ワンポイント**
> **弾劾裁判所とは、公の弾劾による罷免の訴追を受けた裁判官を裁判するため、国会に設けられる裁判所をいいます。衆参両議院の議員各 7 名の裁判員で構成されます。**

. . . .

 国会は、罷免の訴追を受けた裁判官を裁判するため、**両議院の議員で組織する弾劾裁判所を設けなければなりません**（64 条 1 項）。したがって、**衆議院議員と参議院議員から組織されることになります。弾劾裁判所及び訴追委員会は、国会の閉会中でも行うことができます**（裁判官弾劾法 4 条）。

Q8
国家専門
2003 [H15]
★★★

罷免の訴追を受けた裁判官を裁判するために国会に設置される弾劾裁判所の構成員は、両議院の議員で組織されるのが原則であるが、法律の規定により、両議院の議員でない者を加えることができる。

....

Q9
国家一般
2005 [H17]
★

裁判官に、職務の内外を問わず、裁判官としての威信を著しく失うべき非行があった場合には、各議院の議員から選挙された訴追委員で組織された裁判官訴追委員会の訴追を待って、各議院の議員から選挙された裁判員で組織された弾劾裁判所が当該裁判官を罷免するか否かの裁判を行う。

....

Q10
国家専門
2006 [H18]
★★

国会の権能として弾劾裁判所の設置権があり、弾劾裁判所の裁判員は、同時に、裁判官の罷免事由の調査等を行う訴追委員となることができる。

....

Q11
国家専門
1999 [H11]
★★★

公の弾劾による裁判官の罷免の事由としては、職務の執行に関するものに限られ、裁判官の私的な行為に関するものは含まれない。

....

Q12
国家総合
1982 [S57]
★★

裁判官弾劾裁判所の対審および裁判の宣告は、公開の法廷で行わなければならず、たとえ裁判員全員の賛成があっても、非公開の法廷で行うことはできない。

....

Q13
特別区
2006 [H18]
★★★

裁判官は、弾劾裁判により、職務上の義務に違反し、若しくは職務を怠り、又は裁判官としての威信を著しく失うべき非行があったと決定された場合、戒告又は過料に処される。

A 8

✕

「法律の規定により、両議院の議員でない者を加えることができる。」の部分が誤りです。「罷免の訴追を受けた裁判官を裁判するために国会に設置される弾劾裁判所の構成員は、両議院の議員で組織されるのが原則であるが」部分は正しいです。

....

A 9

◯

裁判官訴追委員会は、各議院においてその議員の中から選ばれる**同数の訴追委員**で組織されます（国会法 125 条）。訴追委員会は、各議院においてその議員の中から選ばれる同数の裁判員から成る弾劾裁判所に対して、**罷免すべき裁判官**を訴追します（国会法 126 条）。

....

A 10

✕

弾劾裁判所の裁判員は、**同時に訴追委員となることができません**（国会法 127 条）。

....

A 11

✕

「裁判官の私的な行為に関するものは含まれない。」の部分が誤りです。**弾劾による罷免理由**は、①職務上の義務に著しく違反し又は職務を甚しく怠ったとき、又は②その他、**職務の内外を問わず裁判官としての威信を著しく失うべき非行があったとき**の２つに限定されています（裁判官弾劾法 2 条）。

....

A 12

◯

弾劾裁判所の対審及び裁判の宣告は、公開の法廷でこれを行います（裁判官弾劾法 26 条）。憲法 82 条のような非公開規定はなく、**必ず、公開されなければなりません**。

....

A 13

✕

「戒告又は過料に処される」の部分が誤りです。**裁判官**は、**弾劾裁判**により、**職務上の義務に違反し、若しくは職務を怠り、又は裁判官としての威信を著しく失うべき非行があったと決定された場合、罷免の裁判の宣告により罷免**されます（裁判官弾劾法 37 条）。

Q 14
国家総合
1979 [S54]
★

弾劾裁判所によって、罷免するとの裁判を受けた裁判官は、国会により裁判官としての不適格性を最終的に宣告された者であるから、再び裁判官になりうる資格を回復させることはできない。

Q 15
国家総合
2011 [H23]
★★

弾劾裁判の制度は、司法権がすべて裁判所に属するという原則に対して憲法自体が設けた例外であり、弾劾裁判所で罷免の裁判を受けた裁判官は、これに不服があっても、罷免の裁判に対してさらに通常の裁判所に訴訟を提起することはできないと解されている。

Q 16
国家専門
1985 [S60]
★★

弾劾裁判所において罷免の事由がないとされた裁判官の行為についても、最高裁判所が懲戒処分を行なうことは可能である。

3 最高裁判所裁判官に対する国民審査

Q 17
裁判所
2003 [H15]
★★★

最高裁判所の裁判官の任命は、その任命後初めて行われる国会議員の選挙の際国民の審査に付し、その後 10 年を経過した後初めて行われる国会議員の選挙の際さらに審査に付し、その後も同様とする。

Q 18
裁判所
2003 [H15]
★★★

最高裁判所の裁判官についての国民審査において、投票者の多数が裁判官の罷免を可とするときは、その裁判官は罷免される。

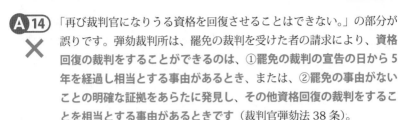

A14 ✕ 「再び裁判官になりうる資格を回復させることはできない。」の部分が誤りです。弾劾裁判所は、罷免の裁判を受けた者の請求により、**資格回復の裁判をすることができるのは、①罷免の裁判の宣告の日から5年を経過し相当とする事由があるとき**、または、**②罷免の事由がないことの明確な証拠をあらたに発見し、その他資格回復の裁判をすることを相当とする事由があるとき**です（裁判官弾劾法 38 条）。

. . . .

A15 ◯ **罷免の訴追を受けた裁判官は、司法裁判所に救済を求めることはできません。なぜなら、弾劾裁判所は、特別裁判所だからです。**

. . . .

A16 ◯ 弾劾裁判所において罷免の事由がないとされた裁判官の行為についても、**最高裁判所が罷免よりも軽い懲戒処分を行なうことは可能です。**

─────────────────────────────────

A17 ✕ 「国会議員の選挙の際」の部分が誤りです。**最高裁判所の裁判官に対する国民審査は、その任命後初めて行われる衆議院議員総選挙の際国民の審査に付し**、その後十年を経過した後初めて行われる衆議院議員総選挙の際更に審査に付し、その後も同様とします（79 条 2 項）。

. . . .

A18 ◯ 最高裁判所の裁判官が国民審査に付せられた場合、**罷免となるためには、投票者の多数が裁判官の罷免を可とするときです**（79 条 3 項）。

Q 19
国家一般
2005 [H17]
★★

最高裁判所の裁判官がその任命後初めて行われる衆議院議員総選挙の際に国民審査に付される趣旨は、内閣による任命の可否を国民に問い、当該審査により任命行為を完成又は確定させるためであるとするのが判例である。

306

A 19 選択肢全体が誤りです。最高裁判所の裁判官がその任命後初めて行われる衆議院議員選挙の際に**国民審査に付される趣旨**は、内閣による任命の可否を国民に問い、当該審査により任命行為を完成又は確定させるためではなく、**解職制度(リコール制)の趣旨**です(最大判昭 27・2・20)。

> 💡 **ワンポイント**
>
> **国民審査**においては、弾劾の場合と異なり、**罷免の理由は制限されてはおらず、国民は自由に審査を行うことができます**。すなわち国民審査に当たっては、国民は個々の裁判官の判決や、その憲法解釈が不当であることを理由としても、罷免の投票を行うことができます。

1 憲法第82条の文言

Q 1
国家一般
2015 [H27]
★★★

憲法第3章で保障する国民の権利が問題となっている事件の対審は、原則として公開して行う必要があるが、裁判官の全員一致で、公の秩序又は善良な風俗を害するおそれがあると決した場合には、公開しないで行うことができ、これに係る判決についても公開しないで行うことができる。

2 裁判の意味

Q 2
特別区
2003 [H15]
★★★

裁判所が終局的に事実を確定し、当事者の主張する実体的権利義務の存否を確定することを目的とする性質上純然たる訴訟事件について、公開法廷における対審及び判決によらなくても、違憲ではない。

Q 3
特別区
2009 [H21]
★★

家事審判法が定める夫婦の同居その他夫婦間の協力扶助に関する処分の審判は、形成的効力を有し、審判が確定した場合には、確定判決と同一の効力を認めているため、公開の法廷における対審及び判決によってなされなければならない。

Q 4
国家総合
1997 [H9]
★

裁判の公開は当事者の意思いかんにかかわらず終局的に事実を確定し当事者の主張する権利義務の存否を確定することを目的とする性格上、純然たる訴訟事件手続きを対象とするから、実体法上の権利関係である相続権、相続財産等の存在を前提とする遺産分割審判は公開の手続きによる必要があるとするのが判例である。

A 1 対審を非公開にすることができる要件は、裁判所が、**裁判官の全員一致で、公の秩序又は善良の風俗を害する虞があると決した場合**です（82条2項本文）。但し、**政治犯罪、出版に関する犯罪又はこの憲法第三章で保障する国民の権利**が問題となっている事件の対審は、**これを公開しなければなりません**。他方、判決については、**常に公開しなければなりません**（82条2項但し書き）。

A 2 性質上純然たる訴訟事件につき、当事者の意思いかんにかかわらず終局的になされる裁判が強制調停手続によることは、**公開法廷における対審及び判決によらなければ、憲法82条、32条に反します**（最大決昭35・7・6）。

....

A 3 家事審判法9条1項乙類1号の「**夫婦の同居その他の夫婦間の協力扶助に関する処分**」は、夫婦同居の義務等の実体的権利義務を確定する趣旨のものではなく、**本質的には非訟事件の裁判であるから、これを非公開としても裁判の公開を定める憲法82条、32条に違反しません**（最大決昭40・6・30）。

....

A 4 「公開の手続きによる必要がある」の部分が誤りです。**実体法上の権利関係である相続権、相続財産等の存在を前提とする遺産分割審判は、公開の手続による必要はありません**（最大決昭41・3・2）。

3 対 審

Q 5
特別区
2009 [H21]
★

裁判所が公判期日における取調べを準備するため、公判期日前に被告人を訊問することは、公判そのものではないとしても、公判の審理が完全に行われるための準備であり、判決に至る「裁判の対審」に当たるため、公開の法廷における対審によってなされない限り、憲法に違反する。

....

Q 6
特別区
2003 [H15]
★

刑事裁判については、刑罰権の存否並びに範囲を定める手続だけではなく、再審を開始するかどうかを定める手続についても、公開法廷における対審及び判決によらなければならない。

4 公 開

Q 7
裁判所
2014 [H26]
★★★

傍聴人が法廷においてメモを取ることは、その見聞する裁判を認識、記憶するためにされるものである限り、尊重に値し、故なく妨げられてはならないものというべきであるから、憲法82条1項は、傍聴人に対して法廷においてメモを取ることを権利として保障しているものと解される。

裁判所が公判期日における取調べを準備するため、**公判期日前に被告人を訊問することは、判決に至る「裁判の対審」にあたらず、公開の法廷における対審による必要はありません**（最大決昭 23・11・8）。

> **ワンポイント**
>
> 対審とは、訴訟の当事者（民事訴訟では原告と被告、刑事訴訟では検察官と被告人・弁護人）を対立・関与させて、裁判官の面前で双方の主張を述べ判断の資料を提出させることをいいます。

 憲法 82 条は、刑事訴訟についていうと、刑罰権の存否ならびに範囲を定める手続についての公開の法廷における対審および判決によるべき旨を定めたものであって、**再審を開始するか否かを定める手続はこれに含まれません**（最大決昭 42・7・5）。

 「憲法 82 条 1 項は、傍聴人に対して法廷においてメモを取ることを権利として保障しているものと解される。」の部分が誤りです。傍聴人が法廷においてメモを取ることは、その見聞する裁判を認識、記憶するためにされるものである限り、尊重に値し、故なく妨げられてはならないものというべきですが、**憲法 82 条は、各人に傍聴する権利とともに、法廷内でメモをとることをも権利として保障していません**（最大判平 1・3・8）。

Q 8
裁判所
2010 [H22]
★★★

裁判の公開を制度として保障している憲法82条1項は、裁判の傍聴人が法廷においてメモを取ることを憲法上の権利として保障していると解されるが、そのような保障も無制限に認められるものではなく、法廷における公正かつ円滑な訴訟の運営という観点から、一定の制約を受けるものである。

・・・

Q 9
国家一般
2000 [H12]
★★

刑事裁判の公正を担保するために、国民は刑事確定訴訟記録を閲覧する利益を有しているから、この利益を保護するために、憲法第82条第1項は、国民に対して個別的・具体的権利として刑事確定訴訟記録の閲覧を請求する権利を認めている。

・・・

Q 10
裁判所
2014 [H26]
★★

証人尋問が公判期日において行われる場合、ビデオリンク方式（同一構内の別の場所に証人を在席させ、映像と音声の送受信により相手の状態を相互に認識しながら通話することができる方法）によった上で傍聴人と証人との間で遮へい措置を採ったときには、審理が公開されているとは言えないから、憲法82条1項に違反する。

・・・

Q 11
裁判所
2002 [H14]
★

少年保護事件の審判を非公開で行うことは、憲法82条に定める裁判の公開の原則に反する。

・・・

Q 12
国家総合
1990 [H2]
★

表現の自由が問題となっている事件の場合、傍聴席の数が限られているからといって、傍聴人の数について制限をしてはならない。

「裁判の傍聴人が法廷においてメモを取ることを憲法上の権利として保障していると解される」の部分が誤りです。**憲法82条は、各人に傍聴する権利とともに、法廷内でメモをとることをも権利として保障していません。公正かつ円滑な訴訟の運営は、傍聴人がメモをとることに比べれば、はるかに優越する法益です。してみれば、そのメモをとる行為がいささかでも法廷における公正かつ円滑な訴訟の運営を妨げる場合には、それが制限又は禁止されるべきことは当然である**というべきです（最大判平1・3・8）。

 「国民に対して個別的・具体的権利として刑事確定訴訟記録の閲覧を請求する権利を認めている。」の部分が誤りです。**憲法82条1項は、国民に対して個別的・具体的権利として刑事確定訴訟記録の閲覧を請求する権利を認めているものではありません**（最決平2・2・16）。

 「審理が公開されているとは言えないから、憲法82条1項に違反する。」の部分が誤りです。証人尋問が公判期日において行われる場合、傍聴人と証人との間で遮へい措置がとられ、あるいはビデオリンク方式によることとされ、さらには、**ビデオリンク方式によったうえで傍聴人と証人との間で遮へい措置がとられても、審理が公開されていることに変わりはないから、これらの規定は、憲法82条1項、37条1項に違反するものではありません**（最判平17・4・14）。

 少年保護事件の審判を非公開で行うことは、憲法82条に定める裁判の公開の原則に反しません。

 「傍聴人の数について制限をしてはならない。」の部分が誤りです。**表現の自由が問題となっている事件の場合、傍聴席の数が限られていることを理由に、抽選に当選した一定数の者以外の傍聴を認めないことは、憲法82条に定める裁判の公開の原則に反しません。**

(1)財政の基本原則
(財政に関する国会の権能)

1　租税法律主義

Q 1
国家一般
1997 [H9]
★★★

租税には永久税と一年税とがあり、明治憲法は「現行ノ租税ハ更ニ法律ヲ以テ之ヲ改メサル限ハ旧ニ依リ之ヲ徴収ス」（63条）と規定して永久税主義によることを明かにしていたが、現行憲法は、この点について明示するところがないから、永久税主義を排除する趣旨であると解されている。

....

Q 2
国家総合
1980 [S55]
★★★

憲法が租税法律主義を定めていることは、毎年継続して租税を賦課徴収しうるという永久税主義を採っているものと解されていることから、毎年国会の議決を要する一年税主義を採ることは認められていない。

....

Q 3
国家一般
2011 [H23]
★★★

憲法第84条は、租税を課すには法律によることを必要とすると規定しているから、法律の具体的委任なくして、条例によって地方税を賦課徴収することは憲法に違反すると解されている。

....

Q 4
国家総合
1991 [H3]
★★

条約により関税の税率を決定することは、たとえ関税が外国との関係を重視して決定されなければならない事態を有し、また条約が国会の承認を要するものであったとしても、憲法の定める租税法律主義に違反するから、条約による税率の決定を認める余地はない。

A 1

「現行憲法は、この点について明示するところがないから、永久税主義を排除する趣旨であると解されている。」の部分が誤りです。**明治憲法は永久税主義**によることを明かにしていました。ここに、永久税主義とは、租税について、一度議会の議決を経れば、これを変更する場合のほかはあらためて議会の議決を経ることなく、毎年賦課徴収することができることをいいます。**現行憲法では、憲法上明文規定はありませんが、明治憲法以来、永久税主義をとっています。**

A 2

「毎年国会の議決を要する一年税主義を採ることは認められていない。」の部分が誤りです。一年税主義は、国会の権限を強化するものですから、これを否定するのが憲法の意図ではなく、**法律で一年税主義を定めることも永久税主義に反せず、許されます**（通説）。

A 3

選択肢全体が誤りです。憲法 84 条の**「法律」**には**条例も含まれます。**条例により地方税を賦課徴収することは認められます。なぜなら、地方公共団体は、自治権の一つとして課税権を有し、地方議会によって民主的に制定された条例は「法律」に準じるものだからです。したがって、**法律の具体的委任がなくても、条例によって地方税を賦課徴収することは憲法に違反しません。**

A 4

「条約による税率の決定を認める余地はない。」の部分が誤りです。法律により賦課徴収することが原則ですが（関税法・関税定率法）、**条約に特別の協定のある税率の決定についても、その条約により賦課徴収することができます。**

Q 5
国家一般
2008 [H20]
★★

日本国憲法は、あらたに租税を課し又は現行の租税を変更するには、法律又は法律の定める条件によることを必要とすると定めているが、納税義務者、課税標準、徴税の手続はすべて法律に基づいて定めなければならないと同時に法律に基づいて定めるところにまかせられているとするのが判例である。

....

Q 6
国家一般
2017 [H29]
★★★

法律上は課税できる物品であるにもかかわらず、実際上は非課税として取り扱われてきた物品を、通達によって新たに課税物件として取り扱う場合、課税が通達を機縁として行われたものであっても、通達の内容が法の正しい解釈に合致するものであれば違憲ではないとするのが判例である。

....

Q 7
特別区
2015 [H27]
★★

憲法で定める租税法律主義とは、租税の新設及び税制の変更が法律の形式によって国会の議決を必要とする原則をいい、実質的に租税と同様に強制的に徴収される負担金や手数料はその適用を受けない。

....

Q 8
国家総合
2012 [H24]
★★

形式的には租税ではないとしても、国民に対し、一方的・強制的に賦課徴収する金銭は、実質的に租税と同視し得るものであるから、道路占用料などの負担金、国公立美術館入場料などの手数料、電気・ガス料金などの公益事業の料金は、いずれも憲法第 84 条にいう「租税」に含まれ、これらは全て法律で定めなければならないと一般に解されている。

A 5
○

日本国憲法の下では、**租税を創設し、改廃するのはもとより、納税義務者、課税標準、徴税の手続はすべて法律に基づいて定められなければならないと同時に法律に基づいて定めるところにまかせられています**す（最大判昭 30・3・23）。

・・

A 6
○

通達を機縁として課税を行う場合でも、その通達の内容が正しい法律の解釈に合致すると認められるときは、法の根拠に基づく正当な課税処分と認められ、租税法律主義を定めた憲法 84 条に違反しません（最判昭 33・3・28）。

・・

A 7
✕

「憲法で定める租税法律主義とは、法律の形式によって国会の議決を必要とする原則をいい、強制的に徴収される負担金……その適用を受けない。」の部分が誤りです。**租税とは、国又は地方公共団体が、課税権に基づき、国民に対して一方的・強制的に賦課・徴収する金銭給付に加えて、**課税権に基づき、その経費に充てるための資金を調達する目的をもって、**一定の要件に該当するすべての者に対して課する金銭給付であれば、その形式のいかんにかかわらず、憲法 84 条に規定する租税に当たります**（なお、**特別の役務に対する反対給付を含みません**）。

・・

A 8
✕

「道路占用料などの負担金、国公立美術館入場料などの手数料、電気・ガス料金などの公益事業の料金は、いずれも憲法第84条にいう「租税」に含まれ、これらは全て法律で定めなければならないと一般に解されている。」の部分が誤りです。**道路占用料などの負担金、国公立美術館入場料などの手数料、電気・ガス料金などの公益事業の料金は、特別の給付に対する反対給付にあたるので、いずれも憲法第 84 条にいう「租税」に含まれず、これらはすべて法律で定める必要はありません。**

Q 9
国家一般
2017 [H29]
★

市町村が行う国民健康保険の保険料は、被保険者が保険給付を受け得ることに対する反対給付として徴収されるものであり、また、国民健康保険が強制加入とされ、保険料が強制徴収されるのは、社会保険としての国民健康保険の目的や性質に由来するものというべきであるから、当該保険料に租税法律主義を定める憲法第84条が直接適用されることはないとするのが判例である。

....

Q 10
国家総合
2012 [H24]
★

公共組合である農業共済組合が組合員に対して賦課徴収する共済掛金及び賦課金については、同組合は、国の農業災害対策の一つである農業災害補償制度の運営を担当する組織として設立が認められたものであり、農作物共済に関しては同組合への当然加入制が採られ、共済掛金及び賦課金が強制徴収され、賦課徴収の強制の度合いにおいては租税に類似する性質を有するものであるから、憲法第84条の趣旨が及ぶと解すべきところ、農業災害補償法は、農作物共済に係る共済掛金及び賦課金の具体的な決定を農業共済組合の定款又は総会若しくは総代会の議決に委ねており、かかる法の規定は、その賦課に関する規律として合理性を有するものとはいえないから、憲法第84条の趣旨に反するとするのが判例である。

....

Q 11
国家総合
2003 [H15]
★★

皇室の費用については、予算とは別に計上して、国会の議決を経ることが必要とされるが、予算とは異なり、この議決には衆議院の優越は認められない。

市町村が行う国民健康保険の保険料は、被保険者において保険給付を受けうることに対する**反対給付として徴収**されるものです。また、国民健康保険が強制加入とされ、保険料が強制徴収されるのは、保険給付を受ける被保険者をなるべく保険事故を生ずべき者の全部とし、保険事故により生ずる個人の経済的損害を加入者相互において分担すべきであるとする社会保険としての国民健康保険の目的および性質に由来するものです。したがって、**市町村が行う国民健康保険の保険料に憲法 84 条の規定が直接に適用されることはありません**（最大判平18・3・1）［旭川市国民健康保険条例訴訟］。

 「かかる法の規定は、その賦課に関する規律として合理性を有するものとはいえないから、憲法第 84 条の趣旨に反するとするのが判例である。」の部分が誤りです。公共組合である農業共済組合が組合員に対して賦課徴収する**共済掛金および賦課金**は、国又は地方公共団体が課税権に基づいて課する租税ではないため、これに**憲法 84 条の規定が直接に適用されることはありません**。もっとも、**農業共済組合の組合員に対する賦課徴収の強制の度合いにおいては租税に類似する性質を有するものですから、これに憲法 84 条の趣旨が及ぶと解すべき**です。農業災害補償法は、共済事故により生ずる個人の経済的損害を組合員相互において分担することを目的とする農作物共済に係る共済掛金および賦課金の具体的な決定を農業共済組合の定款又は総会もしくは総代会の議決にゆだねていますが、これは、上記の決定を農業共済組合の自治にゆだね、**その組合員による民主的な統制の下に置くものとしたものであって、その賦課に関する規律として合理性を有するもの**です。したがって、**上記の共済掛金および賦課金の賦課に関する法の規定は、憲法 84 条の趣旨に反しません**（最判平18・3・28）。

 すべて皇室財産は、国に属するので、すべて皇室の費用は、予算に計上して国会の議決を経なければなりません（88 条）。そして、皇室の費用が、予算に計上されれば、その議決については、衆議院の優越が認められます（60 条 2 項）。

2 国費の支出・国庫負担行為の議決

Q12
国家専門
1983 [S58]
★★

国が債務負担行為をなすには、あらかじめ国会の議決をすることとされているが、その議決はすべて法律の形式によらなければならない。

. . . .

Q13
特別区
2015 [H27]
★★

国が債務を負担するには、国会の議決に基づく必要があり、その場合の債務とは金銭債務を意味するが、それは直接に金銭を支払う義務に限られ、債務の支払の保証や損失補償の承認は債務の負担に含まれない。

. . . .

Q14
国家一般
1993 [H5]
★

国が債務を負担するには国会の議決に基づくことを要するが、この「国会の議決」には、法律の議決という方法だけではなく、予算の一部をなす継続費として議決を経るという方法もある。

3 公金支出の制限

Q15
国家総合
1980 [S55]
★

憲法は、宗教上の組織もしくは団体の使用、便益もしくは維持のため、公金その他の財産を支出し、またはその利用に供してはならないとしているから、文化財保護のためであっても、国が社寺等の建造物の所有者に対して補助金を支出することは認められない。

国費を支出し、又は国が債務を負担するには、国会の議決に基づくことを必要とします（85条）が、この議決は予算の議決という形式で行われます。

 「直接に金銭を支払う義務に限られ、債務の支払の保証や損失補償の承認は債務の負担に含まれない。」の部分が誤りです。**国の債務負担行為**には、公債を発行すること、一時借入金をなすことなどがあります。これらの場合には「国会の議決」が必要です。直接に金銭を支払う義務に限られず、債務の支払の保証や損失補償の承認も債務の負担に含まれます。

 法律に基くもの又は歳出予算の金額若しくは継続費の総額の範囲内におけるものの外、国が債務を負担する行為をなすには、予め予算を以て、国会の議決を経なければなりません（財政法15条1項）。

 「文化財保護のためであっても、国が社寺等の建造物の所有者に対して補助金を支出することは認められない。」の部分が誤りです。国または公共団体が、私立学校に私学助成金を交付したり、**文化財保護のために社寺等の建造物の所有者に対して補助金を支出すること**は、「**公の支配**」に属する事業への支出にあたり、合憲です。ここに、「公の支配」には、国または地方公共団体が、通常の規制や監督を加えている事業も含まれます。これを「緩和説」といいます（通説）。

財　政　　(2)財政監督の方式

1 予算

Q1
裁判所
2013 [H25]
★★★

予算の効力は一会計年度に限られている。

. . . .

Q2
国家専門
2005 [H17]
★★★

内閣は、毎会計年度の予算を作成し、国会に提出して、その審議を受け、議決を経なければならないが、予算は法規範として認められるため、作成及び提出権は内閣のみに与えうれているのではなく、法案提出権を持つ国会議員にも与えられている。

. . . .

Q3
国家専門
2005 [H17]
★★★

衆議院議員は、参議院議員より任期が短く、解散による任期短縮の可能性もあって、選挙民の意思をより直接に反映すると見られるから、予算の先議権は衆議院に与えられている。

. . . .

Q4
国家一般
2016 [H28]
★★★

衆議院は予算先議権を有し、予算に関連した法律案は予算との関連が密接であることから、憲法上、当該法律案についても衆議院において先議しなければならないと規定されている。

. . . .

Q5
特別区
2013 [H25]
★★★

予算は、一会計年度内の国家の具体的な財政行為のみを規律し、法律のように一般国民の行為を一般的に規律しないことから、予算の法規範性を否定する見解が通説となっている。

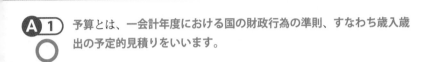

A 1 ⭕ 予算とは、一会計年度における国の財政行為の準則、すなわち歳入歳出の予定的見積りをいいます。

・・

A 2 ✕ 選択肢全体が誤りです。内閣には、毎会計年度の予算を作成し、国会に提出する権限がありますが、国会議員にはありません（86条）。この規定から、予算の作成・提出権は内閣の専権であり、他方、提出された予算案に対しては、国会の議決による民主的コントロールを必要とします。

・・

A 3 ⭕ 予算は、さきに衆議院に提出しなければなりません（60条1項）。

・・

A 4 ✕ 予算を伴う法律案については、さきに衆議院に提出する必要はありません（通説）。

・・

A 5 ✕ 選択肢全体が誤りです。予算は単なる見積りの予定表ではなく、財政行為の準則として国家機関を拘束します。その意味では、予算は法律とは異なり一般国民を拘束するものではありませんが、一種の法規範として法的効力を有します。これを「予算法形式説」といいます（通説）。

Q6
国家総合
2006 [H18]
★★★

予算の法的性格について、予算は法律それ自体であるとする説（A説）と、予算に法的性格を認めるが、法律とは異なった国法の一形式であるとする説（B説）があるが、B説の立場からは、A説は予算と法律とで議決方法を異にしていることとの整合性がとれないのではないかとの批判が可能である。

Q7
国家一般
2014 [H26]
★★

明治憲法においては、予算の議決権を有する帝国議会は、内閣が提出した原案に対して廃案削減を行う減額修正のみならず、新たな款項を設けたりその金額を増額したりする増額修正も認められていたが、日本国憲法においては、予算発案権を内閣に専属せしめている趣旨から国会の増額修正は認められないと一般に解されている。

Q8
特別区
2015 [H27]
★★★

国会は、予算の議決に際し、予算原案にあるものを廃除削減する修正を行うことはできるが、予算原案に新たな款項を設けたり、その金額を増加する修正を行うことは許されない。

A 6

予算法律説（少数説）とは、**予算は法律それ自体であると考えます。**この立場に立つと、**予算と法律との齟齬が生じることがなく、**また、**国会の予算修正権の限界の問題が生じません。**この予算法律説（少数説）に対しては、議決手続、すなわち提出権（予算の場合には、内閣の専権）、衆議院の先議権（予算の場合のみ）、衆議院の優越（法律よりも予算の方が衆議院の優越が強い）などについて、法律と区別していること等の批判が挙げられます。

⚠️ **ワンポイント**

「**予算行政説**」（少数説）とは、**予算は国会が政府に対して一年間の財政計画を承認する意思表示であって、専ら国会と政府との間でその効力を有するのであって、予算の法的性格を否定する立場です。**この予算行政説（少数説）に対しては、この立場に立つと、国会による政府に対する民主的コントロールが及ばないことになり、財政民主主義の原則ないし財政国会中心主義の原則と矛盾することになるという批判があります。

. . . .

A 7

「予算の議決権を有する帝国議会は、内閣が提出した原案に対して廃案削減を行う減額修正も認められていた」の部分が誤りです。**明治憲法**では、**減額修正**について、天皇の大権に基づく既定の歳出（既定費）、法律自ら予定している歳出（法律費）、法律に基づいて政府が負担する歳出（義務費）について、**帝国議会は、政府の同意なくしては廃除・削減できないと定められていました**（大日本帝国憲法 67 条）。また、**日本国憲法**において、**予算の減額修正について、国会の修正権には制限はありませんが、予算の増額修正について、国会の修正権には制限があります。**内閣の予算作成・提出の権限を侵害するような**国会による全面的な修正、すなわち予算の全面的な組み替えを要求するような修正を行うことはできません**（予算法形式説：制限説：通説）。

. . . .

A 8

「国会は、予算原案に新たな款項を設けたり、その金額を増加する修正を行うことは許されない。」の部分が誤りです。**国会は、増額修正を行うことができますが、予算の同一性を損なう大幅な修正は認められません**（通説）。

Q 9
国家専門
1995 [H7]
★★★

予算の法的性格については争いがあるが、予算を法律と異なる特殊の法形式と解した場合（予算法形式説）には、予算と法律との不一致の問題は生じない。

. . . .

Q 10
特別区
2013 [H25]
★★

内閣は、会計年度が開始するときまでに当該年度の予算が成立しない場合には、暫定予算として前年度の予算を施行することができる。

. . . .

Q 11
特別区
2015 [H27]
★★

内閣は、会計年度が開始する時までに当該年度の予算が成立しない場合、一会計年度のうちの一定期間に係る暫定予算を作成することができるが、暫定予算の成立に国会の議決は必要ない。

. . . .

Q 12
国家一般
1987 [S62]
★

内閣は、会計年度が開始しても予算が成立しない場合に備えて、暫定予算を作成することができるが、暫定予算は、国会の議決によって暫定的に効力を与えられているにすぎないから、後に予算が正式に成立したときにはその効力を失う。

. . . .

Q 13
特別区
2013 [H25]
★

憲法は、国費を支出するには、国会の議決に基づくことを必要とすると定めているが、公共の安全を保持するため緊急の需要がある場合に限り、内閣は、国会の議決を経ることなく、補正予算を定め必要な支出をすることができる。

A9 ✕ 予算を法律と異なる特殊の法形式と解した場合（予算法形式説）には、予算と法律との不一致の問題は生じます（通説）。

A10 ✕ 「内閣は、会計年度が開始するときまでに当該年度の予算が成立しない場合には、暫定予算として前年度の予算を施行することができる。」の部分が誤りです。**暫定予算は、前年度の予算を施行するためのものではありません。**

> 💡 **ワンポイント**
>
> 明治憲法のもとでは、前年度の予算を施行することになっていました（明治憲法71条）が、現行憲法では、このような規定がないため、前年度の予算を流用することはできません。

A11 ✕ 本予算が成立しない場合、内閣は、必要に応じて、**一会計年度のうちの一定期間に係る暫定予算を作成**し、これを国会に提出することができます（財政法30条1項）。そして、**暫定予算も、正規の予算と同様に、国会の審議を受け、議決を経なければなりません**（憲法86条）。

A12 ◯ 暫定予算は、当該年度の予算が成立したときは、**失効するものとし**、暫定予算に基づく支出又はこれに基く債務の負担があるときは、これを当該年度の予算に基づいてなしたものとみなします（財政法30条2項）。

A13 ✕ 「公共の安全を保持するため緊急の需要がある場合に限り、内閣は、国会の議決を経ることなく、補正予算を定め必要な支出をすることができる。」の部分が誤りです。**内閣は、①法律上又は契約上国の義務に属する経費の不足を補うほか、②予算作成後に生じた事由に基づき特に緊要となった経費の支出又は債務の負担を行なうため必要な予算の追加を行なう場合、③予算作成後に生じた事由に基づいて、予算に追加以外の変更を加える場合に限り、予算作成の手続に準じ、補正予算を作成し、これを国会に提出することができ**（財政法29条）、**国会の議決を経なければなりません。**

Q14
国家一般
2014 [H26]
★

国の会計は、一般会計のほかに、特定の歳入をもって特定の歳出に充てて一般の歳入歳出と区分して経理する必要がある場合に特別会計を設置することが認められており、この特別会計の予算については、毎会計年度国会の議決を経る必要がないなど一般会計の予算と異なる取扱いとすることが認められている。

2 予備費・継続費

Q15
国家総合
2003 [H15]
★★★

行政権を担う内閣は、社会経済情勢の変化に対して迅速に対応することが求められることから、予見し難い予算の不足に充てるため、国会の議決に基づいて予備費を設けることが憲法上義務付けられている。

Q16
特別区
2007 [H19]
★★★

予見し難い予算の不足に充てるため、国会の議決に基づいて予備費を設け、内閣の責任でこれを支出することができ、内閣は、その支出について事後に国会の承諾を得る必要はない。

Q17
国家総合
2015 [H27]
★★★

予備費は、予見し、難い予算の不足に充てるため、国会の議決に基づいて設けられ、内閣の責任で支出することができるとされており、予備費を設けることについて既に国会の議決を得ていることから、内閣は、予備費の支出について事後に国会の承諾を得ることまでは求められておらず、報告を行うことで足りる。

Q18
国家一般
2008 [H20]
★★★

予見し難い予算の不足に充てるため予備費の制度が設けられているが、いわゆる財政民主主義の原則から、日本国憲法は、予備費の支出について、事前に国会の承諾を得なければならないと定めている。

A 14 「この特別会計の予算については、毎会計年度国会の議決を経る必要がないなど一般会計の予算と異なる取扱いとすることが認められている。」の部分が誤りです。**国が特定の事業を行う場合**、特定の資金を保有してその運用を行う場合、その他特定の歳入を以て特定の歳出に充て**一般の歳入歳出と区分して経理する必要がある場合に限り**、**法律を以て、特別会計を設置するものとします**（財政法 13 条 2 項）。**特別会計の予算については、毎会計年度国会の議決を経る必要があります。**

A 15 「行政権を担う内閣は、国会の議決に基づいて予備費を設けることが憲法上義務付けられている。」の部分が誤りです。**予見し難い予算の不足に充てるため、国会の議決に基づいて予備費を設け**、内閣の責任でこれを支出しなければならないのではなく、**内閣の責任でこれを支出することができます**（87 条 1 項）。

A 16 **予備費の支出については**、予備費が歳入歳出予算に計上され、国会の議決を経ていたとしても、それは単に予算に予備費を設けるということの議決にすぎませんから、**事後に改めて国会の承諾を得なければなりません。**

A 17 「内閣は、予備費の支出について事後に国会の承諾を得ることまでは求められておらず、報告を行うことで足りる。」の部分が誤りです。内閣は、予備費の支出について事後に国会の承諾を得ることを求められています（憲法 87 条 2 項、財政法 36 条 3 項）。

A 18 「日本国憲法は、予備費の支出について、事前に国会の承諾を得なければならないと定めている。」の部分が誤りです。**すべての予備費の支出については内閣は事後に国会の承諾を得なければなりません**（87 条 2 項）。

Q19
特別区
2015 [H27]
★★★

内閣は、予備費の支出について、事後に国会の承諾を得なければならないが、承諾が得られない場合においても、すでになされた予備費支出の法的効果には影響を及ぼさない。

....

Q20
国家総合
1983 [S58]
★

継続費は、予算審議の規制になるため、年限を5年以内と定め、継続費成立後は毎会計年度に重ねて審議しなければならない。

3 決 算

Q21
国家一般
2014 [H26]
★★

内閣は、一会計年度における財務の実績を示す確定的計数を内容とする決算を毎年会計検査院に送付し、その検査を受けることとされ、その後、検査を経た決算を会計検査院の検査報告とともに国会へ提出することとされている。

....

Q22
国家専門
1983 [S58]
★★

決算の承認は予算の議決と同様に、国会の統制に服するものであるから、内閣は決算をさきに衆議院に提出し、その承認を得なければならない。

A 19 ○ すべて予備費の支出については、内閣は、事後に国会(はじめての常会)の承諾を得なければなりません(憲法87条2項、財政法36条3項)。ただし、国会の承諾が得られない場合でも、予備費の支出の法的効果に影響はなく、内閣の政治的責任の問題が生じるにとどまります。

....

A 20 × 「継続費成立後は毎会計年度に重ねて審議しなければならない。」の部分が誤りです。ここに、**継続費**とは、工事、製造その他の事業で、その完成に数会計年度を要するものについて、経費の総額及び年割額(毎年度の支出見込額)を定め、予め国会の議決を経て、数年度にわたって支出するものをいいます(財政法14条の2第1項)。この継続費の年限は5か年以内に限られています(財政法14条の2第2項)。そして、国会が、継続費成立後の会計年度の予算の審議において、当該継続費につき重ねて審議することを妨げません(財政法14条の2第4項)。

....

A 21 ○ 決算とは、予算によって定められた歳入歳出の予定準則が実際に適正に実施されたかどうかの実績を明らかにするものです。国の収入支出の決算は、すべて毎年会計検査院がこれを検査し、内閣は、次の年度に、その検査報告とともに、これを国会に提出しなければなりません(90条1項)。そして、国会の審査を受けることになります。

....

A 22 × 「内閣は決算をさきに衆議院に提出し、その承認を得なければならない。」の部分が誤りです。決算は、**財務大臣**が作成します(財政法38条1項)。そして、決算は、明治憲法下の慣行にならって、内閣から両議院に同時に提出され、両議院は各々別々にこれを審査し、両院交渉の議案ではなく、**報告案件**として扱われます。

Q23
国家専門
2000 [H12]
★★

国会による決算の審査は、決算の内容を審査し、内閣の予算執行の責任を明らかにするためのものであり、違法・不当な収入支出行為があった場合には、その収入支出行為の効力を否定することができると解されている。

4 財政状況の報告

Q24
特別区
2013 [H25]
★★

会計検査院は、国の収入支出の決算について、このすべてを毎年検査し、次の年度に、その検査報告とともに、国会に提出しなければならない。

「国会による決算の審査は、違法・不当な収入支出行為があった場合には、その収入支出行為の効力を否定することができると解されている。」の部分が誤りです。**決算は、予算と異なり法規範性を有しません。国会が決算の審議により、特定の支出が否決された場合でも、その支出の法的効果が否定されるわけではありません。**

「会計検査院は、その検査報告とともに、国会に提出しなければならない。」の部分が誤りです。**内閣は、国会及び国民に対し、定期に、少くとも毎年一回、国の財政状況について報告しなければなりません**（91条1項）。

地方自治

1 地方自治の意義（地方自治の本旨）

Q 1
国家一般
2004 [H16]
★★

地方公共団体の持つ自治権は、地方自治という歴史的伝統的制度の保障によるものではなく、歴史的に地方公共団体が最初に存立し、その後に統一国家が形成されたという経緯を重視した前国家的な固有の権利であるとする点で学説は一致している。

Q 2
特別区
2015 [H27]
★★

地方自治権の性質として、個人が国家に対して不可侵の権利をもつのと同様に地方自治体も基本権を有するという承認説と、国は地方自治の廃止を含めて地方自治保障の範囲を法律によって定めることができるという固有権説がある。

Q 3
国家一般
2004 [H16]
★★

地方公共団体は、その自主性及び自律性が最大限に尊重されているので、地方公共団体の組織及び運営に関する事項は、地方自治の本旨に基づいて、それぞれの地方公共団体が自主立法たる条例をもって定めることができると憲法上規定されている。

選択肢全体が誤りです。**憲法は、地方自治という歴史的・伝統的な制度を保障しています。これを「制度的保障説」といいます**（通説）。**そしてこの保障の意味は、地方自治の制度の本質的内容ないし核心が、国の立法その他によって侵害されることのないように保障することにあります。**

 ワンポイント

「固有権説」（少数説）とは、個人が国家に対して不可侵の権利をもつのと同様に、地方公共団体が固有の権利として自治権を有するものであると考えます。

「承認説」（少数説）とは、地方自治は国が承認する限りにおいて認められるのであるから、国は法律で地方自治の廃止をも含めて地方自治の保障の範囲を定めることができるとする。この立場は、「地方自治の本旨」に特別の法的意味を付与しません。

 選択肢全体が誤りです。「承認説」と「固有権説」の説明が反対です。

 「条例」の部分が誤りです。**地方公共団体の組織及び運営に関する事項は、地方自治の本旨に基づいて、条例ではなく、「法律」でこれを定めます**（92条）。

Q 4

国家総合
2016 [H28]
★★★

憲法第 93 条第 2 項は、地方自治が国から独立した団体に委ねられ、団体自らの意思と責任の下でなされるという「団体自治」の原則が具体化されたものであると一般に解されている。

2 地方公共団体

Q 5

特別区
2015 [H27]
★★★

憲法では、地方公共団体には、法律の定めるところにより、その議事機関として議会を設置すると定めており、法律で、町村において議会を置かず、選挙権を有する者の総会を設けることができる旨の規定を設けることはできない。

....

Q 6

国家総合
2016 [H28]
★★★

東京都の特別区は、憲法第 93 条第 2 項にいう地方公共団体と認められることから、法律によって区長の公選制を廃止することは、同項に違反するとするのが判例である。

....

Q 7

国家一般
2008 [H20]
★★★

憲法第 93 条第 2 項の「地方公共団体」と言い得るためには、事実上住民が経済的文化的に密接な共同生活を営み、共同体意識を持っているという社会的基盤が存在し、沿革的にみても、また現実の行政の上においても、相当程度の自主立法権、自主行政権、自主財政権等の地方自治の基本的権能を付与された地域団体であることが要求される。

....

Q 8

国家総合
1998 [H10]
★

地方公共団体の組合は、事務の共同処理による能率化や広域行政の需要に応ずることを目的として設立されるが、独立の法人格は持たず、議会は設置されない。

A 4 選択肢全体が誤りです。「**住民自治**」とは、**地方公共団体の機関は、その住民の意思に基づく代表者で構成され、また、地方公共団体の作用は、直接または間接に住民の意思に基づくものであること**（住民自治の反映）をいいます。たとえば、住民の選挙権等があります。次に、「**団体自治**」とは地方の行政は、原則として地方公共団体がその主体として行われなければならないこと（団体自治の反映）をいいます。たとえ、条例制定権等があります。

A 5 地方公共団体には、法律の定めるところにより、**その議事機関として議会を設置しなければなりません**（93条1項）。議事機関としての総会について、条例により議会を置かず、**選挙権を有する者の総会（町村総会）を設けることは、憲法の規定に違反しません**（通説）。

A 6 特別区は、その長の公選制が法律によって認められていたとはいえ、憲法制定当時においてもまた昭和27年8月地方自治法改正当時においても、**憲法93条2項の地方公共団体と認めていません**。したがって、公選制の廃止・採用は立法政策の問題にほかなりません（最大判昭38・3・27）。

A 7 憲法93条2項の「地方公共団体」といいうるためには、①事実上住民が経済的文化的に密接な共同生活を営み、共同体意識をもっているという社会的基盤が存在し、②沿革的にみても、また現実の行政のうえにおいても、**相当程度の自主立法権、自主行政権、自主財政権等の地方自治の基本的権能を付与された地域団体であることが要求されます**（最大判昭38・3・27）。

A 8 「地方公共団体の組合は、独立の法人格は持たず、議会は設置されない。」の部分が誤りです。**地方公共団体の組合は、法人格が認められています**（地方自治法2条1項）。また**議会も設置されます**（地方自治法287条1項5号等）。

3 条 例

●──総 説

Q9
特別区
2015 [H27]
★★★

憲法では、法律の範囲内で、条例を制定することができると定めており、この条例とは、地方公共団体の議会の議決によって制定される条例のみが当たり、長の制定する規則はこれに当たらない。

. . . .

Q10
国家総合
1981 [S56]
★★★

条例制定権は憲法により直接授権されており、その制定について法律の特別の授権を要しないというのが通説である。

. . . .

Q11
国家一般
2004 [H16]
★★★

地方公共団体はその自治権に基づき当該地方公共団体の事務の実施に際して、自主立法である条例を制定する権能を有しているが、憲法上保障されている基本的人権については、条例によって制約を課すことはできないとされている。

. . . .

●──法律留保事項（自治事務、法定受託事務に関する限界）

Q12
国家総合
2016 [H28]
★★★

財産権は全国的な取引の対象となり得るものであり、その内容を定め、あるいはこれを制限するのは統一的に法律によることが合理的であることから、法律の個別的な委任がある場合に限り、条例による財産権の規制も許されると一般に解されている。

. . . .

Q13
特別区
2010 [H22]
★★★

あらたに租税を課し、又は現行の租税を変更するには、法律によることを必要とするが、ここでいう法律には条例が含まれないと解されるので、地方公共団体は条例で地方税を賦課徴収することはできない。

A 9 ✕ 「条例」とは、地方公共団体がその自治権に基づいて制定する自主法です（広義の条例）。広義の条例には、地方公共団体が議会の議決によって制定する「条例」（狭義の条例）のほか、地方公共団体の長の制定する「規則」や各種委員会が制定する「規則」も含まれます。

....

A 10 ○ 条例制定権は、個々の法律の授権・委任に基づくものではなく、直接憲法によって授権された地方公共団体の自主立法権です（最大判昭29・11・24）。

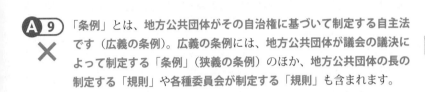 **ワンポイント**

憲法が地方公共団体に条例制定権を与えたことは、憲法自ら国会の「唯一の立法機関」性（41条）に対する例外を認めたものです。

....

A 11 ✕ 「条例によって制約を課すことはできないとされている。」の部分が誤りです。条例により国民の基本的人権を制約することは可能です。

....

A 12 ✕ 「法律の個別的な委任がある場合に限り、」の部分が誤りです。地方公共団体が住民の財産権に制約を課す内容の条例を定めるには、法律の個別の委任は不要です（最大判昭38・6・26）［奈良県ため池条例事件］。

....

A 13 ✕ 「ここでいう法律には条例が含まれないと解されるので、地方公共団体は条例で地方税を賦課徴収することはできない。」の部分が誤りです。条例で課税することは、租税法律主義（84条）に反しません（通説）。

Q14
特別区
2004 [H16]
★★★

条例は、公選の議員をもって組織する地方公共団体の議会の議決を経て制定されるので、法律から授権されることなく刑罰を定めても憲法に違反しないが、政令が法律の委任によって刑罰を定めることは、憲法に違反する。

●──条例の法令違反の基準

Q15
国家一般
2002 [H14]
★★★

条例が国の法令に違反するかどうかの判断は、両者の対象事項と規定文言を対比するのみでなく、それぞれの趣旨、目的、内容及び効果を比較し、両者の間に矛盾抵触があるかどうかによって決しなければならない。

Q16
特別区
2008 [H20]
★★★

日本国憲法は、法律の範囲内で条例を制定することができることを定めているため、地方公共団体は、同一事項について国の法令で定める規制基準よりも厳しい基準を定める、いわゆる上乗せ条例を制定することは一切できない。

Q17
裁判所
2016 [H28]
★★

ある事項について国の法令中にこれを規律する明文の規定がない場合は、これについて規律を設ける条例の規定はいかなるときも国の法令に違反する。

A14 「法律から授権されることなく刑罰を定めても憲法に違反しないが、政令が法律の委任によって刑罰を定めることは、憲法に違反する。」の部分が誤りです。**法律で条例に罰則を委任する場合には、その委任は政令に罰則を委任する場合（個別具体的な委任）と異なり、相当程度に具体的であり限定されたものであれば憲法上許されます**（最大判昭37・5・30）。

A15 **条例が国の法令に違反するかどうかは、両者の対象事項と規定文言を対比するのみでなく、それぞれの趣旨、目的、内容および効果を比較し、両者の間に矛盾抵触があるかどうかによって、これを決しなければなりません**（最大判昭50・9・10）［徳島市公安条例事件］。

A16 「同一事項について国の法令で定める規制基準よりも厳しい基準を定める、いわゆる上乗せ条例を制定することは一切できない。」の部分が誤りです。**条例が法律の定める基準よりも厳しい基準を設定することは、法律と条例の間に矛盾抵触がなければ許されます**（最大判昭50・9・10）［徳島市公安条例事件］。

A17 選択肢全体が誤りです。**ある事項について国の法令中にこれを規律する明文の規定がない場合に、条例で自由に規制を施すことができるわけではなく、法律と条例の対象事項と規定文言および趣旨・目的・内容・効果を比較検討して、規制を施すか否かを決すべきです**（最大判昭50・9・10）［徳島市公安条例事件］。したがって、**国の法令中に規律する明文規定のない事項について条例を制定することは可能です**。

Q18
国家専門
2016 [H28]
★★

特定事項についてこれを規律する国の法令と条例とが併存する場合において、両者が同一の目的に出たものであっても、国の法令が必ずしもその規定によって全国的に一律に同一内容の規制を施す趣旨ではなく、それぞれの普通地方公共団体において、その地方の実情に応じて、別段の規制を施すことを容認する趣旨であると解されるときは、条例が国の法令に違反する問題は生じ得ないとするのが判例である。

. . . .

Q19
国家総合
2000 [H12]
★★

憲法第94条によれば、地方公共団体は自主立法権能として条例を制定することができるが、同条は、地方自治という歴史的・伝統的制度を制度的に保障する趣旨から地方公共団体に条例制定権を付与したものであるから、条例を制定する権能を有する地方公共団体とは、普通地方公共団体である都道府県、市町村に限られる。

. . . .

Q20
国家総合
1983 [S58]
★★

条例は法律の範囲内において制定されたものであるから、法律には劣るが、政令・省令に劣るものではない。

. . . .

Q21
国家総合
2004 [H16]
★★

地方公共団体の議会において制定される条例の効力は、原則として当該地方公共団体の住民にのみ生じるのであり、法令又は条例に別段の定めがある場合に初めて属地的にその効力が生じるとするのが判例である。

4 住民の選挙権

Q22
特別区
2015 [H27]
★★

憲法では、地方公共団体の長、その議会の議員及び法律の定めるその他の吏員は、その地方公共団体の住民が、直接これを選挙すると定めており、法律の定めるその他の吏員を必ず設けなければならない。

A18 特定事項を規律する国の法令と条例が併存する場合には、後者が前者と別の目的に基づく規律を意図するものであり、その適用によって前者の規定の意図する目的と効果をなんら阻害することがないときや、両者が同一の目的に出たものであっても、国の法令が必ずしもその規定によって全国的に一律に同一内容の規制を施す趣旨ではなく、それぞれの普通地方公共団体において、その地方の実情に応じて、別段の規制を施すことを容認する趣旨であると解されるときは、国の法令と条例との間にはなんら矛盾抵触はなく、条例が国の法令に違反する問題は生じえません（最大判昭50・9・10）［徳島市公安条例事件］。

A19 「条例を制定する権能を有する地方公共団体とは、普通地方公共団体である都道府県、市町村に限られる。」の部分が誤りです。**特別区などの地方公共団体も条例制定権を有します**（地方自治法283条、292条等）。但し、**特別区は特別地方公共団体なので、憲法上、条例制定権が付与されているわけではありません**。

A20 条例は、全国一律に適用される法律、命令（政令・省令）に劣ります。

A21 選択肢全体が誤りです。**地方公共団体の制定する条例の効力**は、法令または条例に別段の定めある場合、若しくは条例の性質上、住民のみを対象とすることが明らかな場合を除き、**法律の範囲内において原則として属地的に生じます**（最大判昭29・11・24）。

A22 憲法は、議事機関として議会の議員、地方公共団体の長および法律の定めるその他の吏員は、その住民が直接に選挙することを定めています（93条2項）。しかし、憲法93条2項の「**法律の定めるその他の吏員**」を設けるにあたっては、**立法政策上の問題であり、必ず設けなければならないわけではありません**。

Q23

特別区
2010 [H22]
★★★

地方公共団体の長、議会の議員は、その地方公共団体の住民が直接これを選挙するとしており、地方公共団体自らの意思と責任の下でなされるという団体自治の原則を具体化したものである。

....

Q24

特別区
2010 [H22]
★★

地方公共団体の議会は住民の代表機関であるため、その議員は住民の直接選挙により選出しなければならないが、市町村の長を当該市町村の議会の議員による間接選挙により選出することは、憲法の規定に違反しない。

....

Q25

国家一般
2003 [H15]
★★★

内閣総理大臣は国会議員の中から国会の議決で指名することとされているが、地方公共団体の長についてもこれと同様に、当該地方議会の議員の中から当該地方議会の議決でこれを決する旨の法律を制定しても、憲法に違反するものではない。

....

Q26

国家一般
2003 [H15]
★★

国会議員の選挙については憲法上普通選挙によることが求められているが、地方議会の議員の選挙についてはそのような規定がないから、地方議会の議員の選挙について、その選挙権を当該地方公共団体の地方税納税額について一定以上の金額を納めている者に限ることとしても、憲法に違反するものではない。

---

5 地方自治特別法

Q27

国家一般
1982 [S57]
★★

1つの地方公共団体のみに適用される特別法は、その地方公共団体の住民の投票において、その過半数の同意を得ない限り、国会はこれを制定し、または廃止することはできない。

A23 「団体自治の原則を具体化したものである。」の部分が誤りです。**住民による選挙権**は、**住民自治、そして、民主主義の表れ**です。

....

A24 「市町村の長を当該市町村の議会の議員による間接選挙により選出することは、憲法の規定に違反しない。」の部分が誤りです。住民による選挙権については、**住民による直接選挙**を意味し、**間接選挙**は、**憲法上禁止**されています。

....

A25 「当該地方議会の議員の中から当該地方議会の議決でこれを決する旨の法律を制定しても、憲法に違反するものではない。」の部分が誤りです。**住民による選挙権については、住民による直接選挙**を意味し、**間接選挙**は、**憲法上禁止**されています。

....

A26 **住民の地方選挙権を当該地方公共団体の地方税納税額について一定以上の金額を納めている者に限ることは、制限選挙にあたり、憲法に違反します。**

....

A27 「廃止することはできない。」の部分が誤りです。**一の地方公共団体のみに適用される特別法**は、その地方公共団体の住民の投票においてその過半数の同意を得なければ、**国会**は、これを**制定することができません**（95 条）。つまり、憲法 95 条は、**地方自治特別法の制定**については、住民の過半数の同意を要求していますが、**廃止についてはこの要件を要求していません**。

Q28
国家総合
1998 [H10]
★

一の地方公共団体のみに適用される特別法を制定する場合に、その地方公共団体の住民投票を実施するか否かは国会の裁量に任せられている。

....

Q29
特別区
2010 [H22]
★

地方公共団体のみに適用される特別法は、法律の定めるところにより、その地方公共団体の住民の投票においてその過半数の同意を得なければ、国会はこれを制定することができず、現在まで特別法が成立した事例はない。

....

Q30
国家総合
1991 [H3]
★

特定の地方公共団体の地域を対象とする法律であっても、それがもっぱら国の事務や組織について規定し、地方公共団体の組織運営、権能に関係のないものについては、その地方公共団体の住民の投票に付することなく、国会は、これを制定することができる。

A28 **地方自治特別法の制定について**、その地方公共団体の住民投票を実施するか否かは国会の裁量に任せられているのではなく、**一の地方公共団体のみに適用される特別法に該当する限り、その地方公共団体の住民投票を必ず実施しなければなりません**（95条）。

ワンポイント

地方自治特別法は、直接民主制の表れです。また、地方自治特別法は、国会単独立法の原則の例外となります。

. . . .

A29 「現在まで特別法が成立した事例はない。」の部分が誤りです。地方特別法の例としては、広島平和記念都市建設法（昭和24年）、旧首都建設法（昭和25年）などがあります。

. . . .

A30 **特定の地方公共団体の地域を対象とする法律**であっても、それがもっぱら国の事務や組織について規定し、**地方公共団体の組織運営、権能に関係のないもの**については、その地方公共団体の住民の投票に付することなく、**国会は、これを制定することができます**。

憲法の最高法規性と憲法改正

1 憲法の最高法規性

Q 1
国家一般
2019 [R1]
★

憲法は、憲法の最高法規としての性格に鑑み、天皇又は摂政並びに国務大臣、国会議員、裁判官その他の公務員及び一般国民について、憲法を尊重し擁護する義務を負うことを明文で規定している。

2 憲法改正（総説）

Q 2
国家総合
1979 [S54]
★

現行憲法の制定は、旧憲法の改正として行われたものであるが、改正の内容が君主主権から国民主権へと基本原理を転換するものであったため、その改正案は衆議院のみに付議され、貴族院には付議されていない。

Q 3
国家一般
2001 [H13]
★★★

成文憲法は、通常の法律制定手続以上に厳格な改正手続を必要とする硬性憲法と、通常の法律制定手続と同様の手続により法改正が可能な軟性憲法とに区別され、この区別によれば、我が国の憲法は硬性憲法であり、また、実際上も施行後これまで一度も改正されたことがない。

3 憲法改正の手続

●── 国会の発議

Q 4
裁判所
2011 [H23]
★★★

憲法を改正するのに必要な国会の発議は、各議院の出席議員の3分の2以上の賛成を必要とする。

Q 5
裁判所
2016 [H28]
★★★

憲法の改正は、各議院の総議員の3分の2以上の賛成で、内閣総理大臣がこれを発議し、国民に提案して、その承認を経なければならない。

A1 「一般国民について、」の部分が誤りです。**憲法 99 条は、憲法尊重擁護義務の対象から「一般国民」を除いています。**

A2 「その改正案は衆議院のみに付議され、貴族院には付議されていない。」の部分が誤りです。**日本国憲法の制定は、旧憲法の改正として行われたもので、改正の内容が君主主権から国民主権へと基本原理を転換するものでありました。したがって、その改正案は衆議院と貴族院に付議されています。**

A3 **日本国憲法は、硬性憲法を採っています。硬性憲法は、憲法の改正手続を一般の法改正よりも厳格にすることで、憲法保障を高めようとする憲法です。**

A4 **この憲法の改正は、各議院の総議員の 3 分の 2 以上の賛成で、国会が、これを発議します（96 条 1 項）。**

A5 「内閣総理大臣がこれを発議し、」の部分が誤りです（96 条 1 項）。**国会がこれを発議します。**

Q 6
特別区
2016 [H28]
★★★

憲法改正は、各議院の総議員の3分の2以上の賛成で、国会がこれを発議するが、議員が憲法改正案の原案を発議するには、衆議院においては議員100人以上、参議院においては議員50人以上の賛成を要する。

....

Q 7
国家総合
1979 [S54]
★★

憲法改正についての国民の自主性を損なうおそれがないので、内閣にも憲法改正の発議権があると解するのが通説である。

....

Q 8
国家一般
2001 [H13]
★★

憲法改正の手続は国会議員の発案によって開始され、国会に提出された憲法改正案の審議は、憲法及び国会法に特別の規定がないことから、法律案の審議に準じて行うことができるが、国会は、提出された改正案を修正することはできず、その内容の是非を審議することができるにとどまると解されている。

....

Q 9
特別区
2009 [H21]
★★

憲法改正の発議が成立するためには、各議院においてそれぞれ総議員の三分の二以上の賛成を必要とするため、審議の定足数については、憲法上は三分の二以上である。

....

● ──国民の承認

Q 10
国家総合
2014 [H26]
★★★

憲法を改正するには、国会が発議した後、国民の過半数の賛成による承認を得る必要があるが、この承認を得るための国民投票は、その重大性に鑑み、国会の定める選挙の際に同時に行うことは認められていない。

A 6 〇 国会議員が憲法改正案を国会に提出するためには、衆議院では100人以上、参議院では50人以上の賛成を必要とすることを国会法は定めています（国会法68条の2）。

....

A 7 〇 内閣にも発案権が認められています（通説）。

....

A 8 ✕ 「国会は、提出された改正案を修正することはできず、その内容の是非を審議することができるにとどまると解されている。」の部分が誤りです。**審議にあたり、国会は原案を自由に修正できます。**

....

A 9 ✕ 「審議の定足数については、憲法上は三分の二以上である。」の部分が誤りです。**定足数については、総議員の3分の2以上を必要とすると解されています（通説）。ただし、定足数については、憲法上定められていません。**

💡 **ワンポイント**

「総議員」の意味については、定数から欠員を差し引いた数と解しています（現在議員数：通説）。

....

A 10 ✕ 「この承認を得るための国民投票は、その重大性に鑑み、国会の定める選挙の際に同時に行うことは認められていない。」の部分が誤りです。**国民の承認には、特別の国民投票又は国会の定める選挙の際行れる投票において、その過半数の賛成を必要とします（96条1項）。**

Q 11

特別区
2009 [H21]
★

憲法改正の発議に対する国民の承認には、特別の国民投票又は国会の定める選挙の際行われる投票において、有権者総数の過半数の賛成を必要とする。

. . . .

Q 12

特別区
2016 [H28]
★

憲法改正案は、特別の国民投票又は国会の定める選挙の際に行われる投票に付され、憲法改正案に対する賛成の投票の数が賛成の投棄の数及び反対の投票の数を合計した数の2分の1を超えた場合は、当該憲法改正について国民の承認があったものとする。

. . . .

Q 13

国家総合
1999 [H11]
★★

憲法15条の保障する成年者による普通選挙や投票の秘密の規定は、憲法改正のための国民投票の場合に直接には適用されないが、選挙の際の投票と憲法改正のための国民投票とを別個に考える理由はないことから、国民投票においても、成年者の投票権や投票の秘密は保障されると解されている。

. . . .

Q 14

国家総合
2014 [H16]
★★

憲法改正国民投票法では、国民投票は、代表者の選挙の場合とは異なり、投票権を与えられる国民自らが国家・国民にとっての重要事項について判断することとなることに鑑み、その投票権は、年齢満25年以上の日本国民が有することとされている。

. . . .

●──天皇の公布

Q 15

特別区
2016 [H28]
★★

憲法改正について国民の承認を経たときは、国会は天皇の名で、この憲法と一体を成すものとして、直ちにこれを公布する。

. . . .

Q 16

国家総合
2005 [H17]
★★

憲法第96条第2項は、憲法改正について国民の承認が得られたときは、天皇は、国民の名で、直ちにこれを公布することとしているが、このような憲法の特別の規定に基づく憲法改正に関する天皇の公布行為については、内閣の助言と承認は必要ではない。

A11 ✕ 「有権者総数の過半数の賛成を必要とする。」の部分が誤りです。ここでいう「**過半数**」とは、**投票総数**（憲法改正案に対する賛成の投票の数と反対の投票の数を合計した数、すなわち有効投票）**の2分の1を超えた場合をいいます**（国民投票法126条、98条2項）。

....

A12 ○ 本選択肢の通りです。前問の解説A11を参照してください（国民投票法126条、98条2項）。

....

A13 ○ **国民投票**においても、**成年者の投票権や投票の秘密は保障されると解されています**（通説）。

....

A14 ✕ 「年齢満25年以上の」の部分が誤りです。**憲法改正国民投票法**では、**国民投票におけるその投票権は、年齢満18年以上の日本国民が有する**こととされています（憲法改正国民投票法3条）。

....

A15 ✕ 「国会は天皇の名で、これを公布する。」の部分が誤りです。**憲法改正**について前項の承認（**国民の承認**）を経たときは、**天皇は、国民の名で、この憲法と一体を成すものとして、直ちにこれを公布します**（96条第2項）。

....

A16 ✕ **憲法改正に関する天皇の公布は、国事行為なので、内閣の助言と承認が必要です**（7条1号）。

Q 17
国家一般
2001 [H13]
★★★

憲法改正に何らかの限界が存するかについては、法は社会の変化に応じて変化すべきものであり、憲法もその例外ではないことから、憲法の規定する改正手続に従えば、いかなる内容の改正も行うことが可能であり、例えば、国民主権の原理を変更することも認められると解するのが通説である。

· ·

Q 18
特別区
2009 [H21]
★★★

憲法に規定する憲法改正の国民投票制は、国民の憲法制定権力を具体化したもので、これを廃止することは、国民主権の原理をゆるがすため認められない。

· ·

Q 19
国家一般
2001 [H13]
★

憲法改正とは、個別の条項の修正、削除、追加や新しい条項の増補などにより、成文憲法の内容について、憲法所定の手続に従い意識的な変更を加えることをいうが、元の憲法を廃止して新しい憲法を作る憲法制定や、明文の条項の形式的変更をしないままにその規範の意味に変更が生じる憲法の変遷も、この憲法改正の概念に含まれる。

· ·

Q 20
特別区
2020 [R2]
★

憲法改正限界説に立脚する8月革命説は、ポツダム宣言の受諾により天皇主権から国民主権への法学的意味での革命が行われ、この革命によって主権者となった国民が制定したのが日本国憲法であるとした。

A 17
✕

選択肢全体が誤りです。**国民主権を憲法で変更することは許されません**。なぜなら、憲法改正権を生み出したのは、国民の憲法制定権力であるから、改正権が自己の存立の基盤である憲法制定権力の所在である国民主権を変更することは、許されないからです。

⋯⋯⋯⋯⋯⋯⋯⋯⋯⋯⋯⋯⋯⋯⋯⋯⋯⋯⋯⋯⋯⋯⋯⋯⋯⋯⋯⋯⋯⋯⋯

A 18
◯

憲法改正の国民投票制を廃止することは、国民主権の原理をゆるがすことになり、許されません。

ワンポイント

基本的人権と国民主権とは、ともに「個人の尊厳」の原理に支えられ不可分に結び合い共存関係にあるから、憲法改正権により憲法の根本規範である基本的人権を喪失また変更することは許されません。
これに対し、戦力不保持を定める第9条2項の改正は認められます（通説）。なぜなら、現在の国際情勢の下で軍隊の保有がただちに平和主義の否定につながるわけではないからです。

⋯⋯⋯⋯⋯⋯⋯⋯⋯⋯⋯⋯⋯⋯⋯⋯⋯⋯⋯⋯⋯⋯⋯⋯⋯⋯⋯⋯⋯⋯⋯

A 19
✕

「明文の条項の形式的変更をしないままにその規範の意味に変更が生じる憲法の変遷も、この憲法改正の概念に含まれる。」の部分が誤りです。「憲法の変遷」とは、**規範に真正面から反するような現実が生起し、それが、一定の段階に達したとき、規範を改正したのと同じような法的効果を生ずると解することができること**をいいます。この憲法の変遷については、違憲の憲法現実は、あくまでも事実にしかすぎず、法的性格をもちえないことから、**認めることはできません**（通説）。

⋯⋯⋯⋯⋯⋯⋯⋯⋯⋯⋯⋯⋯⋯⋯⋯⋯⋯⋯⋯⋯⋯⋯⋯⋯⋯⋯⋯⋯⋯⋯

A 20
◯

「革命説」とは、1945年（昭和20年）8月の**ポツダム宣言受諾**により、**日本において革命が起こり、主権の所在が天皇から国民に法的な意味での革命により日本国憲法は新たに主権者となって憲法制定権力が移行した国民が制定した**と考える学説のことをいいます（宮沢俊義説）。

判例索引

<u>MEMO</u>

著者 山本　誠（やまもと　まこと）

学歴：中央大学法学部法律学科卒業

職歴：TAC公務員講座の講師として
　　　大学の課外講座及びTAC各校舎で教室講座を担当。
　　　公務員試験対策講座講師として、20年以上の実績を誇る。

こう む いん し けん　いち もん いっ とう　　ろん てん そう　　　　　　　けん ぽう
公務員試験 一問一答で論点総チェック　憲法

2020年11月25日　初　版　第1刷発行

著　　者	山　　本		誠	
発 行 者	多　　田	敏	男	
発 行 所	TAC株式会社　出版事業部			
			（TAC出版）	

〒101-8383 東京都千代田区神田三崎町3-2-18
電話　03(5276)9492（営業）
FAX　03(5276)9674
https://shuppan.tac-school.co.jp

組　　版	株式会社カイクリエイト	
印　　刷	今 家 印 刷 株 式 会 社	
製　　本	株 式 会 社 常 川 製 本	

© Makoto Yamamoto　　　Printed in Japan　　　ISBN 978-4-8132-9513-6
N.D.C. 317

公務員講座のご案内

大卒レベルの公務員試験に強い！

2019年度 公務員試験

公務員講座生[1]
最終合格者延べ人数[2]

5,460名

地方公務員 (大卒程度)	計2,672名
国家公務員 (大卒程度)	計2,568名
国立大学法人等	大卒レベル試験 180名
独立行政法人	大卒レベル試験 9名
その他公務員	31名

※1 公務員講座生とは公務員試験対策講座において、目標年度に合格するために必要と考えられる、講義、演習、論文対策、面接対策等をパッケージ化したカリキュラムの受講生です。単科講座や公開模試のみの受講生は含まれておりません。
※2 同一の方が複数の試験種に合格している場合は、それぞれの試験種に最終合格者としてカウントしています。（実合格者数は3,081名です。）
＊2020年1月31日時点で、調査にご協力いただいた方の人数です。

1位 全国の公務員試験で 合格者を輩出！

詳細は公務員講座（地方上級・国家一般職）パンフレットをご覧ください。

2019年度 国家総合職試験

公務員講座生[1]

最終合格者数 **206名**[2]

法律区分	81名	経済区分	43名
政治・国際区分	32名	教養区分	18名
院卒/行政区分	20名	その他区分	12名

※1 公務員講座生とは公務員試験対策講座において、目標年度に合格するために必要と考えられる、講義、演習、論文対策、面接対策等をパッケージ化したカリキュラムの受講生です。各種オプション講座や公開模試など、単科講座のみの受講生は含まれておりません。
※2 上記は2019年度目標の公務員講座生最終合格者のほか、2020年目標公務員講座生の最終合格者が17名含まれています。
＊ 上記は2020年1月31日時点で調査にご協力いただいた方の人数です。

2019年度 外務専門職試験

最終合格者総数48名のうち
43名がWセミナー講座生です。[1]

合格者占有率[2] **89.6%**

外交官を目指すなら、実績のWセミナー

※1 Wセミナー講座生とは、公務員試験対策講座において、目標年度に合格するために必要と考えられる、講義、演習、論文対策、面接対策等をパッケージ化したカリキュラムの受講生です。各種オプション講座や公開模試など、単科講座のみの受講生は含まれておりません。また、Wセミナー講座生はそのボリュームから他校の講座生と掛け持ちすることは困難です。
※2 合格者占有率は「Wセミナー講座生（※1）最終合格者数」を、「外務省専門職試験の最終合格者総数」で除して算出しています。また、算出した数字の小数点第二位以下を四捨五入して表記しています。
＊ 上記は2020年1月31日時点で調査にご協力いただいた方の人数です。

WセミナーはTACのブランドです

資格の学校 TAC

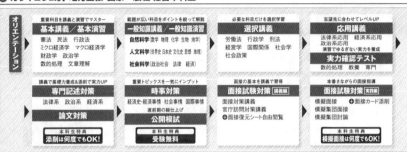

公務員講座のご案内

無料体験のご案内
3つの方法でTACの講義が体験できる!

教室で体験　迫力の生講義に出席　予約不要!　3回連続出席OK!

1. 校舎と日時を決めて、当日TACの校舎へ
TACでは各校舎で毎月体験入学の日程を設けています。

2. オリエンテーションに参加（体験入学1回目）
初回講義「オリエンテーション」にご参加ください。終了後は個別にご相談をお受けいたします。

3. 講義に出席（体験入学2・3回目）
引き続き、各科目の講義をご受講いただけます。参加者には講義で使用する教材をプレゼントいたします。

- 3回連続無料体験講義の日程はTACホームページと公務員パンフレットでご覧いただけます。
- 体験入学はお申込み予定の校舎に限らず、お好きな校舎でご利用いただけます。
- 4回目の講義前までに、ご入会手続きをしていただければ、カリキュラム通りに受講することができます。

※地方上級・国家一般職・警察官・消防官レベル以外の講座では、2回連続体験入学を実施しています。

ビデオで体験　校舎のビデオブースで体験視聴

TAC各校の個別ビデオブースで、講義を無料でご視聴いただけます。（要予約）

各校のビデオブースでお好きな講義を視聴できます。視聴前日までに視聴する校舎受付窓口にてご予約をお願い致します。

※受講可能な曜日・時間帯は一部異なります。
※年末年始・夏期休業・その他特別な休業日以外は、通常平日・土日祝日にご覧いただけます。
※予約時にご希望日とご希望時間帯を合わせてお申込みください。
※基本講義の中からお好きな科目をご視聴いただけます。（視聴できる科目は時期により異なります）
※TAC提携校での体験視聴につきましては、提携校各校へお問合せください。

ビデオブース利用時間 ※日曜日は④の時間帯はありません。
- ① 9：30 ～ 12：30
- ② 12：30 ～ 15：30
- ③ 15：30 ～ 18：30
- ④ 18：30 ～ 21：30

Webで体験　スマートフォン・パソコンで講義を体験視聴

TACホームページの「TAC動画チャンネル」で無料体験講義を配信しています。時期に応じて多彩な講義がご覧いただけます。

TACホームページ　https://www.tac-school.co.jp/

※体験講義は教室講義の一部を抜粋したものになります。

TAC出版 書籍のご案内

TAC出版では、資格の学校TAC各講座の定評ある執筆陣による資格試験の参考書をはじめ、資格取得者の開業法や仕事術、実務書、ビジネス書、一般書などを発行しています!

TAC出版の書籍

*一部書籍は、早稲田経営出版のブランドにて刊行しております。

資格・検定試験の受験対策書籍

- ◎日商簿記検定
- ◎建設業経理士
- ◎全経簿記上級
- ◎税 理 士
- ◎公認会計士
- ◎社会保険労務士
- ◎中小企業診断士

- ◎証券アナリスト
- ◎ファイナンシャルプランナー(FP)
- ◎証券外務員
- ◎貸金業務取扱主任者
- ◎不動産鑑定士
- ◎宅地建物取引士
- ◎マンション管理士

- ◎管理業務主任者
- ◎司法書士
- ◎行政書士
- ◎司法試験
- ◎弁理士
- ◎公務員試験(大卒程度・高卒者)
- ◎情報処理試験
- ◎介護福祉士
- ◎ケアマネジャー
- ◎社会福祉士　ほか

実務書・ビジネス書

- ◎会計実務、税法、税務、経理
- ◎総務、労務、人事
- ◎ビジネススキル、マナー、就職、自己啓発
- ◎資格取得者の開業法、仕事術、営業術
- ◎翻訳書 (T's BUSINESS DESIGN)

一般書・エンタメ書

- ◎エッセイ、コラム
- ◎スポーツ
- ◎旅行ガイド (おとな旅プレミアム)
- ◎翻訳小説 (BLOOM COLLECTION)

公務員試験対策書籍のご案内

TAC出版の公務員試験対策書籍は、独学用、およびスクール学習の副教材として、各商品を取り揃えています。学習の各段階に対応していますので、あなたのステップに応じて、合格に向けてご活用ください!

INPUT

『新・まるごと講義生中継』
A5判
TAC公務員講座講師
新谷 一郎 ほか

● TACのわかりやすい講義を誌上で!
● 初学者の科目導入に最適!
● 豊富な図表で、理解度アップ!

・郷原豊茂の憲法
・新谷一郎の行政法

『まるごと講義生中継』
A5判
TAC公務員講座講師
渕元 哲 ほか

● TACのわかりやすい講義を誌上で!
● 初学者の科目導入に最適!

・郷原豊茂の刑法
・渕元哲の政治学
・渕元哲の行政学
・ミクロ経済学
・マクロ経済学
・関野喬のパターンでわかる数的推理
・関野喬のパターンでわかる判断整理
・関野喬のパターンでわかる
　空間把握・資料解釈

INPUT

『過去問攻略Vテキスト』
A5判
TAC公務員講座

● TACが総力をあげてまとめた
　公務員試験対策テキスト

全21点

・専門科目:15点
・教養科目:6点

要点まとめ

『一般知識 出るとこチェック』
四六判

● 知識のチェックや直前期の暗記に最適!
● 豊富な図表とチェックテストでスピード学習!

・政治・経済
・思想・文学・芸術
・日本史・世界史
・地理
・数学・物理・化学
・生物・地学

判例対策

『ココで差がつく!
必修判例』A5判
TAC公務員講座

● 公務員試験によく出る憲法・行政法・民法の判例のうち、「基本+α」の345選を収載!
● 関連過去問入りなので、出題イメージが把握できる!
● 頻出判例がひと目でわかる「出題傾向表」付き!

記述式対策

『公務員試験論文答案集
専門記述』A5判
公務員試験研究会

● 公務員試験(地方上級ほか)の専門記述を攻略するための問題集
● 過去問と新作問題で出題が予想されるテーマを完全網羅!

・憲法(第2版)
・行政法

書籍の正誤についてのお問合わせ

万一誤りと疑われる箇所がございましたら、以下の方法にてご確認いただきますよう、お願いいたします。

なお、正誤のお問合わせ以外の書籍内容に関する解説・受験指導等は、**一切行っておりません。**
そのようなお問合わせにつきましては、お答えいたしかねますので、あらかじめご了承ください。

1 正誤表の確認方法

TAC出版書籍販売サイト「Cyber Book Store」の
トップページ内「正誤表」コーナーにて、正誤表をご確認ください。

CYBER TAC出版書籍販売サイト
BOOK STORE

URL：https://bookstore.tac-school.co.jp/

2 正誤のお問合わせ方法

正誤表がない場合、あるいは該当箇所が掲載されていない場合は、書名、発行年月日、お客様のお名前、ご連絡先を明記の上、下記の方法でお問合わせください。
なお、回答までに1週間前後を要する場合もございます。あらかじめご了承ください。

文書にて問合わせる

●郵 送 先　〒101-8383 東京都千代田区神田三崎町3-2-18
　　　　　　TAC株式会社 出版事業部 正誤問合わせ係

FAXにて問合わせる

●FAX番号　**03-5276-9674**

---

e-mailにて問合わせる

●お問合わせ先アドレス　**syuppan-h@tac-school.co.jp**

※お電話でのお問合わせは、お受けできません。また、土日祝日はお問合わせ対応をおこなっておりません。
※正誤のお問合わせ対応は、該当書籍の改訂版刊行月末日までといたします。

乱丁・落丁による交換は、該当書籍の改訂版刊行月末日までといたします。なお、書籍の在庫状況等により、お受けできない場合もございます。
また、各種本試験の実施の延期、中止を理由とした本書の返品はお受けいたしません。返金もいたしかねますので、あらかじめご了承くださいますようお願い申し上げます。

(2020年10月現在)